Florian Krückel, Maren Schüll,
Ina Katharina Uphoff

Basistexte Pädagogik

GRUNDWISSEN Erziehungswissenschaft

Florian Krückel, Maren Schüll,
Ina Katharina Uphoff

Basistexte Pädagogik

WBG
Wissen *verbindet*

Die Deutsche Nationalbibliothek verzeichnet diese Publikation in der Deutschen Nationalbibliografie; detaillierte bibliografische Daten sind im Internet über http://dnb.de abrufbar.

Die Herausgabe dieses Werkes wurde durch
die Vereinsmitglieder der WBG ermöglicht.
Satz: Lichtsatz Michael Glaese GmbH, Hemsbach
Einbandabbildung: mactrunk / iStock
Einbandgestaltung: schreiberVIS, Seeheim
Gedruckt auf säurefreiem und alterungsbeständigem Papier
Printed in Germany

Besuchen Sie uns im Internet: www.wbg-wissenverbindet.de

ISBN 978-3-534-26404-9

Elektronisch sind folgende Ausgaben erhältlich:
eBook (PDF): 978-3-534-74359-9
eBook (epub): 978-3-534-74360-5

Inhaltsverzeichnis

Einleitung

Das Feld der Pädagogik ist heterogen, hat sehr viele Teildisziplinen und ist historisch tief sowie systematisch vielschichtig. Sodann stellt sich mit Blick auf ein Studium des Faches die Frage, ob es nicht trotz allem möglich ist, Orientierungen innerhalb der Pädagogik zu erlauben, ohne aber ihre Einsatzfelder einzuschränken oder eng zu führen. Vor diesem Hintergrund sind die hier vorliegenden *Basistexte Pädagogik* entstanden. Diese Basistexte ergänzen als Quellensammlung die Grundbegriffe der Pädagogik, sind aber genauso wie der Band zu den Grundbegriffen als eigenständige Studienlektüre zu behandeln. Die ausgesuchten Quellen sind als Basistexte ein Angebot, sich aus je eigener Perspektive mit disziplinären Schwerpunkten und Fragestellungen oder schlichtweg aus Interesse an dem Fach Pädagogik zu beschäftigen. Es soll die Möglichkeit eröffnet werden, durch das eigene Quellenstudium mit bedeutsamen Problemlagen der Pädagogik zu einer kritischen Auseinandersetzung vorzudringen.

Im Wortsinne sind die *Basis*texte lediglich ein Fundament, um eigene Erkundungen in den Feldern der Pädagogik zu fördern und zu unterstützen. Natürlich ist eine Auswahl von Autoren und Texten unvermeidlich immer auch ein Prozess der Ausgrenzung. Welche Autoren gehören in einen solchen Band, welche Texte sind wichtig für das Studium und welche Probleme nicht nur Tagesgeschäft? – Die Auswahl folgt zum einen dem Kriterium, vermeintlich wirkungsgeschichtlich bedeutenden Autoren und Texten Gehör zu verleihen. Viele Autoren des Bandes gehören sicherlich zum festen Bestand von Einführungen und Grundlagenwerken. Zum anderen stehen aber auch aktuelle Problemlagen im Vordergrund, die das Fach für die nächste Zeit vermutlich weiterhin prägen werden.

Zum Aufbau dieses Buches:

Gegliedert wird der Band entsprechend der für die Pädagogik zentralen Begriffe Erziehung, Bildung und Sozialisation – Erziehung und Bildung können als konstitutive Säulen der Disziplin bezeichnet werden; mit dem Begriff der Sozialisation wird v.a. ein spezifischer Zugriff auf die mit Erziehung und Bildung verbundenen Phänomene intendiert. Es gibt eine ganze Reihe von ebenso wichtigen Begriffen, wie z.B. Lernen, aber auch Unterricht oder Beratung, gleichwohl gibt es gute Gründe dafür, selbst diese Begriffe immer auch argumentativ an Erziehungs-, Bildungs- oder Sozialisationsprozesse rückzubinden.

Den Grundbegriffen Erziehung, Bildung und Sozialisation sind also im Aufbau die Quellentexte des vorliegenden Bandes zugeordnet. In jedem dieser drei Hauptteile werden zunächst Texte vorgestellt, die zentrale Denk- und Theoriefiguren begründen, das Ganze weitgehend in historischer Abfolge angeordnet. Darüber hinaus werden gegenwärtige Diskurse thematisiert – so beispielsweise Erziehung und Macht, Bildung und ihre empirische Erforschung oder der Zusammenhang von Gender und Gesellschaft. Solche Diskurse können ebenfalls nur eine exemplarische Auswahl dafür sein, wie sich im Grunde genommen Theoriefelder in aktuellen Problemlagen verdichten und transformieren.

Der Zuschnitt der Texte soll vor allem den Nachvollzug komplexer Argumentationen erlauben. Wenn es nicht zu vermeiden war größere Textpassagen auszulassen, wurde versucht, dass die Gedankenführung nachvollziehbar bleibt. Am Ende eines jeden Textes finden Leserinnen und Leser eine Reihe von Reflexionsfragen. Sie dienen einerseits dazu, eigene Verstehensprozesse einer abschließenden Prüfung zu unterziehen, zum anderen sollen sie ein Weiterdenken über die Basistexte hinaus anregen, hier und da mit dem Ziel, größere Zusammenhänge und Verknüpfungen zu bedenken. Die Texte zu den Begriffen Erziehung, Bildung und Sozialisation sind, so wie die Begriffe selbst, an den Rändern offen, das heißt, es gibt Überschneidungen und wechselseitige thematische Ergänzungen, sodass es sich in der Arbeit mit den Texten anbietet, thematische Quergruppierungen zu suchen, die biografische, entwicklungsbezogene, kognitive, leibliche, ästhetische, ethische, kulturelle, gesellschaftliche, anthropologische u.v.m. Fährten verfolgen.

Abgeschlossen wird das Buch mit einem Nachweis der Quellen und der in den Quellen verwendeten Literatur, v.a. mit dem Ziel, dass Leserinnen und Leser ihre gewonnenen Einblicke durch eigenständige und erweiterte Lektüre vertiefen können.

A. Erziehung

Wenn wir über Erziehung sprechen, steht stets eine Antinomie im Raum, die Immanuel Kant bereits im 18. Jahrhundert pointiert: Wie kultiviere ich die Freiheit des Heranwachsenden bei dem gleichzeitigen Zwange, den Erziehung ausübt? Wie viel Zwang ist für die Einführung eines Kindes oder Jugendlichen in die Gesellschaft nötig, ohne dabei die Individualität beziehungsweise den pädagogischen Anspruch auf Mündigkeit zu unterlaufen? Fragen wir nach den wesentlichen Kennzeichen des Begriffs Erziehung, so darf, neben der Einheit von Freiheit und Disziplinierung, sicherlich die intentionale, das heißt absichtsvolle Gerichtetheit des pädagogischen Tuns nicht aus dem Blick geraten. Erziehung ist somit intentional teleologisch angelegt, das heißt sie hat ein definiertes Ziel, in dem vorgestellten Verständnis Mündigkeit, mit dessen Erreichen sie als abgeschlossen gilt. Zudem ist Erziehung stets in einem Gegenüber von Erzieher*in und Heranwachsendem*r positioniert, die durch die Vermittlung inhaltlich-erzieherischer Frage- und Problemstellung verbunden sind. Solche erzieherischen Themen umfassen zum Beispiel Fragen des ethischen Handelns und möglicher Werte, Formen des sozialen Miteinanders genauso wie gesellschaftlich-kulturell bedeutsames Wissen. Erziehung beschreibt bei alledem sowohl den Prozess wie auch das Ergebnis von erzieherischen Praktiken. In dieser begrifflichen Anbindung verweisen die nachfolgenden Quellentexte auf Formen der Legitimation von Erziehung, auf differenzierte theoretische Problemlagen im Umfeld des Begriffs, Handlungsformen des Erziehens, das Verständnis erzieherischer Phänomene sowie auf Fragen der Zielsetzung.

Jean-Jacques Rousseau

Jean-Jacques Rousseau (1712–1778) gehört ohne Zweifel zu den wichtigsten Erziehungstheoretikern der Moderne. Seine Werke sind zentraler Bezugspunkt der Französischen Revolution wie auch der europäischen Aufklärung. Er entwickelt eine Erziehungskonzeption, die kulturkritisch ausgerichtet und zugleich anthropologisch fundiert ist. Rousseau zeichnet Erziehung als Prozess der menschlichen Entwicklung nach und begründet in dieser anthropologischen Anbindung Erziehungspraktiken. Er unterstellt der Erziehung deutlich zu trennende Lebenszyklen von Kindheit und Jugend mit jeweils eigenen Gesetzmäßigkeiten, die das pädagogische Handeln leiten. Rousseau öffnet zugleich die vordem strenge ständische Erziehung hin zu einer allgemeinen Erziehung zum Menschen, ungeachtet seines Standes. Im Rahmen seiner *Ersten Preisschrift*, die im Jahre 1750 erscheint, analysiert Rousseau die gesellschaftlichen Entwicklungen des 18. Jahrhunderts. Vor dem Hintergrund der Grundannahme, dass der Mensch aus eigener Kraft Selbst und Welt gestalten kann, stellt er die Fehlentwicklungen beziehungsweise Entartungen seiner Zeit zur Disposition. Am Beispiel des Verfalls der Sitten, der durch Kunst und Wissenschaft unterstützt und vorangetrieben wird, entfaltet er seine radikale Kulturkritik. In dieser stehen eine gänzlich dekadente Gesellschaft sowie die tiefe Entfremdung des Menschen von seiner eigentlichen natürlichen Verfasstheit im Mittelpunkt. Wegweisend für die Pädagogik ist sein erziehungsphilosophisches Hauptwerk *Emil oder Über die Erziehung* aus dem Jahre 1762. In diesem Erziehungsroman geht es um die Frage, wie ein von Natur aus guter Mensch als solcher bewahrt werden kann. Er stellt sich mit dieser Ausgangsfrage zugleich gegen das Diktum der Erbsünde und sieht die Gesellschaft allein verantwortlich für das Böse. Rousseaus Gedankenexperiment der Erziehung impliziert wesentlich die Separierung des Zuerziehenden von der entarteten Gesellschaft. Zu diesem Zweck zieht sich der Erzieher Jean-Jacques mit seinem Zögling Emil auf das Land in die Natur zurück, die Rousseau als kritischer Gegenentwurf zur Gesellschaft dient. Durch natürliche und negative, das heißt, bewahrende Erziehungsformen zeigt Rousseau Möglichkeiten auf, das Gute im Menschen zu erhalten und die Selbsttätigkeit des Heranwachsenden zu stärken.

Immanuel Kant

Immanuel Kant (1724–1804) kann als der zentrale philosophische Vertreter der deutschen Aufklärung bezeichnet werden. Bis heute ist er der einflussreichste und bekannteste deutschsprachige Philosoph. Kant gilt als Begründer der modernen Transzendentalphilosophie und hat auf die Pädagogik und ihre Entstehung als wissenschaftliche Disziplin in besonderem Maß durch den Text „Über Pädagogik“ Einfluss genommen. Er fordert eine Erziehung, die auf eine „Idee der Menschheit“ ausgerichtet ist. Diese geht von handlungsleitenden Grundsätzen und Prinzipien aus und eben nicht von einer Erziehung, die auf bloßer Zufälligkeit fußt. In seiner Abhandlung *Beantwortung der Frage: Was ist Aufklärung?* bestimmt Immanuel Kant den Begriff der Aufklärung auf der Grundlage der selbstverschuldeten Unmündigkeit des Menschen. Er fordert, dass jeder einzelne Mensch den Mut aufbringt, sein Leben mündig zu führen und sich von den Verführungen der Faulheit und Feigheit, die den Menschen in Unmündigkeit halten, abwendet. In dem historischen Kontext der Aufklärung ist für Kant stets die Stellung des Einzelnen zur Gesellschaft von Bedeutung. So ist Mündigkeit als Erziehungsziel für Kant eine Art Selbstregierung, die sich eben nicht nur auf die je eigene Lebensführung beziehen kann, sondern gleichermaßen von politischem Engagement getragen werden muss. Kants Vorlesung *Über Pädagogik* gehört zu den bedeutendsten historischen Texten über Erziehung, wenngleich die Vorlesung selbst nur als Abschrift und Rekonstruktion vorliegt. Dennoch und dessen ungeachtet scheinen in ihr die wichtigsten Gedanken der Erziehungskonzeption Kants in ihrer Systematik durch. In der Vorlesung beschreibt Kant die notwendige Disziplinierung, Kultivierung und Zivilisierung des Menschen und geht schließlich über das direkte erzieherische Handeln hinaus, wenn er es jenseits jeder gesellschaftlich-politischen Dimension auf die Moralisierung des Menschen bezieht. Die Moralisierung übersteigt letztlich die Erziehung, ist aber als grundsätzliche Orientierung für jeden Gebrauch der menschlichen Freiheit unverzichtbar. Sie ist quasi die „Gebrauchsanweisung“ für eine menschliche Freiheit, die das moralisch

Gute wählen kann. Allerdings muss die Moralisierung allein in Freiheit aus dem einzelnen Individuum selbst hervorgehen, darf also nicht von außen bewirkt gedacht werden. Die Moralisierung ist für Kant somit eine notwendige erzieherische Orientierung, aber selbst nicht Gegenstand der Erziehung, insofern Erziehung sich auf die Einwirkung eines*r Erziehers*in bezieht.

Friedrich Daniel Ernst Schleiermacher

Friedrich Daniel Ernst Schleiermacher (1768–1834) ist Theologe und Philosoph wie auch zentraler Protagonist des Neuhumanismus. Er arbeitet vor allem an der Begründung einer allgemeinen Pädagogik, die eigene wissenschaftliche Fragestellungen, Denkfiguren und Begriffe übergreifend formuliert. Im Mittelpunkt der Vorlesungen Schleiermachers aus dem Jahre 1826 steht die erziehungstheoretische Denkfigur einer grundsätzlichen Beziehung der älteren zur jüngeren Generation in gesellschaftlichen Zusammenhängen. Gesellschaften konstituieren und erhalten sich in der Generationenabfolge. Damit wird Erziehung zur gesellschaftlichen Kernaufgabe. Schleiermachers Vorstellung von Erziehung ist dialektisch ausgerichtet und verortet sie in der Spannung unterschiedlicher Ansprüche, zum Beispiel die der Gesellschaft, aber auch die des Individuums – die des Staats, aber eben auch die der Familie. Erziehung ist nicht nur notwendig mit Blick auf den Einzelnen, sondern zugleich für die Entwicklung von Kultur, Staat und Gesellschaft. Schleiermacher geht von der Annahme aus, dass der Mensch die Grundlagen seiner individuellen Entwicklung in sich trägt. Um diese Entwicklung des Heranwachsenden jedoch zu unterstützen und ihn zugleich in die Gesellschaft einzuführen, bedarf es einer Theorie der Erziehung, die es ermöglicht, durch ihren Begriff die – jeder Theorie vorgängige – Praxis der Erziehung zu reflektieren, sie also zu einem bewussten, geplanten, abgestimmten und absichtsvollen Tun werden zu lassen. Er spricht sich so zugleich gegen jede mechanische Vorstellung von Erziehung aus. Vielmehr ist das Ziel der Erziehung der einzelne Mensch, der sich als Handelnder Welt aneignet und in ihr tätig ist.

Johann Friedrich Herbart

Johann Friedrich Herbart (1776–1841) ist Lehrstuhlnachfolger Kants in Königsberg und schließt insbesondere an das Problem einer Erziehung hin zum moralisch Guten an. Er begründet seine Theorie der Pädagogik durch den Rückgriff auf begriffliche Bestimmungen, die sie in ihrem Gegenstand, der Methode, Zielsetzung und erzieherischen Handlungsformen von anderen, benachbarten Disziplinen unterscheidet. In seinen Vorlesungen zur Pädagogik diskutiert Herbart grundsätzlich das Verhältnis von Theorie und Praxis. Nach Herbart gewinnt die Praxis erst durch ihre Rückbindung an die Theorie vertiefte Antworten auf die Erziehungsphänomene. Theorie ermöglicht also dem*r Erzieher*in im Vorhinein das Nachdenken und Nachforschen über Erziehung und ihre Prozesse, die allererst praktisches Handeln professionalisieren und pädagogisches Tun nicht einer unreflektierten Alltagspraxis überlassen. Die notwendig reflexive Vermittlung von Theorie und Praxis gelingt durch den sogenannten pädagogischen Takt. Er ist dabei aber keine unmittelbare Anwendung der Theorie auf die Praxis. Vielmehr erlangt der*ie Erzieher*in den Takt im Handeln, in der praktischen Erprobung vor dem Hintergrund theoretischer Erkenntnisse. Der pädagogische Takt geht aus theoretischen Reflexionen wie auch Übungen und aus Erfahrungen des*r Erziehers*in hervor. Über ihn verbinden sich Theorie und Praxis. Der zweite Quellentext mit dem Titel *Über die ästhetische Darstellung der Welt als Hauptgeschäft der Erziehung* aus dem Jahre 1804 widmet sich der Möglichkeit moralischer Erziehung. Wie ist es pädagogisch möglich zu bewirken, dass Heranwachsende – vor die Wahl ihres Handelns gestellt – das Gute wählen und nicht das Böse? Herbarts Lösung des Problems, Freiheit zu bewahren und dennoch Moralität erzieherisch bewirken zu können, liegt in einer moralischen Geschmackserziehung, die durch Übung und mit Beispielen den Habitus des Heranwachsenden ästhetisch prägt. Ziel ist es, dass der*ie Heranwachsende aus einer ästhetischen Notwendigkeit heraus das Gute wählt. Somit ist nach Herbart die ästhetische Darstellung der Welt die Hauptaufgabe der Erziehung, um Moralität – verstanden als das Gute zu wählen – im Zögling hervorzubringen.

John Dewey

John Dewey (1859–1952) ist amerikanischer Philosoph und Pädagoge, der in seinen pädagogischen Überlegungen an die griechische Philosophie und den Gedanken der Mäeutik bei Sokrates anschließt. In seinen Werken stehen zumeist gesellschaftspolitische Themen im Mittelpunkt, die in der Regel mit dem Wunsch nach Demokratisierung der Gesellschaft verbunden sind. Dewey unterstreicht in dem Quellentext *Der demokratische Gedanke in der Erziehung* die Bedeutung der Erziehung für eine demokratische Form des gesellschaftlichen Zusammenschlusses. Erziehung hat für Dewey dabei eine soziale Funktion der Entwicklung der Kinder und Jugendlichen zur Teilnahme und Teilhabe an Gruppen respektive Gesellschaften. Mit und über erzieherisches Handeln werden vor allem Sprache, soziale Normen und Gewohnheiten an die nachwachsende Generation weitergegeben. Normen und Methoden der Erziehung sind dabei stets abhängig von der Gruppe und Gemeinschaft, aus denen sie hervorgehen und Anwendung finden. Sie sind Ausdruck eines bestimmten Wertemaßstabs sozialen Zusammenlebens. Die Begriffe Gesellschaft und Gemeinschaft sind für Dewey doppeldeutig, da sie einerseits ein Ideal des Zusammenschlusses von Menschen ausdrücken, andererseits eine Beschreibung von tatsächlichen Zusammenschlüssen sind. Isolierung und Abgeschlossenheit von Gruppen sind für ihn Ausdruck a-sozialer Tendenzen und stehen dem Projekt einer demokratischen Gesellschaft der Teilhabe entgegen. Die Offenheit und das wechselseitige Verhältnis, also die Wechselwirkung von Gruppen innerhalb einer Gesellschaft wie auch zwischen Gesellschaften, sind zentrale Bestandteile seines Verständnisses von Demokratie. Sie zielen auf eine ständige Veränderung und Neujustierung der demokratischen Gesellschaft ab, die geprägt ist durch zahlreiche und mannigfaltig geteilte gemeinsame Interessen. Das Ziel der Erziehung ist in Deweys Werk die „freiwillige Bereitschaft zur Unterordnung aus Interesse", verstanden als eine Unterordnung unter eine Gesellschaft, die die Auflösung von Klassen, Rassen und nationalen Grenzen zum Ziel hat. Dabei stehen die Erweckung eines persönlichen Interesses des Einzelnen an den sozialen Beziehungen und das Ideal der freien Wechselwirkung zwischen allen Menschen im Zentrum seiner Überlegungen.

Hannah Arendt

Hannah Arendt (1906–1975) ist eine der bedeutendsten Denkerinnen des 20. Jahrhunderts. Die Zeit des Nationalsozialismus und ihre Verfolgung sind für ihr Denken und das Verständnis von Politik und totalitärer Herrschaft prägend. In ihrem Vortrag aus dem Jahre 1958 fragt sie nach der Bedeutung der Erziehung für die Einrichtung von Welt und Gesellschaft. Mit Bezug auf die politische Situation der USA und der Herausforderung einer Gesellschaft, unterschiedliche Kulturen zu vereinen, sieht sie in der Erziehung der Heranwachsenden und dem grundlegenden existenziellen Prinzip der Natalität die Chance der immer wieder zu leistenden Erneuerung der Gesellschaft. Für den Fortbestand der Gesellschaft ist also die Erneuerung durch Erziehung die wichtigste Aufgabe. Das erzieherische Verhältnis ist dabei durch das Generationenverhältnis geprägt: durch die Kinder und Jugendlichen verstanden als das Neue, die in die bestehende Welt hineingeboren werden, und die Welt der Erwachsenen verstanden als das Alte, die in der Tradition und der Erfahrung des Vergangenen orientierend sind. Erziehung ist nach Arendt ein gesellschaftliches Tätigsein, für das aber ein privater Schutzraum, ein Raum des Rückzugs vor der Gesellschaft bedeutsam ist. Sie kritisiert an Konzepten der Erziehung ihrer Zeit gerade die Auflösung der zentralen Differenz zwischen privatem und öffentlichem Raum. Der private Schonraum, der nicht mehr gewährt wird, eröffnete die zentrale Möglichkeit, dass die Heranwachsenden sich geschützt vor der Welt der Erwachsenen ohne gesellschaftliche Verzweckung mit der Welt bekannt machen. Gleichzeitig aber nimmt sie – reformpädagogisch orientierte – Erziehungsstile kritisch in den Blick, die Autoritätsausübung problematisieren und Kindern sowie Jugendlichen zu früh die Verantwortung für ihr eigenes Handeln zuschreiben. Vielmehr erwartet Arendt eine Rehabilitierung der pädagogischen Autorität, die eine Verantwortung der Erwachsenen für die Welt und die Erziehung zum Ausdruck bringt. Verstanden als im Sinne Arendts konservative schützt Erziehung das Alte vor dem Neuen und umgekehrt. In dieser Haltung wird Erziehung politisch, zum einen im Fortbestand von Kultur und Gesellschaft, zum anderen in der politischen Verantwortung einer Gesellschaft für Erziehung.

Klaus Prange

Klaus Prange (*1939) ist deutscher Erziehungswissenschaftler, dessen Arbeitsschwerpunkte in der allgemeinen Pädagogik zu verorten sind. Zu seinen zentralen Werken zählt *Die Zeigestruktur der Erziehung*, in dem er ausgehend von dem Begriff des Zeigens versucht, die pädagogischen Begriffe und Fragestellungen zu stärken und sie gegen weitere Sozialwissenschaften abzugrenzen. Klaus Prange geht in seinem Aufsatz *Der anthropologische Aspekt der Erziehung: das Lernen* von der Annahme aus, dass der Mensch ein lernendes Wesen ist. Menschen können also gar nicht anders, als zu lernen. Lernen zeichnet sich dadurch aus, dass Menschen auch ohne Erziehung lernen, das heißt, der Mensch lernt in vielen Situationen, ohne dass diese pädagogisch intentional aufgeladen, pädagogisch beabsichtigt sind. Das Lernen ist daher für Prange notwendige Bedingung für die Thematisierung des Erziehungsbegriffs. Für ihn sind Erziehung, Erziehen und Lernen die zentralen Begrifflichkeiten der pädagogischen Theoriebildung und der Arbeit im pädagogischen Feld. Erziehen und Lernen sind dabei zwei getrennte Operationen. Durch den Akt des Erziehens wird versucht, auf das Lernen des Einzelnen abzuzielen, es zu bewirken. Erziehen ist ein Handeln, das beobachtet oder beschrieben werden kann, Lernen wiederum ist ein Begreifen und Verstehen, das sich der Beobachtung entzieht. Diesen Bezug des Erziehens auf das Lernen fasst Prange unter dem Begriff Erziehung. Mit dem intentionalen Moment des Erziehens wird auf ein Lernen in einem sozialen Verhältnis zwischen Erzieher*in-Kind-Thema abgezielt. Diese Beziehung wird in vielen Kontexten auch durch den Begriff des Didaktischen Dreiecks beschrieben und thematisiert. Zusammenfassend ist Erziehen eine Reaktion auf das Lernen, welches im Menschen angelegt ist und in seinem relationalen Verhältnis unter dem Begriff Erziehung gefasst wird. Erziehung ist also der systematische Versuch, das Erziehen und das Lernen aufeinander zu beziehen, in bestimmten Formen, Weisen und Gliederungen zu koordinieren.

Käte Meyer-Drawe

In welchem Verhältnis stehen Erziehung und Macht? Kann es eine Erziehung ohne Macht geben? Käte Meyer-Drawe (*1946), Erziehungswissenschaftlerin und Phänomenologin der Universität Bochum geht diesen Fragen in ihrem Text *Erziehung und Macht* nach. Neben ihren Arbeiten zur Bedeutung der Leiblichkeit für menschliche Erfahrungen und ihrer Grundlegung eines pädagogischen Lernbegriffs widmet sich Meyer-Drawe immer wieder Fragen nach Formen und Technologien der Macht in der Pädagogik, insbesondere der Bio-Macht. Im Anschluss an Foucault verweist Meyer-Drawe auf die Tatsache, dass es keinen machtfreien Raum im Erziehungshandeln gibt. Traditionell wird diese Erkenntnis, so Meyer-Drawe, ignoriert, denunziert oder unter dem Vorwand der Beförderung von Autonomie als pädagogischer Leitkategorie verhüllt. Die erzieherische Unterwerfung wird unter dem Schein der Freiheit legitimiert. Doch in jeder Erziehung finden sich Machtstrukturen, die es offenzulegen gilt. Die Vorstellung, Macht sei ein vermeidbarer Effekt von Erziehung, trügt. So finden sich auch bereits bei Rousseau Hinweise, die auf die Unvermeidbarkeit von Macht allein in der Beziehung des Heranwachsenden zu dem Erziehenden gründet. Zudem gilt Macht als ein sehr produktives Moment in der Erziehung, und zwar gerade wenn sie reflexiv nicht eingeholt wird und hintergründig ihre Arbeit verrichtet. Anders als Herrschaft braucht Macht stets die Mitwirkung der Freiheit, um sie hintergründig wirken zu lassen, als wolle man das, was gesollt wird, aus eben freien Stücken heraus. Mit der Bio-Macht entsteht seit dem 18. Jahrhundert nun eine neue Machtform, durch die auch das biologische Leben selbst normalisierbar wird. Die Bio-Macht umfasst die zentralen menschlichen Kategorien von Leben und Tod, legitimiert Eingriffe in die menschlichen Körper und richtet die Leben an der Norm von beispielsweise Gesundheit aus. Die Bio-Macht zielt auf die Steuerung der Gesellschaft als Bevölkerung ab. Sie arbeitet mit statistischen Daten genauso wie mit humanwissenschaftlichen Erkenntnisformen. Gegenwärtig entsteht durch die Gentechnologie eine neue Bio-Technologie, die die Verwaltung und Berechnung der menschlichen Körper zentral zu lenken in der Lage ist. Zunehmend stellt sich auch vor diesem Hintergrund die Frage, inwieweit Gentechnik oder Eingriffe in den Körper (wie zum Beispiel durch Medikamente) als Formen der Normalisierung künftig Erziehung ersetzen.

1. Jean-Jacques Rousseau

Erste Preisschrift

Textauszug aus: Rousseau, J.-J. (1750/[4]1993): Erste Preisschrift. Über die von der genannten Akademie gestellte Frage: Ob die Neubelebung der Wissenschaft und Künste dazu beigetragen habe, die Sitten zu läutern. In: Ders.: Preisschriften und Erziehungsplan. Bad Heilbrunn, S. 23–46.

Abhandlung über die folgende Frage:
Hat die Neubelebung der Wissenschaften und Künste dazu beigetragen, die Sitten zu läutern? [...]

Es ist ein großartiges und erhabenes Schauspiel, wenn man mit ansieht, wie der Mensch aus eigener Kraft gewissermaßen aus dem Nichts heraustritt; wie er durch das Licht seines Verstandes[1] die Finsternis auflöst, in die er von Natur aus gehüllt war; wie er den Blick über sich selbst hinaushebt; wie er im Geist bis in die Regionen des Weltenraumes empordringt; wie er, der Sonne gleich, mit Riesenschritten die gewaltige Weite des Alls durchmißt; und, großartiger und schwieriger noch, wie er in sich zurückkehrt, um über den Menschen nachzudenken und sein Wesen, seine Pflichten und seine Bestimmung zu ergründen.[2] Alle diese Wunder haben sich seit wenigen Generationen erneut vollzogen.

Europa war in die Kulturlosigkeit der frühesten Zeiten zurückgesunken. Die Völker dieses heute so aufgeklärten Teils der Welt lebten vor ein paar Jahrhunderten in einem Zustand, schlimmer als Unwissenheit. Ein ich weiß nicht was für ein wissenschaftliches Gerede, das noch weniger Beachtung verdient als die Unwissenheit, hatte der Wissenschaft ihren Namen gestohlen und stellte sich ihrer Rückkehr als nahezu unüberwindliches Hindernis in den Weg. Eine umwälzende Veränderung war nötig, damit die Menschen wieder zum gesunden Menschenverstand zurückfanden; sie kam schließlich von einer Seite, von der man sie am wenigsten erwartet hätte. Der Mohammedaner mit seinem dumpfen Sinn, diese ewige Geißel der schönen Literatur, er war es, der dieser bei uns zu neuem Leben verhalf. Durch den Sturz des Thrones Konstantins kamen die Reste des alten Griechenlands nach Italien. Auch Frankreich wurde reicher durch diese kostbare Hinterlassenschaft.[3] Bald folgten der Literatur die Wissenschaften nach: zur Kunst zu schreiben gesellte sich die Kunst zu denken, eine Reihenfolge, die befremdlich scheint und die doch vielleicht nur zu natürlich ist. Und allmählich machte sich der hauptsächliche Nutzen der Beschäftigung mit den Musen bemerkbar: die Menschen werden geselliger,

Renaissance

weil dabei in ihnen der Wunsch entsteht, einander durch Werke zu gefallen, die ihrer wechselseitigen Anerkennung wert sind.

Sozialisation der Bedürfnisse

Der Geist hat wie auch der Körper seine Bedürfnisse. Diese schaffen die Grundlage für das Leben in der Gesellschaft, jene geben ihm seinen Reiz. Während Regierung und Gesetze für die Sicherheit und das Wohl der in einem Gemeinwesen zusammengeschlossenen Menschen sorgen, fügen die Wissenschaften, die Künste und die Literatur, weniger gebieterisch, aber vielleicht um so mächtiger, den eisernen Ketten, mit denen diese Menschen gefesselt sind, Blütenbande hinzu, ersticken in ihnen das Gefühl für jene ursprüngliche Freiheit, zu der sie geboren schienen, lassen sie Gefallen an ihrer Knechtschaft finden und machen aus ihnen das, was man zivilisierte Völker nennt. Das Bedürfnis der Menschen richtete die Throne auf; Wissenschaften und Künste haben sie gefestigt. Mächtige der Erde, laßt euch die Talente angelegen sein und fördert jene, die sie pflegen.[4] Und ihr, zivilisierte Völker, pfleget sie: Zufriedene Sklaven, ihr verdankt ihnen diesen erlesenen und verfeinerten Geschmack, auf den ihr so stolz seid; dieses angenehme Wesen und dieses höfliche Benehmen, die euren Umgang miteinander so glatt und reibungslos gestalten; kurz, den Anschein aller Tugenden, während ihr doch keine besitzt.

Durch diese Art von Gesittung, die um so gewinnender ist je dezenter sie sich gibt, zeichneten sich einst Athen und Rom in den so viel gerühmten Tagen ihrer Pracht und ihres Glanzes aus; in ihr wird gewiß unser Jahrhundert und unser Volk alle Zeiten und alle Völker übertreffen. Ein feinsinnig gebildeter Umgangston ohne Pedanterie, ein ungezwungenes und doch zuvorkommendes Benehmen, das von teutonischer Urwüchsigkeit ebensoweit entfernt ist wie von südländischer Überschwänglichkeit: das sind die Früchte des Geschmacks, der durch gute Studien erworben und im gesellschaftlichen Umgang vervollkommnet wurde.

Sitte und Tugend

Wie erfreulich wäre das Leben bei uns, wenn das äußere Verhalten stets die Einstellung des Herzens widerspiegelte, wenn feines Benehmen Tugend bedeutete, wenn unsere Maximen unser Handeln und Denken bestimmten, wenn vom Ehrentitel eines „Philosophen" die wahre philosophische Weisheit nicht wegzudenken wäre! Aber so viele Vorzüge finden sich allzu selten vereint, und die Tugend geht kaum in solch glänzendem Festzug einher.[5] Reicher Schmuck mag ein Zeichen für einen vermögenden Mann sein, erlesener Schmuck ein Zeichen für einen Mann mit Geschmack: Den gesunden und kräftigen Mann dagegen erkennt man an anderen Merkmalen; unter der einfachen Kleidung des Landmanns[6] nämlich, und nicht unter dem golddurchwirkten Rock des Höflings wird man Kraft und Energie des Körpers finden. Nicht weniger fremd ist äußerer Schmuck der Tugend, die Kraft und Energie der Seele ist. Der rechtschaffene Mann gleicht einem griechischen Athleten, der nackt zu kämpfen liebt; er verschmäht all dies eitle Zierwerk, das ihn im Gebrauch seiner Kräfte behindern würde und von dem das meiste nur dazu erfunden worden ist, irgendeinen Fehler zu verbergen.

Natur vs. Kultur

Bevor die Kunst unsere Umgangsformen geschliffen und unsere Leidenschaften eine glatte Sprache zu sprechen gelehrt hatte, waren unsere Sitten einfach, aber unverfälscht; und der Unterschied im Verhalten verriet auf den ersten Blick den Unterschied im Charakter. Die menschliche Natur war im Grund nicht besser; aber die Leichtigkeit, mit der man sich gegenseitig durchschaute, gab den Menschen ihre innere Sicherheit; und dieser Vorteil, von dessen Wert wir uns keine Vorstellung mehr machen, bewahrte sie vor vielen Lastern.

Heute, wo ein gewählteres Benehmen und ein verfeinerter Geschmack die Kunst zu gefallen auf Regeln reduziert haben, sind unsere Sitten von einer erbärmlichen und trügerischen Gleichförmigkeit, und die Geister scheinen alle nach dem gleichen Muster gebildet: Immerzu fordert die Höflichkeit, gebietet die Schicklichkeit; immerzu folgt man der Konvention, niemals dem eigenen Wesen. Man wagt nicht mehr, sich so zu zeigen wie man ist; und unter diesem ständigen Zwang werden die Menschen dieser »Gesellschaft« genannten Herde in gleichen Situationen alle das gleiche tun, wenn nicht stärkere Beweggründe sie davon abhalten. Man wird daher nie genau wissen, wen man vor sich hat: Um seinen Freund kennenzulernen, wird man also die bedeutsamen Gelegenheiten abwarten müssen, das heißt abwarten, bis es dafür zu spät ist, denn gerade dieser Gelegenheiten wegen wäre es wichtig gewesen, ihn zu kennen.

Welch ein Gefolge von Lastern wird diese Ungewissheit nicht begleiten! Es wird keine ehrlichen Freundschaften mehr geben, keine aufrichtige Achtung, kein festes Vertrauen. Argwohn, Mißtrauen und Furcht, Gleichgültigkeit, Skepsis, Haß und Verrat werden sich ständig hinter diesem gleichförmigen und trügerischen Schleier der Höflichkeit verbergen, hinter dieser vielgepriesenen Urbanität, die wir der Aufgeklärtheit unseres Jahrhunderts verdanken. [...]

Das ist die Reinheit, die unsere Sitten erlangt haben; in dieser Weise sind wir rechtschaffene Menschen geworden. Literatur, Wissenschaften und Künste mögen sich ihren Anteil an einem so ersprießlichen Werk zugute halten. Ich will dazu nur eines bemerken, daß nämlich ein Bewohner irgendeines fernen Landes, der sich ein Bild von den europäischen Sitten zu machen suchte auf Grund des Standes der Wissenschaften bei uns, der Vollkommenheit unserer Künste und Kunsthandwerke, der Vornehmheit unseres Theaterwesens, der Höflichkeit unseres Benehmens, der Liebenswürdigkeit unserer Worte, unserer ständigen Wohlwollensbezeugungen und dieses geschäftigen Zusammenströmens von Menschen jeden Alters und jeden Standes, die von früh bis spät eifrig bestrebt zu sein scheinen, einander Gefälligkeiten zu erweisen – daß also dieser Fremde von unseren Sitten genau das Gegenteil dessen denken müßte, was sie sind.[7]

Wo keine Wirkung ist, braucht man nicht nach einer Ursache zu suchen: Hier aber ist die Wirkung gewiß, nämlich der tatsächliche Verfall der Sitten, und unsere Seelen haben in dem Maße Schaden genommen, in dem unsere Wissenschaften und unsere Künste sich der Vollkommenheit genähert haben. Meint man etwa, dies sei eine bedauerliche Entwicklung speziell unserer Zeit?

Nein, hochverehrte Mitglieder der Akademie, das Unheil, das unsere eitle Wißbegier anrichtet, ist so alt wie die Welt. Das tägliche Steigen und Fallen der Wasser des Meeres ist dem Lauf des Gestirns, das unsere Nacht erhellt, nicht gesetzmäßiger unterworfen gewesen als das Schicksal der Sitten und der Rechtschaffenheit der Entwicklung der Wissenschaften und Künste. Wir haben erlebt, wie die Tugend schwand, je höher Kunst und Wissenschaften über unserem Horizont erstrahlten, und das gleiche Phänomen konnte zu allen Zeiten und überall beobachtet werden. [...]

Glückliche Unwissenheit

So sind zu aller Zeit Luxus, Sittenverfall und Unfreiheit die Strafe für unser hochmütiges Bemühen gewesen, den Zustand glücklicher Unwissenheit zu verlassen, in den die ewige Weisheit uns versetzt hatte. Der dichte Schleier, den sie über ihr ganzes Wirken gebreitet hat, hätte uns Warnung genug sein können, daß sie uns nicht zu eitlem Forschen bestimmt hat. Aber haben wir auch nur einen ihrer Ratschläge zu beherzigen gewußt oder auch nur einen ungestraft außer acht gelassen? Begreift doch einmal, ihr Völker, daß die Natur euch vor dem Wissen hat schützen wollen, wie eine Mutter ihrem Kind eine gefährliche Waffe aus den Händen nimmt; daß sie mit jedem Geheimnis, das sie vor euch verbirgt, euch vor einem Übel bewahrt, und dass die Mühe, die es euch bereitet, Kenntnisse zu erwerben, nicht die geringste ihrer Wohltaten ist. Die Menschen sind verderbt; sie wären noch schlimmer, wenn sie zu ihrem Unglück gelehrt zur Welt gekommen wären.

Wie demütigend sind diese Überlegungen für die Menschheit! Wie tief muß unser Stolz davon getroffen sein! Was, die Rechtschaffenheit wäre die Tochter der Unwissenheit, Wissen und Tugend wären unvereinbar? Welche Folgerungen zöge man nicht aus diesen vorschnellen Urteilen? Aber um diese einander scheinbar widerstreitenden Dinge in Einklang zu bringen, braucht man nur genauer zu untersuchen, wie hinfällig und hohl die stolzen Bezeichnungen sind, die uns blenden und die wir so ohne jeden Nutzen den menschlichen Kenntnissen verleihen. Betrachten wir also die Wissenschaften und Künste als solche; überlegen wir uns, was notwendig die Folge ihrer Entfaltung sein muß und zögern wir nicht länger, alle die Punkte anzuerkennen, in denen unsere Überlegungen mit den Lehren der Geschichte übereinstimmen werden. [...]

Reflexionsfragen:

- Welche Rolle nehmen Literatur, Wissenschaft und Künste hinsichtlich der Verrohung der Sitten ein?
- Diskutieren Sie die These, dass Zivilisationsfortschritt mit moarlischem Verfall einhergeht.
- Worin besteht nach Rousseau der Gegensatz zwischen Natur und Kultur?
- Welchen Stellenwert hat für Rousseau die „glückliche Unwissenheit"?

Emil oder Über die Erziehung

Textauszüge aus: Rousseau, J.-J. (1750/[13]1998): Emil oder Über die Erziehung. Paderborn u.a., S. 9–155.

Erstes Buch

Mensch vs. göttliche Ordnung

Alles ist gut, wie es aus den Händen des Schöpfers kommt; alles entartet unter den Händen des Menschen.[8] Der Mensch zwingt ein Land, die Erzeugnisse eines anderen hervorzubringen, einen Baum, die Früchte eines anderen zu tragen. Er vermengt und vertauscht das Wetter, die Elemente und die Jahreszeiten. Er verstümmelt seinen Hund, sein Pferd, seine Sklaven. Alles dreht er um, alles entstellt er. Er liebt die Mißgeburt, die Ungeheuer. Nichts will er haben, wie es die Natur gemacht hat, selbst den Menschen nicht. Man muß ihn, wie ein Schulpferd, für ihn dressieren; man muß ihn nach seiner Absicht stutzen wie einen Baum seines Gartens.

Verbildung

Ohne das wäre alles noch schlimmer, denn der Mensch gibt sich nicht mit halben Maßnahmen ab. Unter den heutigen Verhältnissen wäre ein Mensch, den man von der Geburt an sich selbst überließe, völlig verbildet. Vorurteile, Macht, Notwendigkeit, Beispiel und alle gesellschaftlichen Einrichtungen, unter denen wir leben müssen, würden die Natur in ihm ersticken, ohne etwas anderes an ihre Stelle zu setzen. Sie gliche einem Baum, der mitten im Wege steht und verkommt, weil ihn die Vorübergehenden von allen Seiten stoßen und nach allen Richtungen biegen.

Ich wende mich an dich, liebe und weise Mutter.[9] Du hast es verstanden, dich von der Heerstraße fernzuhalten und das Bäumchen vor dem Zusammenprall mit der öffentlichen Meinung zu behüten! Pfleg und gieß die Pflanze, ehe sie verdorrt; eines Tages wirst du dich an ihren Früchten laben. Umwall beizeiten die Seele deines Kindes; ein anderer mag den Umfang abstecken, du aber mußt die Schranken setzen.[10]

Entdeckung der Erziehung

Pflanzen werden gezogen: Menschen werden erzogen. Käme der Mensch groß und stark zur Welt: seine Stärke und Größe nützen ihm so lange nichts, bis er gelernt hätte, sich ihrer zu bedienen. Sie wären sogar sein Schaden, weil sie andere daran hinderten, für ihn zu sorgen und ihm beizustehen.[11] So ginge er, sich selbst überlassen, zugrunde, ehe er sein Bedürfnis erkannt hätte. Man beklagt den Kindstand, aber man sieht nicht, dass die Menschheit zugrunde gegangen wäre, wenn der Mensch nicht als Kind begonnen hätte.

Wir werden schwach geboren und brauchen die Stärke. Wir haben nichts und brauchen Hilfe; wir wissen nichts und brauchen Vernunft. Was uns bei der Geburt fehlt und was wir als Erwachsene brauchen, das gibt uns die Erziehung.

Die Natur oder die Menschen oder die Dinge erziehen uns. Die Natur entwickelt unsere Fähigkeiten und unsere Kräfte; die Menschen lehren uns den Gebrauch dieser Fähigkeiten und Kräfte. Die Dinge aber erziehen uns durch die Erfahrung, die wir mit ihnen machen, und durch die Anschauung.

Wir haben also dreierlei Lehrer. Widersprechen sie sich, so ist der Schüler schlecht erzogen und wird immer uneins mit sich sein. Stimmen sie aber überein und streben sie auf ein gemeinsames Ziel hin, so erreicht er sein Ziel und lebt dementsprechend. Er allein ist gut erzogen.

Von den drei Arten der Erziehung hängt die Natur gar nicht, die der Dinge nur in gewisser Hinsicht von uns ab. Die der Menschen ist die einzige, die wir in unserer Gewalt haben; und auch da nur unter gewissen Voraussetzungen, denn wer kann hoffen, die Reden und die Handlungen derer überwachen zu können, die das Kind umgeben?

Erziehung als Kunst

Sieht man die Erziehung als Kunst an, so scheint ein voller Erfolg unmöglich zu sein, weil das nötige Zusammenwirken von Natur, Dingen und Menschen nicht von uns abhängt. Was man bei größter Sorgfalt erreichen kann, ist, dem Ziel mehr oder weniger nahe zu kommen. Es völlig zu erreichen, ist ein Glücksfall.

Das Ziel der Erziehung? Es ist das Ziel der Natur selber; das habe ich eben bewiesen. Da die drei Faktoren aber zusammenwirken müssen, wenn die Erziehung gelingen soll, so müssen wir die beiden anderen nach dem Faktor ausrichten, über den wir nichts vermögen. Dazu müssen wir das unklare Wort Natur erst deutlich zu definieren versuchen.

Natur

Natur ist, so sagt man, nichts als Gewohnheit.[12] Was heißt das? Gibt es nicht Gewohnheiten, die man nur unter Druck annimmt und die niemals die Natur ersticken? Man verhindert z.B. daß eine Pflanze nach oben wächst. Gibt man ihr die Freiheit wieder, so behält sie zwar die Beugung bei, aber der Wachstumstrieb bleibt derselbe. Sie richtet sich wieder auf, wenn man sie weiter wachsen läßt. Genau so steht es mit den Neigungen der Menschen. Unter gleichbleibenden Verhältnissen behält man Gewohnheiten bei, die vielleicht unserer Natur am wenigsten entsprechen. Sobald die Verhältnisse sich ändern, hört der Zwang auf, und die Natur kehrt zurück. Die Erziehung ist bestimmt nichts anderes als eine Gewohnheit. Aber gibt es nicht Leute, die ihre Erziehung vergessen und verlieren? Und andere, die sie bewahren? Woher dieser Unterschied? Um Verwirrungen zu vermeiden, muß man also den Begriff der Natur auf die Gewohnheiten einschränken, die der Natur gemäß sind.

Vernunft und Empfindsamkeit

Wir werden empfindsam geboren und von Geburt an auf verschiedene Weise durch unsere Umwelt beeinflusst. Sobald wir unserer Eindrücke bewußt werden, suchen wir die betreffenden Gegensätze zu erstreben oder zu fliehen; anfangs je nachdem sie uns angenehm oder unangenehm sind, später je nach der Zuneigung oder der Abneigung, die wir zwischen uns und jenen Dingen finden; schließlich urteilen wir vernünftig über ihren Wert für unser Glück und unsere Vollkommenheit. Diese Anlagen wachsen und festigen sich in dem Maße, in dem wir empfindsamer und vernünftiger werden. Werden sie jedoch von Gewohnheiten gezwungen, so ändern sie sich mehr oder weniger nach unseren Meinungen. Vor dieser Veränderung sind sie das, was ich die Natur in uns nenne. […]

Zweites Buch

Erziehung und Zeit

[…] Darf ich nun die wichtigste und nützlichste Regel jeder Erziehung aufstellen? Sie heißt nicht: Zeit gewinnen, sondern Zeit verlieren. Man möge mir diese scheinbaren Widersprüche verzeihen. Wenn man es überlegt, kommt man selber darauf. Ich ziehe den Widerspruch dem Vorurteil vor. Der gefährdetste Abschnitt erstreckt sich von der Geburt bis zum 12. Lebensjahr. Es ist die Zeit, wo Irrtümer und Laster keimen, ohne daß man Mittel hätte, sie auszurotten. Hat man dann die Mittel, so sind die Wurzeln bereits so tief, daß man sie nicht mehr ausreißen kann. Wäre es nur ein Sprung von der Mutterbrust bis ins vernünftige Alter, so wäre die heutige Erziehung richtig. Die natürliche Entwicklung erfordert aber das Gegenteil. Eigentlich dürften Kinder ihre seelischen Kräfte nicht eher gebrauchen, als bis sie voll entwickelt sind. Denn sie können das Licht der Lehren, das ihr ihnen vorhaltet, nicht sehen, solange die Seele blind ist. Wie soll sie im weiten Feld der Gedanken einer Straße folgen können, die die Vernunft dem schärfsten Auge nur andeutend zeigt?

Negative Erziehung

Die erste Erziehung muß also rein negativ sein. Sie darf das Kind nicht in der Tugend und in der Wahrheit unterweisen, sondern sie muß das Herz vor Laster und den Verstand vor Irrtümern bewahren. Wenn es euch gelingt, nichts zu tun und zu verhindern, daß etwas getan werde, den Zögling gesund und stark bis ins zwölfte Lebensjahr zu bringen, selbst wenn er links und rechts nicht unterscheiden kann, so würde sich nun sein Geist von der ersten Lektion an der Vernunft öffnen. Nichts würde den Erfolg eurer Bemühungen verhindern, da er ohne Vorurteile und Gewohnheiten ist. Bald wäre er unter euren Händen der weiseste Mensch. Ihr habt mit Nichtstun begonnen und endet mit einem Erziehungswunder.

Absage an traditionelle Erziehung

Tut das Gegenteil vom Üblichen und ihr werdet fast immer das Richtige tun. Da man aus einem Kind kein Kind machen will, sondern einen Gelehrten, so können die Väter und die Lehrer nicht früh genug mit Schelten, Verbessern, Maßregeln, Schmeicheln, Drohen, Versprechen, Belehren, Vernünfteln beginnen. Macht es besser! Seid vernünftig! Vernünftelt aber nicht mit eurem Zögling! Vor allem nicht, um zu erreichen, daß ihm gefalle, was ihm mißfällt! Denn wenn man die Vernunft immer nur auf das Unangenehme bezieht, wird sie ihm langweilig und sie gerät frühzeitig in Mißkredit bei einem Geist, der noch nicht imstande ist, sie zu begreifen. Übt seinen Körper und seine Glieder, seine Sinne und seine Kräfte, laßt aber seine seelischen Kräfte solange als möglich in Ruhe! Fürchtet alle Gefühle, ehe seine Urteilskraft sie beurteilen kann! Haltet fremde Eindrücke fern! Übereilt euch nicht, Gutes zu tun, um zu verhindern, daß das Böse erwache! Gut kann man nur im Licht der Vernunft tun. Betrachtet jede Verzögerung als einen Vorteil! Denn man gewinnt viel, wenn man sich seinem Ziel ohne Verluste nähert. Laßt die Kindheit im Kinde reifen! Welche Belehrung es auch nötig hat, hütet euch, sie ihm heute zu geben, wenn ihr sie ohne Gefahr bis morgen aufschieben könnt!

Kindgerechte Erziehung

Wie nützlich diese Methode ist, zeigt sich bei den besonderen Anlagen des Kindes, die man genau kennen muß, um zu wissen, welche sittliche Lebensordnung ihm angemessen ist. Jeder Geist hat seine besondere Form, nach der er geleitet werden muß, und der Erfolg der aufgewendeten Mühen hängt davon ab, daß er so und nicht anders geleitet wird. Wer vorsichtig ist, belauscht demnach die Natur, beobachtet genau den Zögling, ehe er ihm das erste Wort sagt. Erlaubt seinem Charakterkeim, sich frei zu zeigen! Legt ihm keinerlei Zwang auf, um ihn besser kennenzulernen! Glaubt ihr, daß diese Zeit der Freiheit für ihn verloren ist? Im Gegenteil! Denn nur so verliert ihr dann keinen Augenblick, wenn die Zeit viel kostbarer ist. Wenn man nicht weiß, was zu tun ist, handelt man auf gut Glück: Man unterliegt dem Irrtum und muss wieder von vorne beginnen! Man ist schließlich weiter vom Ziel entfernt, als wenn man sich Zeit gelassen hätte. Macht es also nicht wie der Geizhals, der viel verliert, weil er nichts verlieren wollte. Opfert im Kindesalter eure Zeit, die ihr später mit Zinsen wiederbekommt. Der weise Arzt verordnet nicht auf den ersten Blick sein Rezept, sondern studiert zuerst die Natur des Kranken, ehe er ihm etwas verschreibt. Er behandelt ihn erst spät, aber er heilt ihn, während der Übereifrige ihn tötet.

Wo muß das Kind leben, das wir wie ein empfindungsloses Wesen, wie einen Automaten erziehen wollen? Halten wir es auf dem Mond, auf einer verlassenen Insel? Sondern wir es von allen Menschen ab? Hat es nicht in der Welt das beständige Schau- und Beispiel der Leidenschaften der anderen vor Augen? Soll es niemals Kinder seines Alters sehen? Soll es nicht seine Eltern sehen, seine Nachbarn, seine Amme, seine Gouvernante, seine Diener, selbst seinen Erzieher, der doch auch kein Engel ist?

Dieser Einwand ist gewichtig und begründet. Aber habe ich jemals behauptet, daß die natürliche Erziehung einfach sei? Ist es meine Schuld, wenn die Menschen alles, was gut ist, schwierig gemacht haben? Ich kenne diese Schwierigkeiten, ich gebe es zu. Vielleicht sind sie sogar unüberwindbar. Sicher ist jedenfalls, daß man sie bis zu einem gewissen Grad überwinden kann, wenn man sich darum bemüht. Ich zeige das erstrebenswerte Ziel; ich behaupte nicht, dass man es erreichen kann. Aber ich behaupte, daß der seine Aufgabe am besten gelöst hat, der ihm am nächsten kommt.

Vorbildfunktion

Erinnert euch, daß man selber erzogen sein muß, ehe man einen Menschen zu erziehen wagt. Er muß in sich das Vorbild finden, das er zeigen will. Solange das Kind noch nichts erkennt, hat man Zeit, alles so auszuwählen, daß sein Blick nur sieht, was es sehen darf. Sorgt dafür, daß euch alle achten! Macht euch beliebt, dass jeder euch gefallen möchte! Ihr werdet nie Herr über das Kind, wenn ihr es nicht über seine ganze Umgebung seid. Diese Autorität kann nie vollständig sein, wenn sie nicht auf die Achtung vor der Tugend gegründet ist. Es kommt nicht auf einen vollen Beutel an, aus dem man freigebig austeilt. Ich habe noch nie gesehen, daß man sich mit Geld Liebe erwirbt. Man darf aber auch nicht geizig und hart sein, noch das Elend beklagen, das man erleichtern könnte. Umsonst aber öffnet man seine Kassen: wenn man nicht zugleich sein Herz öffnet, bleiben auch die Herzen der anderen immer verschlossen. Ihr müsst eure Zeit,

Mühe, Liebe, euch selbst geben. Was ihr auch tut, man fühlt immer, daß ihr und euer Geld verschiedene Dinge sind. Es gibt Beweise von Teilnahme und Wohlwollen, die wirkungsvoller und tatsächlich nützlicher sind als alle Geschenke. Wie viele Unglückliche und Kranke brauchen eher Trost als Almosen! Wie viele Unterdrückte brauchen eher Schutz als Geld! Söhnt Entzweite aus! Beugt Prozessen vor! Haltet die Kinder zur Pflicht! Fördert glückliche Ehen! Verhindert Unterdrückungen! Macht großen Gebrauch vom Ansehen der Eltern eures Zöglings zum Besten des Schwachen, dem man Gerechtigkeit verweigert und den die Mächtigen unterdrücken! Seid gerecht, menschlich, wohltätig! Gebt keine Almosen, übt Barmherzigkeit! Werke und Wohltätigkeit lindern mehr Leiden als Geld. Liebt andere und sie werden euch lieben! Dient ihnen und sie werden euch dienen! Seid ihr Bruder, und sie werden eure Kinder sein!

Natürliche Erziehung

Noch aus einem anderen Grund will ich Emil auf dem Land erziehen, fern vom Bedientengesindel, den schlechtesten Menschen nach ihren Herren; fern von der Sittenlosigkeit der Städte, deren Firnis sie für Kinder so verführerisch und ansteckend macht, während die Laster der Bauern, nackt und roh, eher abschrecken als verführen, wenn man sie nicht nachzuahmen wünscht.

Auf dem Dorf ist der Erzieher viel mehr Herr der Dinge, die er seinen Zöglingen zeigen will. Sein Ansehen, seine Reden, sein Vorbild hätten einen Einfluß wie niemals in der Stadt. Da er jedem nützlich ist, so würde sich jeder bemühen, ihn sich zu verpflichten, seine Achtung zu erwerben, und sich dem Zögling gegenüber so zu benehmen, wie der Erzieher es sich tatsächlich wünscht. Wenn man seine Laster auch nicht aufgibt, vermeidet man doch das öffentliche Ärgernis, und das genügt bereits für unseren Zweck.

Hört auf, andere für eure eigenen Fehler zu rügen! Die Kinder werden weniger durch das Böse, das sie sehen, als durch eure Lehren verdorben. Immer nörgelnd, immer moralpredigend und immer pedantisch bringt ihr sie für eine, nach eurer Meinung gute Idee auf zwanzig andere, die nichts taugen. Voll von dem, was in eurem Kopf passiert, seht ihr die Wirkung nicht, die es in ihrem Kopf erzeugt. Denkt ihr bei eurer unaufhörlichen Redeflut auch daran, ob er nicht ein Wort falsch versteht? Meint ihr, daß sie eure verworrenen Erklärungen nicht auf ihre Weise auslegen und sich daraus ein passendes System zusammenbauen, das sie bei Gelegenheit eurem System entgegenstellen?

Hört doch so einem Kind einmal zu! Laßt es schwätzen, fragen, dummes Zeug reden, und ihr werdet über die Verwandlung staunen, die eure Beweisgänge in seinem Geiste durchgemacht haben. Es verwechselt alles, es verdreht alles, es macht euch ungeduldig und bringt euch mit seinen überraschenden Einwänden zur Verzweiflung. Es zwingt euch, zu schweigen oder selber zum Schweigen gebracht zu werden. Und was soll es vom Schweigen eines Mannes halten, der sonst so gerne redet? Gewinnt es einmal diesen Vorteil und wird es sich dessen bewusst, so ist die Erziehung erledigt. Alles ist mit dem Augenblick beendet. Es bemüht sich nicht mehr zu lernen, sondern nur noch, euch zu widerlegen.

Seid darum, ihr fleißigen Lehrer, einfach, bedachtsam und zurückhaltend. Beeilt euch niemals einzugreifen, außer um andere am Eingreifen zu verhindern. Ich wiederhole es ohne Unterlass: Verschiebt, wenn es möglich ist, selbst eine gute Unterweisung aus Angst, eine schlechte zu geben. Fürchtet, auf dieser Erde, die die Natur dem Menschen zum Urparadies bestimmt hätte, die Rolle des Versuchers zu spielen und der Unschuld die Erkenntnis von Gut und Böse geben zu wollen! Da ihr nicht verhindern könnt, daß das Kind am Beispiel der anderen lernt, beschränkt eure ganze Wachsamkeit darauf, diese Beispiele seinem Geiste unter dem Bild einzuprägen, das ihm geziemt. [...]

Ich predige dir, mein junger Erzieher, eine schwere Kunst: Kinder ohne Vorschriften zu leiten und durch Nichtstun alles zu tun. [...] Geht also mit eurem Zögling den entgegengesetzten Weg. Mag er doch glauben, er sei der Herr, während in Wirklichkeit ihr es seid. Es gibt keine vollkommenere Unterwerfung als die, die den Schein der Freiheit wahrt: so nimmt man den Willen selbst gefangen. Ist euch das arme Kind, das nichts weiß, nichts kann und nichts kennt, nicht völlig ausgeliefert? Verfügt ihr nicht über alles, was es umgibt? Könnt ihr es nicht beeinflussen, wie ihr wollt? Sind nicht seine Arbeiten, seine Spiele, seine Vergnügungen und sein Kummer in euren Händen, ohne daß es davon weiß? Zweifellos darf es tun, was es will. Aber es darf nur das wollen, was ihr wünscht, daß es tue. Es darf keinen Schritt tun, den ihr nicht vorausbedacht hättet; es darf nicht den Mund öffnen, ohne, daß ihr wüßtet, was es sagen wird. [...]

Reflexionsfragen:

- „Die erste Erziehung muß also rein negativ sein." Erläutern Sie, was unter negativer Erziehung zu verstehen ist.
- Was versteht Rousseau unter der für ihn wichtigsten Regel der Erziehung, Zeit zu verlieren?
- Rousseau spricht vom erzieherischen Vorbild. Beschreiben Sie, was die Vorbildfunktion für Rousseau umfasst?
- Diskutieren Sie, in welchem Verhältnis Macht und Freiheit bei Rousseau stehen.
- Mit welchen Gründen wendet sich Rousseau gegen die traditionelle Erziehung seiner Zeit?

2. Immanuel Kant

Beantwortung der Frage: Was ist Aufklärung?

Textauszug aus: Kant, I. (1783/[6]2005): Beantwortung der Frage: Was ist Aufklärung? In: Ders.: Schriften zur Anthropologie, Geschichtsphilosophie, Politik und Pädagogik, Bd. VI. Frankfurt/Main, S. 53–61.

Aufklärung

Aufklärung ist der Ausgang des Menschen aus seiner selbst verschuldeten Unmündigkeit. Unmündigkeit ist das Unvermögen, sich seines Verstandes ohne Leitung eines anderen zu bedienen. *Selbstverschuldet* ist diese Unmündigkeit, wenn die Ursache derselben nicht am Mangel des Verstandes, sondern der Entschließung und des Mutes liegt, sich seiner ohne Leitung eines andern zu bedienen. Sapere aude! Habe Mut, dich deines *eigenen* Verstandes zu bedienen! ist also der Wahlspruch der Aufklärung.

Ursachen für Unmündigkeit

Faulheit und Feigheit sind die Ursachen, warum ein so großer Teil der Menschen, nachdem sie die Natur längst von fremder Leitung frei gesprochen (naturaliter maiorennes), dennoch gerne zeitlebens unmündig bleiben; und warum es anderen so leicht wird, sich zu deren Vormündern aufzuwerfen. Es ist so bequem, unmündig zu sein. Habe ich ein Buch, das für mich Verstand hat, einen Seelsorger, der für mich Gewissen hat, einen Arzt, der für mich die Diät beurteilt, u.s.w.: so brauche ich mich ja nicht selbst zu bemühen. Ich habe nicht nötig zu denken, wenn ich nur bezahlen kann; andere werden das verdrießliche Geschäft schon für mich übernehmen. [...]

Zeitstruktur der Aufklärung

Daß aber ein Publikum sich selbst aufkläre, ist eher möglich; ja es ist, wenn man ihm nur Freiheit läßt, beinahe unausbleiblich. Denn da werden sich immer einige Selbstdenkende, sogar unter den eingesetzten Vormündern des großen Haufens, finden, welche, nachdem sie das Joch der Unmündigkeit selbst abgeworfen haben, den Geist einer vernünftigen Schätzung des eigenen Werts und des Berufs jedes Menschen, selbst zu denken, um sich verbreiten werden. Besonders ist hiebei: daß das Publikum, welches zuvor von ihnen unter dieses Joch gebracht worden, sie hernach selbst zwingt, darunter zu bleiben, wenn es von einigen seiner Vormünder, die selbst aller Aufklärung unfähig sind, dazu aufgewiegelt worden; so schädlich ist es, Vorurteile zu pflanzen, weil sie sich zuletzt an denen selbst rächen, die, oder deren Vorgänger, ihre Urheber gewesen sind. Daher kann ein Publikum nur langsam zur Aufklärung gelangen. Durch eine Revolution wird vielleicht wohl ein Abfall von persönlichem Despotism und gewinnsüchtiger oder herrschsüchtiger Bedrückung, aber niemals wahre Reform der Denkungsart zu Stande kommen; sondern neue Vorurteile werden, eben sowohl als die alten, zum Leitbande des gedankenlosen großen Haufens dienen.

Öffentlicher und privater Vernunftgebrauch

Zu dieser Aufklärung aber wird nichts erfordert als *Freiheit*; und zwar die unschädlichste unter allem, was nur Freiheit heißen mag, nämlich die: von seiner Vernunft in allen Stücken *öffentlichen Gebrauch* zu machen. Nun höre ich aber von allen Seiten rufen: *räsonniert nicht*! Der Offizier sagt: räsonniert nicht, sondern exerziert! Der Finanzrat: räsonniert nicht, sondern bezahlt! Der Geistliche: räsonniert nicht, sondern glaubt! (Nur ein einziger Herr in der Welt sagt: *räsonniert*, so viel ihr wollt, und worüber ihr wollt; *aber gehorcht*!) Hier ist überall Einschränkung der Freiheit. Welche Einschränkung aber ist der Aufklärung hinderlich? welche nicht, sondern ihr wohl gar beförderlich? – Ich antworte: der *öffentliche* Gebrauch seiner Vernunft muß jederzeit frei sein, und der allein kann Aufklärung unter Menschen zu Stande bringen; der *Privatgebrauch* derselben aber darf öfters sehr enge eingeschränkt sein, ohne doch darum den Fortschritt der Aufklärung sonderlich zu hindern. Ich verstehe aber unter dem öffentlichen Gebrauche seiner eigenen Vernunft denjenigen, den jemand als *Gelehrter* von ihr vor dem ganzen Publikum der *Leserwelt* macht. Den Privatgebrauch nenne ich denjenigen, den er in einem gewissen ihm anvertrauten *bürgerlichen Posten*, oder Amte, von seiner Vernunft machen darf. Nun ist zu manchen Geschäften, die in das Interesse des gemeinen Wesens laufen, ein gewisser Mechanism notwendig, vermittelst dessen einige Glieder des gemeinen Wesens sich bloß passiv verhalten müssen, um durch eine künstliche Einhelligkeit von der Regierung zu öffentlichen Zwecken gerichtet, oder wenigstens von der Zerstörung dieser Zwecke abgehalten zu werden. Hier ist es nun freilich nicht erlaubt, zu räsonnieren; sondern man muss gehorchen. So fern sich aber dieser Teil der Maschine zugleich als Glied eines ganzen gemeinen Wesens, ja sogar der Weltbürgergesellschaft ansieht, mithin in der Qualität eines Gelehrten, der sich an ein Publikum im eigentlichen Verstande durch Schriften wendet: kann er allerdings räsonnieren, ohne daß dadurch die Geschäfte leiden, zu denen er zum Teile als passives Glied angesetzt ist. So würde es sehr verderblich sein, wenn ein Offizier, dem von seinen Oberen etwas anbefohlen wird, im Dienste über die Zweckmäßigkeit oder Nützlichkeit dieses Befehls laut vernünfteln wollte; er muß gehorchen. Es kann ihm aber billigermaßen nicht verwehrt werden, als Gelehrter, über die Fehler im Kriegesdienste Anmerkungen zu machen, und diese seinem Publikum zur Beurteilung vorzulegen. Der Bürger kann sich nicht weigern, die ihm auferlegten Abgaben zu leisten; sogar kann ein vorwitziger Tadel solcher Auflagen, wenn sie von ihm geleistet werden sollen, als ein Skandal (das allgemeine Widersetzlichkeiten veranlassen könnte) bestraft werden. Eben derselbe handelt demohngeachtet der Pflicht eines Bürgers nicht entgegen, wenn er, als Gelehrter, wider die Unschicklichkeit oder auch Ungerechtigkeit solcher Ausschreibungen öffentlich seine Gedanken äußert. […]

Der Gebrauch also, den ein angestellter Lehrer von seiner Vernunft vor seiner Gemeinde macht, ist bloß ein *Privatgebrauch*; weil diese immer nur eine häusliche, obzwar noch so große, Versammlung ist; und in Ansehung dessen ist er, als Priester, nicht frei, und darf es auch nicht sein, weil er einen fremden Auftrag ausrichtet. Dagegen als Gelehrter, der durch Schriften zum eigentlichen Publikum, nämlich der Welt, spricht, mithin der Geistliche im *öffentlichen Gebrauche* seiner Vernunft, genießt einer uneingeschränkten Freiheit, sich seiner eigenen Vernunft zu bedienen und in seiner eigenen Person zu sprechen. Denn dass die Vormünder des Volks (in geistlichen Dingen) selbst wieder unmündig sein sollen, ist eine Ungereimtheit, die auf Verewigung der Ungereimtheiten hinausläuft. […]

Aufklärung und Fortschritt

Ein Mensch kann zwar für seine Person, und auch alsdann nur auf einige Zeit, in dem, was ihm zu wissen obliegt, die Aufklärung aufschieben; aber auf sie Verzicht zu tun, es sei für seine Person, mehr aber noch für die Nachkommenschaft, heißt die heiligen Rechte der Menschheit verletzen und mit Füßen treten. Was aber nicht einmal ein Volk über sich selbst beschließen darf, das darf noch weniger ein Monarch über das Volk beschließen; denn sein gesetzgebendes Ansehen beruht eben darauf, daß er den gesamten

Volkswillen in dem seinigen vereinigt. Wenn er nur darauf sieht, daß alle wahre oder vermeinte Verbesserung mit der bürgerlichen Ordnung zusammen bestehe: so kann er seine Untertanen übrigens nur selbst machen lassen, was sie um ihres Seelenheils willen zu tun nötig finden; das geht ihn nichts an, wohl aber zu verhüten, dass nicht einer den andern gewalttätig hindere, an der Bestimmung und Beförderung desselben nach allem seinen Vermögen zu arbeiten. Es tut selbst seiner Majestät Abbruch, wenn er sich hierin mischt, indem er die Schriften, wodurch seine Untertanen ihre Einsichten ins reine zu bringen suchen, seiner Regierungsaufsicht würdigt, sowohl wenn er dieses aus eigener höchsten Einsicht tut, wo er sich dem Vorwurfe aussetzt: Caesar non est supra grammaticos[13] [...], als auch und noch weit mehr, wenn er seine oberste Gewalt so weit erniedrigt, den geistlichen Despotism einiger Tyrannen in seinem Staate gegen seine übrigen Untertanen zu unterstützen.

Rolle des Monarchen

Wenn denn nun gefragt wird: Leben wir jetzt in einem *aufgeklärten Zeitalter*? so ist die Antwort: Nein, aber wohl in einem Zeitalter der *Aufklärung*. Daß die Menschen, wie die Sachen jetzt stehen, im ganzen genommen, schon im Stande wären, oder darin auch nur gesetzt werden könnten, in Religionsdingen sich ihres eigenen Verstandes ohne Leitung eines andern sicher und gut zu bedienen, daran fehlt noch sehr viel. Allein, daß jetzt ihnen doch das Feld geöffnet wird, sich dahin frei zu bearbeiten, und die Hindernisse der allgemeinen Aufklärung, oder des Ausganges aus ihrer selbst verschuldeten Unmündigkeit, allmählich weniger werden, davon haben wir doch deutliche Anzeigen. In diesem Betracht ist dieses Zeitalter das Zeitalter der Aufklärung. [...]

Reflexionsfragen:

- Was versteht Kant unter Aufklärung?
- Erläutern Sie die Ursachen für Unmündigkeit. Warum ist sie selbstverschuldet?
- Wodurch unterscheiden sich öffentlicher und privater Vernunftgebrauch?
- Leben wir heute in einem aufgeklärten Zeitalter? Begründen Sie Ihre Einschätzung.

Über Pädagogik

Textauszug aus: Kant, I. (1803/[6]2005): Über Pädagogik. In: Ders.: Schriften zur Anthropologie, Geschichtsphilosophie, Politik und Pädagogik, Bd. VI. Frankfurt/Main, S. 695–713.

Der Mensch ist das einzige Geschöpf, das erzogen werden muss. Unter der Erziehung nämlich verstehen wir die Wartung (Verpflegung, Unterhaltung), Disziplin (Zucht) und Unterweisung nebst der Bildung. Dem zufolge ist der Mensch Säugling, – Zögling, – und Lehrling.

Drei Erziehungsschritte

1. Disziplinierung

[…] Disziplin oder Zucht ändert die Tierheit in die Menschheit um. Ein Tier ist schon alles durch seinen Instinkt; eine fremde Vernunft hat bereits alles für dasselbe besorgt. Der Mensch aber braucht eigene Vernunft. Er hat keinen Instinkt, und muss sich selbst den Plan seines Verhaltens machen. Weil er aber nicht sogleich im Stande ist, dieses zu tun, sondern roh auf die Welt kommt: so müssen es andere für ihn tun.

Die Menschengattung soll die ganze Naturanlage der Menschheit, durch ihre eigne Bemühung, nach und nach von selbst herausbringen. Eine Generation erzieht die andere. Den ersten Anfang kann man dabei in einem rohen, oder auch in einem vollkommnen, ausgebildeten Zustande suchen. Wenn dieser letztere als vorher und zuerst gewesen angenommen wird: so muß der Mensch doch nachmals wieder verwildert und in Rohigkeit verfallen sein.

Disziplin verhütet, dass der Mensch nicht durch seine tierischen Antriebe von seiner Bestimmung, der Menschheit, abweiche. Sie muß ihn z. E. einschränken, daß er sich nicht wild und unbesonnen in Gefahren begebe. Zucht ist also bloß negativ, nämlich die Handlung, wodurch man dem Menschen die Wildheit benimmt, Unterweisung hingegen ist der positive Teil der Erziehung. […]

Der Mensch hat aber von Natur einen so großen Hang zur Freiheit, daß, wenn er erst eine Zeitlang an sie gewöhnt ist, er ihr alles aufopfert. Eben daher muß denn die Disziplin auch, wie gesagt, sehr frühe in Anwendung gebracht werden, denn wenn das nicht geschieht, so ist es schwer, den Menschen nachher zu ändern. Er folgt dann jeder Laune. Man sieht es auch an den wilden Nationen, daß, wenn sie gleich den Europäern längere Zeit hindurch Dienste tun, sie sich doch nie an ihre Lebensart gewöhnen. Bei ihnen ist dieses aber nicht ein edler Hang zur Freiheit, wie Rousseau und andere meinen, sondern eine gewisse Rohigkeit, indem das Tier hier gewissermaßen die Menschheit noch nicht in sich entwickelt hat. Daher muß der Mensch frühe gewöhnt werden, sich den Vorschriften der Vernunft zu unterwerfen. Wenn man ihm in der Jugend seinen Willen gelassen und ihm da nichts widerstanden hat: so behält er eine gewisse Wildheit durch sein ganzes Leben. Und es hilft denen auch nicht, die durch allzugroße mütterliche Zärtlichkeit in der Jugend geschont werden, denn es wird ihnen weiterhin nur desto mehr, von allen Seiten her, widerstanden, und überall bekommen sie Stöße, sobald sie sich in die Geschäfte der Welt einlassen. […]

Disziplinierung als Gewöhnung

Erziehung und Menschwerdung

Der Mensch kann nur Mensch werden durch Erziehung. Er ist nichts, als was die Erziehung aus ihm macht. Es ist zu bemerken, dass der Mensch nur durch Menschen erzogen wird, durch Menschen, die ebenfalls erzogen sind. Daher macht auch Mangel an Disziplin und Unterweisung bei einigen Menschen sie wieder zu schlechten Erziehern ihrer Zöglinge. Wenn einmal ein Wesen höherer Art sich unserer Erziehung annähme, so würde man doch sehen, was aus dem Menschen werden könne. Da die Erziehung aber teils den Menschen einiges lehrt, teils einiges auch nur bei ihm entwickelt: so kann man nicht wissen, wie weit bei ihm die Naturanlagen gehen. Würde hier wenigstens ein Experiment durch Unterstützung der Großen, und durch die vereinigten Kräfte vieler gemacht: so würde auch das schon uns Aufschlüsse darüber geben, wie weit es der Mensch etwa zu bringen vermöge. Aber es ist für den spekulativen Kopf eine eben so wichtige, als für den Menschenfreund eine traurige Bemerkung, zu sehen, wie die Großen meistens nur immer für sich sorgen, und nicht an dem wichtigen Experimente der Erziehung in der Art Teil nehmen, daß die Natur einen Schritt näher zur Vollkommenheit tue. [...]

Der Mensch soll seine Anlagen zum Guten erst entwickeln; die Vorsehung hat sie nicht schon fertig in ihn gelegt; es sind bloße Anlagen und ohne den Unterschied der Moralität. Sich selbst besser machen, sich selbst kultivieren, und, wenn er böse ist, Moralität bei sich hervorbringen, das soll der Mensch. Wenn man das aber reiflich überdenkt, so findet man, daß dieses sehr schwer sei. Daher ist die Erziehung das größeste Problem, und das schwerste, was dem Menschen kann aufgegeben werden. Denn Einsicht hängt von der Erziehung, und Erziehung hängt wieder von der Einsicht ab. Daher kann die Erziehung auch nur nach und nach einen Schritt vorwärts tun, und nur dadurch, dass eine Generation ihre Erfahrungen und Kenntnisse der folgenden überliefert, diese wieder etwas hinzu tut, und es so der folgenden übergibt, kann ein richtiger Begriff von der Erziehungsart entspringen. Welche große Kultur und Erfahrung setzt also nicht dieser Begriff voraus? Er konnte demnach auch nur spät entstehen, und wir selbst haben ihn noch nicht ganz ins reine gebracht. Ob die Erziehung im einzelnen wohl der Ausbildung der Menschheit im allgemeinen, durch ihre verschiedenen Generationen, nachahmen soll? [...]

Paradox des Erziehens

Weil die Entwickelung der Naturanlagen bei dem Menschen nicht von selbst geschieht, so ist alle Erziehung – eine Kunst. – Die Natur hat dazu keinen Instinkt in ihn gelegt. – Der Ursprung sowohl, als der Fortgang dieser Kunst ist entweder *mechanisch*, ohne Plan, nach gegebenen Umständen geordnet, oder *judiziös*. Mechanisch entspringt die Erziehungskunst bloß bei vorkommenden Gelegenheiten, wo wir erfahren, ob etwas dem Menschen schädlich, oder nützlich sei. Alle Erziehungskunst, die bloß mechanisch entspringt, muss sehr viele Fehler und Mängel an sich tragen, weil sie keinen Plan zum Grunde hat. Die Erziehungskunst oder Pädagogik muß also judiziös werden, wenn sie die menschliche Natur so entwickeln soll, daß sie ihre Bestimmung erreiche. Schon erzogene Eltern sind Beispiele, nach denen sich die Kinder bilden, zur Nachachtung. Aber wenn diese besser werden sollen: so muß die Pädagogik ein Studium werden, sonst ist nichts von ihr zu hoffen, und ein in der Erziehung Verdorbener erzieht sonst den andern. Der Mechanismus in der Erziehungskunst muß in Wissenschaft verwandelt werden, sonst wird sie nie ein zusammenhängendes Bestreben werden, und eine Generation möchte niederreißen, was die andere schon aufgebaut hätte.

Erziehung als Kunst

Pädagogik als Wissenschaft

Ein Prinzip der Erziehungskunst, das besonders solche Männer, die Pläne zur Erziehung machen, vor Augen haben sollten, ist: Kinder sollen nicht dem gegenwärtigen, sondern dem zukünftig möglich[14] bessern Zustande des menschlichen Geschlechts, das ist: der Idee der Menschheit, und deren ganzer Bestimmung angemessen, erzogen werden. […]

Die Keime, die im Menschen liegen, müssen nur immer mehr entwickelt werden. Denn die Gründe zum Bösen findet man nicht in den Naturanlagen des Menschen. Das nur ist die Ursache des Bösen, daß die Natur nicht unter Regeln gebracht wird. Im Menschen liegen nur Keime zum Guten. […]

Bei der Erziehung muss der Mensch also 1) *diszipliniert* werden. Disziplinieren heißt suchen zu verhüten, daß die Tierheit nicht der Menschheit, in dem einzelnen sowohl, als gesellschaftlichen Menschen, zum Schaden gereiche. Disziplin ist also bloß Bezähmung der Wildheit.

2. Kultivierung

2) Muß der Mensch *kultiviert* werden. Kultur begreift unter sich die Belehrung und die Unterweisung. Sie ist die Verschaffung der Geschicklichkeit. Diese ist der Besitz eines Vermögens, welches zu allen beliebigen Zwecken zureichend ist. Sie bestimmt also gar keine Zwecke, sondern überläßt das nachher den Umständen. […]

3. Zivilisierung

3) Muß man darauf sehen, daß der Mensch auch *klug* werde, in die menschliche Gesellschaft passe, daß er beliebt sei, und Einfluss habe. Hiezu gehört eine gewisse Art von Kultur, die man *Zivilisierung* nennet. Zu derselben sind Manieren, Artigkeit und eine gewisse Klugheit erforderlich, der zufolge man alle Menschen zu seinen Endzwecken gebrauchen kann. Sie richtet sich nach dem wandelbaren Geschmacke jedes Zeitalters. So liebte man noch vor wenigen Jahrzehenden Zeremonien im Umgange.

4. Moralisierung

4) Muß man auf die *Moralisierung* sehen. Der Mensch soll nicht bloß zu allerlei Zwecken geschickt sein, sondern auch die Gesinnung bekommen, dass er nur lauter gute Zwecke erwähle. Gute Zwecke sind diejenigen, die notwendigerweise von jedermann gebilligt werden; und die auch zu gleicher Zeit jedermanns Zwecke sein können. […]

Wir leben im Zeitpunkte der Disziplinierung, Kultur und Zivilisierung, aber noch lange nicht in dem Zeitpunkte der Moralisierung. Bei dem jetzigen Zustande der Menschen kann man sagen, daß das Glück der Staaten zugleich mit dem Elende der Menschen wachse. Und es ist noch die Frage, ob wir im rohen Zustande, da alle diese Kultur bei uns nicht Statt fände, nicht glücklicher, als in unserm jetzigen Zustande sein würden? Denn wie kann man Menschen glücklich machen, wenn man sie nicht sittlich und weise macht? Die Quantität des Bösen wird dann nicht vermindert. […]

Unterwerfung und Freiheit

Eines der größesten Probleme der Erziehung ist, wie man die Unterwerfung unter den gesetzlichen Zwang mit der Fähigkeit, sich seiner Freiheit zu bedienen, vereinigen könne. Denn Zwang ist nötig! Wie kultiviere ich die Freiheit bei dem Zwange? Ich soll meinen Zögling gewöhnen, einen Zwang seiner Freiheit zu dulden, und soll ihn selbst zugleich anführen, seine Freiheit gut zu gebrauchen. Ohne dies ist alles bloßer Mechanism, und der der Erziehung Entlassene weiß sich seiner Freiheit nicht zu bedienen. Er muß früh den unvermeidlichen Widerstand der Gesellschaft fühlen, um die Schwierigkeit, sich selbst zu erhalten, zu entbehren, und zu erwerben, um unabhängig zu sein, kennen zu lernen. [...]

Reflexionsfragen:

- Von welchen anthropologischen Annahmen geht die Erziehungstheorie Kants aus? Vergleichen Sie diese mit dem von Rousseau grundgelegten Menschenbild.
- Weshalb ist Disziplinierung eine notwendige Erziehungsaufgabe? Erklären Sie anhand dieser Aufgabe, warum für die „Kultivierung der Freiheit" Zwang nötig ist.
- Beschreiben Sie die Erziehungsstufen, die den positiven Teil von Erziehung umfassen.
- Unterscheiden Sie das mechanische vom judiziösen Geschäft der Erziehung. Welches Prinzip liegt der wissenschaftlich geplanten Erziehung zugrunde?
- Inwiefern kommt der Moralisierung im Erziehungsprozess eine Sonderrolle zu?

3. Friedrich Daniel Ernst Schleiermacher

Vorlesungen 1826 – Einleitung

Textauszug aus: Schleiermacher, F. D. E. (1826/2000): Grundzüge der Erziehungskunst. Vorlesungen 1826. Einleitung. In: Ders. Texte zur Pädagogik. Kommentierte Studienausgabe, Bd. 2. Frankfurt/Main, S. 7–72.

Theorie des Generationenverhältnisses

[...] Das menschliche Geschlecht besteht aus einzelnen Wesen, die einen gewissen Zyklus des Daseins auf der Erde durchlaufen und dann wieder von derselben verschwinden, und zwar so, daß alle, welche gleichzeitig einem Zyklus angehören, immer geteilt werden können in die ältere und die jüngere Generation, von denen die erste immer eher von der Erde scheidet. [...] Ein großer Teil der Tätigkeit der älteren Generation erstreckt sich auf die jüngere, und sie ist um so unvollkommener, je weniger gewußt wird, was man tut und warum man es tut. Es muß also eine Theorie geben, die von dem Verhältnisse der älteren Generation zur jüngeren ausgehend sich die Frage stellt: Was will denn eigentlich die ältere Generation mit der jüngeren? Wie wird die Tätigkeit dem Zweck, wie das Resultat der Tätigkeit entsprechen? Auf diese Grundlage des Verhältnisses der älteren zur jüngeren Generation, was der einen in Beziehung auf die andere obliegt, bauen wir alles, was in das Gebiet dieser Theorie fällt. [...]

Erziehung als Kunst

Damit es aber nicht scheine, als sei das etwas Erschlichenes, so müssen wir noch einmal auf den Anfang zurückgehen. Wir sind davon ausgegangen, die Tätigkeit der älteren Generation auf die jüngere müsse den Charakter der Kunst an sich tragen. Ist nun diese Voraussetzung richtig, so versteht sich von selbst, daß es auch eine Erziehungslehre geben muss; denn jede Kunst fordert eine Kunstlehre. Aber es gibt doch auch menschliche Tätigkeiten, bei denen dieser Charakter ganz zurücktritt.

Es fragt sich also nur, ob das Erziehen wirklich eine Kunst ist. Der Mensch ist ein Wesen, welches den hinreichenden Grund seiner Entwicklung vom Anfange des Lebens an bis zum Punkt der Vollendung in sich selbst trägt. Das liegt schon im Begriff des Lebens, vornehmlich in dem des geistigen, intellektuellen. Wo ein solcher innerer Grund nicht ist, da ist auch keine Veränderung des Subjekts, oder nur Veränderung mechanischer Art. Darin liegt aber nicht, dass die Veränderungen eines lebendigen Wesens nicht dürfen mitbestimmt und modifiziert sein durch Einwirkungen von außen; vielmehr ist eben dieses das Wesentliche im Begriff der Gemeinschaft, oder wollen wir höher hinaufsteigen, im Begriff der Welt. Der Begriff der Gemeinschaft ist kein anderer als der der Gattung; und bildet nun die Summe aller einzelnen Menschen die menschliche Gattung, so wird die Entwicklung der einzelnen bedingt sein durch die gemeinsame Natur, die sie zur Gattung macht, und durch ihre gegenseitige Einwirkung; denn ohne das gibt es eben kein menschliches Geschlecht, keine menschliche Gattung. Nun aber kann das Verhältnis zwischen dem inneren Entwicklungsprinzip und den äußeren Einwirkungen unendlich verschieden gedacht werden; jedes kann Maximum und Minimum sein; und je geringer man das anschlägt, was von den Einwirkungen anderer ausgeht, desto weniger muss angemessen erscheinen, es als Kunstlehre zu betrachten und eine Theorie dafür aufzustellen. Wie aber liegt die Sache? Ist die Einwirkung der älteren Generation auf die jüngere ein solches Minimum, dass es gar nicht der Mühe lohnt, sie als Kunst zu fassen? Das ist die erste Präliminarfrage. Offenbar gibt es zwei Wege, sie zu beantworten; der eine ist der geschichtliche, der andere der a priori, rein aus dem Begriff. Der letzte würde uns aber zu weit zurückführen, wollten wir die rechten Anknüpfungspunkte finden; wir halten uns also hier lieber an den geschichtlichen und entscheiden die Frage aus der Erfahrung. Nun finden wir schon früh sehr ausgebildete Gemeinwesen, in welchen die ältere Generation sehr bestimmt auf die jüngere einwirkte, nur daß keine Theorie darüber aufgestellt wurde. Wir wollen auf zwei Völker zurücksehen, die uns sehr nahe stehen, das eine in religiöser, das andere in wissenschaftlicher Hinsicht, auf das jüdische, innerhalb dessen das Christentum entstanden ist, auf das griechische, auf dessen Kultur die unsrige gebaut ist. Das jüdische Volk war zur Zeit seiner Blüte ein in sich selbst gegründetes und hatte einen gewissen Grad von Bildung erreicht. Öffentliche Erziehungsanstalten hatte es nur in sehr beschränktem Sinn, und die Erziehung, scheint es, war fast ganz dem Familienkreise anheimgefallen. Daß sie dennoch einem sehr bestimmten Typus folgte, ist nicht zu bezweifeln; aber von einer Theorie derselben war noch gar nicht die Rede. Und was die Griechen betrifft, so können wir den Punkt ziemlich genau angeben, wo zuerst die Theorie bei ihnen hervortritt. Die Erziehung fiel ihnen überwiegend in das Gemeinwesen, sie war mehr öffentlich und stand in der genauesten Verbindung mit der Gesetzgebung; aber von einer eigentlichen Theorie derselben gibt es doch keine frühere Spur als beim Platon. Die Elemente dazu waren freilich in Gnomen und Sentenzen viel früher vorhanden, aber diese waren nur etwas ganz Allgemeines, wie es immer der Theorie vorauszugehen pflegt.

Historische Erziehungsentwürfe

Großes Gewicht also wurde bei diesen Völkern auf die äußeren Einwirkungen gelegt, und wenn die Theorie auch erst später entstand, so fehlte der erziehenden Tätigkeit doch nicht der Charakter der Kunst. Ist doch überhaupt auf jedem Gebiete, das Kunst heißt im engeren Sinne, die Praxis viel älter als die Theorie, so dass man nicht einmal sagen kann, die Praxis bekomme ihren bestimmten Charakter erst mit der Theorie. Die Dignität der Praxis ist unabhängig von der Theorie; die Praxis wird nur mit der Theorie eine bewußtere.

Versuchen wir nun, ob wir uns das auf etwas Allgemeines zurückführen und dadurch der geschichtlichen Betrachtung einen wissenschaftlichen Charakter geben können. Isolieren wir uns den einzelnen Menschen in Gedanken vollkommen, und zwar vom Beginn seines Lehens an, so wird er gar nicht bestehen können. Das ist ein allgemeiner Erfahrungssatz. Im Anfange des Lebens ist also ein Übergewicht der äußeren Einwirkungen über die innere Entwicklungskraft. Denken wir uns den einzelnen Menschen isoliert in einer Zeit, wo durch äußere Einwirkungen seine Kräfte schon bis auf einen gewissen Grad entwickelt sind, so werden wir es für möglich halten, daß er sich selber forthelfe. Dass aber werden wir nicht annehmen können, daß seine intellektuelle Entwicklung in demselben Grade gedeihen werde, wie in der Gesellschaft; ja wir werden sagen müssen, daß der in der menschlichen Gesellschaft lebende weiter kommen wird als der isoliertstehende, auch wenn dieser an ursprünglicher innerer Kraft weit überlegen ist. Gewiss also scheint festgesetzt werden zu können, – weil zum Begriff des menschlichen Geschlechts gehörend – dass die Differenz zwischen den einzelnen nie so groß ist, daß jemand der Einwirkung von außen ganz sollte entbehren können und doch auf denselben Punkt gelangen, wie die anderen in der Gesellschaft lebenden. [...] Zwar muß jeder einzelne Mensch von vorn anfangen; es kommt aber darauf an, wie bald er dahin gebracht wird, auf die Förderung des menschlichen Berufes auf Erden mit einwirken zu können; je mehr dies beschleunigt wird, desto mehr werden die Kräfte zur Entwicklung des Geistes erregt. Dies aber schließt sich schon ganz an die allgemeine sittliche Aufgabe; es ist das Einwirken auf das jüngere Geschlecht ein Teil der sittlichen Aufgabe, also ein rein ethischer Gegenstand. Je weniger wir diese beschleunigende Einwirkung – wobei aber nicht gesagt sein soll, daß sie bloß eine beschleunigende sei – als etwas Geringfügiges ansehen können, und je weniger geringfügig sie ist, je mehr Geistiges schon in der älteren Generation realisiert ist: desto weniger dürfen wir auch diese Einwirkung dem Zufall überlassen. Somit steht die Theorie der Erziehung in genauer Beziehung zur Ethik, und ist eine an dieselbe sich anschließende Kunstlehre. [...]

Erziehung und Ethik

Welchen Grad von Allgemeingültigkeit kann wohl unsere Theorie haben? Wird es möglich sein, eine allgemeingültige Pädagogik aufzustellen, d.h. für alle Zeiten und Räume? Diese Frage müssen wir verneinen; sie hängt aber freilich mit der anderen zusammen: Was soll unsere Theorie für eine Gestalt haben? Soll sie rein empirisch sein, so daß alle Maximen nichts sind als Resultate der Erfahrung; oder spekulativ, so daß alle Regeln aus dem Begriff der menschlichen Natur abgeleitet werden? Wenn wir letzteres bejahen können, dann ist auch die erste Frage entschieden. Die menschliche Natur ist an und für sich immer dieselbe; und sind alle Erziehungsregeln aus dieser abgeleitet, so müssen sie auch für alle Menschen ohne Unterschied von Zeit und Raum gelten und gleich sein. Ist aber das erste wahr, daß alle Maximen nur Resultate der Erfahrung sind, so wäre die Pädagogik etwas absolut Spezielles und müsste bei jedem andern Gegebenen verschieden sein und fortwährend sich ändern. Wenn wir die erste Frage leugneten, so wollen wir dadurch die zweite nicht bejahen in bezug auf ihren ersten Teil. Denn wäre die Pädagogik etwas absolut Spezielles, dann könnte gar nichts dieser Theorie auf einen wissenschaftlichen Charakter Anspruch geben. Bloße Empirie kann nicht wissenschaftlich sein, wenngleich eine Menge von geistreichen und scharfsichtigen Beobachtungen aufgestellt werden können. Es muß im Gegenteil der Pädagogik das Spekulative zum Grunde liegen, da die Frage, wie der Mensch erzogen werden soll, nicht anders als aus der Idee des Guten beantwortet werden kann. Aber darüber werden wir wohl leicht uns einigen, daß was aus dieser Idee unmittelbar ausgeht, eigentlich nur die allgemeine Formel enthalten kann, die den Zusammenhang der Erziehungstheorie mit der ethischen Wissenschaft angibt. So wie aber in die Theorie Spezielles hineinkommen soll, so werden wir auch faktische Voraussetzungen annehmen, ohne welche die Theorie nicht bestehen kann. Denn die Theorie der Erziehung ist nur die Anwendung des spekulativen Prinzips der Erziehung auf gewisse gegebene faktische Grundlagen. Diese faktischen Voraussetzungen werden aber einerseits sich beziehen auf den Zustand, in welchem die Pädagogik den zu Erziehenden findet, andererseits auf den Zustand, für welchen er zu erziehen ist. Stellen wir nun die allgemeine, aus der Ethik hergeleitete Formel für die Erziehung des Menschen auf und sagen: Die Erziehung soll bewirken, dass der Mensch, so wie sie ihn findet – unentschieden gelassen die ursprüngliche Gleichheit oder Ungleichheit – durch die Einwirkungen auf ihn der Idee des Guten möglichst entsprechend gebildet werde: so wird die Anwendung der Formel unbedingt abhängen von faktisch Gegebenem. [...]

Erziehung und Gemeinwesen

Wenn auch die ethische Formel feststeht, dass die Erziehung den Menschen der Idee des Guten entsprechend ausbilden soll; und wenn auch die Idee des Guten als vollkommen bekannt vorausgesetzt werden könnte, so bedürfte doch diese Formel in der Anwendung einer näheren Bestimmung in Beziehung auf den jedesmaligen Zustand, in welchen der Erzogene hineintreten soll. Also auch hier muß eine faktische Grundlage sein; das Verhältnis des einzelnen zur Gesamtheit muß bestimmt sein. Der Mensch kann der Idee des Guten nur entsprechen als ein Handelnder; es fragt sich, ob er der Idee des Guten auf gleiche Weise wird nachkommen können unter den verschiedensten Verhältnissen. In einem Gemeinwesen, das so in die Gesamttätigkeit eingreift, daß für den einzelnen so viel als nur immer möglich bestimmt ist, bleibt für den einzelnen nicht viel übrig von freier Handlungsweise, und nur das hat er eigentlich zu tun, was durch das Verhältnis, in welchem er zur Gesamtheit steht, geboten ist. Was er selbst tut außerdem, wird nur ein Minimum sein und nicht der Mühe wert; der einzelne verschwindet fast in der Gesamtheit. Steht es um das Gemeinwesen so, und ist es der Idee des Guten gemäß eingerichtet, dann braucht man um den einzelnen um so weniger sich zu bekümmern. Ist hingegen das Gemeinwesen locker und im Leben des einzelnen wenig bestimmend, dann tritt der einzelne am meisten als Handelnder hervor, und es muß dafür gesorgt sein, daß er dazu befähigt werde.

Eine Theorie, die auf einen solchen Zustand sich bezöge, müßte ganz anders sein als die für einen gebundenen Zustand. Wir können daher nichts Allgemeingültiges aufstellen, wenn nicht über das Verhältnis zwischen dem Gemeinleben und dem Leben des einzelnen, so wie es der Idee des Guten am meisten entspricht, Allgemeingültiges aufgestellt ist. Ist nun dies Verhältnis nicht wirklich vorhanden, dann müssen wir entweder die Theorie aufgeben, oder anders bestimmen als in Beziehung auf das Gegebene. So kommen wir immer wieder darauf zurück, daß es eine allgemeingültige Theorie unmöglich geben kann. [...]

Reflexionsfragen:

- Welche Bedeutung hat das Generationenverhältnis für Erziehung und ihre Prozesse?
- In welchem Verhältnis steht die Theorie zur Praxis?
- Welches Verhältnis hat die Theorie der Erziehung zur Theorie der Ethik?
- Erläutern Sie die Verbindung des Gemeinwesens mit dem Einzelnen.

4. Johann Friedrich Herbart

Die ersten Vorlesungen über Pädagogik

Textauszug aus: Herbart, J.F. (1802/1964): Die ersten Vorlesungen über Pädagogik (1802). In: Ders.: Pädagogische Schriften, Bd. 1 (Kleinere Pädagogische Schriften). Düsseldorf u.a., S. 121–130.

Theorie und Praxis

Unterscheiden Sie zuvörderst die Pädagogik als Wissenschaft von der Kunst der Erziehung! Was ist der Inhalt einer Wissenschaft? Eine Zusammenordnung von Lehrsätzen, die ein Gedankenganzes ausmachen, die womöglich auseinander als Folgen aus Grundsätzen und als Grundsätze aus Prinzipien hervorgehen. – Was ist eine Kunst? Eine Summe von Fertigkeiten, die sich vereinigen müssen, um einen gewissen Zweck hervorzubringen. Die Wissenschaft also erfordert Ableitung von Lehrsätzen aus ihren Gründen, – philosophisches Denken; die Kunst erfordert stetes Handeln, nur den Resultaten jener gemäß. Sie darf während der Ausübung sich in keine Spekulation verlieren, der Augenblick ruft ihre Hilfe, tausend widrige Begegnisse fordern ihren Widerstand herbei.

Unterscheiden Sie weiter die Kunst des ausgelernten Erziehers von der einzelnen Ausübung dieser Kunst! Zu jener gehört, dass man jedes Naturell und Alter zu behandeln wisse; diese kann gelingen durch Zufall, durch Sympathie, durch Elternliebe.

Welcher von diesen drei Kreisen ist der Kreis unsrer Betrachtungen? Offenbar fehlt die Gelegenheit der wirklichen Ausübung und noch mehr die Gelegenheit zu so mannigfaltigen Übungen und Versuchen, durch welche die Kunst allein gelernt werden könnte. Unsre Sphäre ist die der Wissenschaft. Nun bitte ich Sie, das Verhältnis zwischen Theorie und Praxis zu bedenken.

Unbestimmtheit und Allgemeinheit

Die Theorie in ihrer Allgemeinheit erstreckt sich über eine Weite, von welcher jeder Einzelne in seiner Ausübung nur einen unendlich kleinen Teil berührt; sie übergeht wieder in ihrer Unbestimmtheit, welche unmittelbar aus der Allgemeinheit folgt, alles das Detail, alle die individuellen Umstände, in welchen der Praktiker sich jedesmal befinden wird, und alle die individuellen Maßregeln, Überlegungen, Anstrengungen, durch die er jenen Umständen entsprechen muss. In der Schule der Wissenschaft wird daher für die Praxis immer zugleich zuviel und zuwenig gelernt, und ebendaher pflegen alle Praktiker in ihren Künsten sich sehr ungern auf eigentliche, gründlich untersuchte Theorie einzulassen; sie lieben es weit mehr, das Gewicht ihrer Erfahrungen und Beobachtungen gegen jene geltend zu machen. Dagegen ist denn aber auch schon bis zur Ermüdung oft und weitläufig bewiesen, auseinandergesetzt und wiederholt, daß bloße Praxis eigentlich nur Schlendrian und eine höchst beschränkte, nichts entscheidende Erfahrung gebe, daß erst die Theorie lehren müsse, wie man durch Versuch und Beobachtung sich bei der Natur zu erkundigen habe, wenn man ihr bestimmte Antworten entlocken wolle. Dies gilt denn auch im vollsten Maße von der pädagogischen Praxis. Die Tätigkeit des Erziehers geht hier unaufhörlich fort; auch wider seinen Willen wirkt er gut oder schlecht, oder er versäumt zum wenigsten, was er hätte wirken können, und ebenso unaufhörlich kehrt die Rückwirkung, kehrt der Erfolg seines Handelns zu ihm wieder, aber ohne ihm zu zeigen, was geschehen wäre, wenn er anders gehandelt, welchen Erfolg er gehabt hätte, wenn er weiser und kräftiger verfahren wäre, wenn er pädagogische Mittel, deren Möglichkeit ihm vielleicht nur nicht träumte, in seiner Gewalt gehabt hätte. Von allem diesem weiß seine Erfahrung nichts; er erfährt nur sich, nur sein Verhältnis zu den Menschen, nur das Mißlingen seiner Pläne ohne Aufdeckung der Grundfehler, nur das Gelingen seiner Methode ohne Vergleichung mit den vielleicht weit rascheren und schöneren Fortschritten besserer Methoden. So kann es geschehen, daß ein grauer Schulmann noch am Ende seiner Tage, ja daß eine ganze Generation und Reihen von Generationen von Lehrern, die immer in gleichen oder in wenig abweichenden Geleisen neben- und hintereinander fortgehn, nichts von dem ahnten, was ein junger Anfänger in der ersten Stunde durch einen glücklichen Wurf, durch ein richtig berechnetes Experiment sogleich und in voller Bestimmtheit erfährt. Ja es kann nicht nur so kommen, sondern das begibt sich zuverlässig. Jede Nation hat ihren Nationalkreis und noch weit bestimmter jedes Zeitalter seinen Zeitkreis, worin der Pädagog so gut wie jedes andere Individuum mit allen seinen Ideen, Erfindungen, Versuchen und daraus hervorgehenden Erfahrungen eingeschlossen ist. Andere Zeiten erfahren etwas anderes, weil sie etwas anderes tun; und es bleibt eine ewige Wahrheit, dass jede Erfahrungssphäre ohne ein Prinzip a priori nicht nur von absoluter Vollständigkeit nie reden dürfe, sondern auch nie nur ungefähr den Grad ihrer Annäherung an diese Vollständigkeit angeben könne. Daher, wer ohne Philosophie an die Erziehung geht, sich so leicht einbildet, weitgreifende Reformen gemacht zu haben, indem er ein wenig an der Manier verbesserte. Nirgends ist philosophische Umsicht durch allgemeine Ideen so nötig als hier, wo das tägliche Treiben und die sich so vielfach einprägende individuelle Erfahrung so mächtig den Gesichtskreis in die Enge zieht.

Pädagogischer Takt

Nun schiebt sich aber bei jedem noch so guten Theoretiker, wenn er seine Theorie ausübt und nur mit den vorkommenden Fällen nicht etwa in pedantischer Langsamkeit wie ein Schüler mit seinen Rechenexempeln verfährt, zwischen die Theorie und die Praxis ganz unwillkürlich ein Mittelglied ein, ein gewisser *Takt* nämlich, eine schnelle Beurteilung und Entscheidung, die nicht wie der Schlendrian ewig gleichförmig verfährt, aber auch nicht, wie eine vollkommen durchgeführte Theorie wenigstens sollte, sich rühmen darf, bei strenger Konsequenz und in völliger Besonnenheit an die Regel zugleich die wahre Forderung des individuellen Falles ganz und gerade zu treffen. Eben weil zu solcher Besonnenheit, zu vollkommenen Anwendung der wissenschaftlichen Lehrsätze ein übermenschliches Wesen erfordert werden würde, entsteht unvermeidlich in dem Menschen, wie er ist, aus jeder fortgesetzten Übung eine Handlungsweise, welche zunächst von seinem Gefühl und nur entfernt von seiner Überzeugung abhängt; worin er mehr der inneren Bewegung Luft macht, mehr ausdrückt, wie von außen auf ihn gewirkt sei, mehr seinen Gemütszustand als das Resultat seines Denkens zutage legt. [...] Die große Frage nun, an der es hängt, ob jemand ein guter oder schlechter Erzieher sein werde, ist einzig diese: wie sich jener Takt bei ihm ausbilde, ob getreu oder ungetreu den Gesetzen, welche die Wissenschaft in ihrer weiten Allgemeinheit ausspricht.

Ausbildung des Taktgefühls

Lassen Sie uns ein wenig weiter nachsinnen, auf welche wirkenden Ursachen, auf welche Einflüsse es denn ankomme, wie sich jener Takt in uns festsetzen werde. – Er bildet sich erst während der Praxis; er bildet sich durch die Einwirkung dessen, was wir in dieser Praxis erfahren, auf unser Gefühl. Diese Einwirkung wird anders und anders ausfallen, je nachdem wir selbst anders oder anders gestimmt sind. Auf diese unsre Stimmung sollen und können wir durch Überlegung wirken; von der Richtigkeit und dem Gewicht dieser Überlegung, von dem Interesse und der moralischen Willigkeit, womit wir uns ihr hingeben, hängt es ab, ob und wie sie unsere Stimmung *vor* Antretung des Erziehungsgeschäfts und folglich ob und wie sie unsere Empfindungsweise *während* der Ausübung dieses Geschäfts und mit dieser endlich jenen Takt ordnen und beherrschen werde, auf dem der Erfolg oder Nichterfolg unserer pädagogischen Bemühungen beruht. Mit andern Worten: Durch Überlegung, durch Nachdenken, Nachforschung, durch Wissenschaft soll der Erzieher vorbereiten – nicht sowohl seine künftigen Handlungen in einzelnen Fällen als vielmehr sich selbst, sein Gemüt, seinen Kopf und sein Herz zum richtigen Aufnehmen, Auffassen, Empfinden und Beurteilen der Erscheinungen, die seiner warten, und der Lage, in die er geraten wird. Hat er sich im voraus in weite Pläne verloren, so werden die Umstände seiner spotten; aber hat er sich mit Grundsätzen gerüstet, so werden ihm seine Erfahrungen deutlich sein und ihn jedesmal belehren, was jedesmal zu tun sei. [...]

Wissenschaft und Praxis

Es gibt also – das ist mein Schluß – es gibt eine Vorbereitung auf die Kunst durch die Wissenschaft, eine Vorbereitung des Verstandes und des Herzens vor Antretung des Geschäfts, vermöge welcher die Erfahrung, die wir nur in der Betreibung des Geschäfts selbst erlangen können, allererst belehrend für uns wird. Im Handeln nur lernt man die Kunst, erlangt man Takt, Fertigkeit, Gewandtheit, Geschicklichkeit; aber selbst im Handeln lernt die Kunst nur der, welcher vorher im Denken die Wissenschaft gelernt, sie sich zu eigen gemacht, sich durch sie gestimmt und die künftigen Eindrücke, welche die Erfahrung auf ihn machen sollte, vorbestimmt hatte.

Man muss daher von der Vorbereitung keineswegs erwarten, daß man aus ihren Händen als unfehlbarer Meister der Kunst hervorgehen werde. Man muss nicht einmal die speziellen Anweisungen des Verfahrens von ihr verlangen. Man muss sich Erfindungsgabe genug zutrauen, um das Einzelne, was jeden Augenblick zu tun sein wird, im Augenblick selbst treffen zu können. Von den Fehlern selbst, die man machen wird, muß man Belehrung erwarten; und man darf dies bei der Pädagogik viel eher als bei tausend andern Geschäften, weil hier gewöhnlich jede einzelne Handlung des Erziehers für sich allein unbedeutend ist und es unendlich mehr auf das Ganze des Verfahrens ankommt. Man muß es seinem Gedächtnis nicht einmal anmuten, die unzähligen Kleinigkeiten, welche zu beobachten sein werden, beständig bei sich zu tragen.

Aber dagegen muß man sich ganz anfüllen von denjenigen Betrachtungen, welche die Würde, die Wichtigkeit, die Haupthilfsmittel der Erziehung betreffen. [...] Unsre Wissenschaft muß uns eine Kunst lehren, welche vor allem den Erzieher selbst im hohen Grade fortbildet und welche überdas mit solcher Intension und Konzentration, mit solcher Gewissheit und Genauigkeit handelt, daß sie nicht jeden Augenblick nachzuhelfen nötig hat, daß sie den größten Teil der Zufälle verachten und wichtige Eingriffe des Schicksals allenfalls für ihr Werk benutzen kann. Denn das Schicksal, die Umstände, die miterziehende Welt, worüber die Pädagogen so laut zu klagen pflegen, wirken nicht allemal und fast nie in aller Rücksicht ungünstig. Die Erziehung selbst, hat sie erst einen gewissen Grad von Macht gewonnen, kann jene Einwirkungen sehr oft nach ihrem Zwecke richten. Welt und Natur tun im ganzen sehr viel mehr für den Zögling, als im Durchschnitt die Erziehung zu tun sich rühmen darf. [...]

Reflexionsfragen:

- Erläutern Sie den Hinweis Herbarts, dass „in der Schule der Wissenschaft […] für die Praxis immer zugleich zuviel und zuwenig gelernt" wird.
- Klären Sie das Verhältnis zwischen Theorie und Praxis.
- Was versteht Herbart unter dem Begriff des pädagogischen Takts?
- Im Studium der Pädagogik wird immer wieder der Ruf nach mehr Praxisnähe laut. Ließe sich diese Forderung mit Herbart begründen?

Über die ästhetische Darstellung der Welt als das Hauptgeschäft der Erziehung

Textauszug aus: Herbart, J.F. (1804/1882): Über die ästhetische Darstellung der Welt als das Hauptgeschäft der Erziehung. In: Ders.: Johann Friedrich Herbart's Sämmtliche Werke, Bd. 1. Leipzig, S. 292–309.

Aufgabe der Erziehung

Man kann die *eine* und ganze Aufgabe der Erziehung in den Begriff: *Moralität,* fassen.

Man könnte und dürfte auch so viele Aufgaben der Erziehung annehmen, als es erlaubte Zwecke des Menschen giebt. Dann aber gäbe es so viele pädagogische Untersuchungen, als Aufgaben; dann würden diese Untersuchungen ausser ihrem gegenseitigen Verhältniss angestellt, man sähe weder, wie sich die vereinzelten Maassregeln des Erziehers beschränken müssten, noch wie sie sich befördern könnten. […] Soll es möglich seyn, das *Geschäfft* der Pädagogik als ein einziges Ganzes durchgreifend richtig zu durchdenken, und planmässig auszuführen, so muss es vorher möglich seyn, die *Aufgabe* der Erziehung als eine einzige aufzufassen.

Moralität als höchster Zweck

Moralität, als *höchster* Zweck des Menschen und folglich der Erziehung, ist allgemein anerkannt. Wer dies leugnete, müsste wol nicht eigentlich wissen, was Moralität ist; wenigstens hätte er kein Recht hier mitzusprechen. – Aber Moralität als *ganzen* Zweck des Menschen und der Erziehung aufzustellen, dazu bedarf es einer *Erweiterung* des Begriffs derselben, – einer Nachweisung seiner *nothwendigen Voraussetzungen,* als der *Bedingungen* seiner *realen Möglichkeit.*

Der *gute Wille,* – der stete Entschluss, sich, als Individuum, unter dem Gesetz zu denken, das allgemein verpflichtet: – dies ist der gewöhnliche, und mit Recht der *nächste* Gedanke, an den uns das Wort: Sittlichkeit, erinnert.

Denken wir die Gewalt, den Widerstand hinzu, mit welchem der Mensch diesen guten Willen gegen die entgegen arbeitenden Gemüthsbewegungen in sich aufrecht hält; so wird uns die Sittlichkeit, welche vorher bloss eine *Eigenschaft,* eine *Bestimmung* des Willens war, zur *Tugend,* zur Kraft und That und Wirksamkeit jenes so bestimmten Willens. Von beiden noch verschieden ist, was zur Legalität gehört, die richtige *Erkenntnis* des moralischen Gesetzes; –

und wieder verschieden von der Kenntniss der gewöhnlichen und anerkannten Regeln der Pflicht im gemeinen Leben, – ist die treffende Beurtheilung dessen, was in besondern Fällen, in einzelnen Augenblicken, in der unmittelbaren Berührung des Menschen uns des Geschicks, als das Beste, als das eigentliche und einzige Gute, zu thun, zu wählen, zu vermeiden sey. – Dies Alles *findet* die Philosophie *unmittelbar im Begriff;* und vom Menschen erwartet oder fordert sie es ebenso unmittelbar, als eine Aeusserung der *Freyheit.*

Kann der Erzieher mit dieser Vorstellungsart, so wie sie da steht, etwas anfangen?

Gesetzt auch nur, es wäre bloß von der sittlichen Bildung im engsten Sinne die Rede; man mag davon alles Wissenschaftliche, alle Uebungen, alle Stärkungen der geistigen und physischen Energie, so weit man es immer möglich glaubt, abstreifen und für andere Betrachtungen zurücklegen: – ist nun dasjenige, was sich dem Philosophen darbietet, indem er nur den *Begriff* der Sittlichkeit vor sich nimmt, auch dem Erzieher *gegeben?* Findet auch er den guten Willen vor, so dass er denselben nur gegen die Neigungen zu richten, nur auf die rechten Gegenstände durch den Vortrag der Moral hinzuweisen brauchte? Fließt etwa auch ihm die intelligible Quelle, – darf auch er den Strom, dessen Ursprung er nicht weiss, getrost vom Himmel ableiten? In der That, für denjenigen, der unsern neuern Systemen anhängt, ist nichts consequenter, als ruhig zu erwarten, dass sich wohl etwa ganz von selbst das radicale Gute, – oder vielleicht auch das radicale Böse, – bey seinem Zögling äussern werde; – nichts consequenter, als die Freyheit, die er in demselben, als in einem Menschen, doch voraussetzen muss, still zu respectieren, sie nur durch gar keine *verkehrte Mühe zu stören,* (wobey man fragen müsste, ob die Freyheit denn überhaupt gestört werden *könne?);* und so den wichtigsten Theil seines Geschäffts ganz aufzugeben, und am Ende seine ganze Sorge auf blosse *Darreichung von Notizen* zu beschränken. [...]

Moralität in der Erziehung

Dem Erzieher ist die Sittlichkeit ein *Ereigniss,* eine *Naturbegebenheit,* die in der Seele seines Zöglings sich zwar, wie man annehmen kann, schon in einzelnen Augenblicken, einem kleinen Theil nach zufällig hat blicken lassen, die sich aber in ihrem ganzen Umfange zutragen, und dauern, und alle die übrigen Ereignisse, Gedanken, Phantasieen, Neigungen, Begierden in sich nehmen, in Theile von sich selber umwandeln soll. [...]

Kein leisester Wind von *transcendentaler Freyheit* darf in das Gebiet des Erziehers durch irgendein Ritzchen hineinblasen. [...] Hingegen *diejenige* Freyheit der Wahl, die *wir alle* in uns finden, welche wir als die schönste *Erscheinung* unsrer selbst ehren und welche wir unter den anderen Erscheinungen unsrer selbst hervorheben möchten, – diese ist es gerade, welche der Erzieher zu bewirken und festzuhalten trachtet.

Kern der Charakterbildung

Machen, dass der Zögling sich selbst finde, als wählend das Gute, als verwerfend das Böse: dies, oder Nichts, ist Characterbildung! Diese Erhebung zur selbst bewussten Persönlichkeit, soll ohne Zweifel im Gemüth des Zöglings selbst vorgehn, und durch dessen eigne Thätigkeit vollzogen werden; es wäre Unsinn, wenn der Erzieher das eigentliche Wesen der Kraft dazu erschaffen, und in die Seele eines andern hineinflössen wollte. Aber die schon vorhandene, und *ihrer Natur nothwendig getreue* Kraft, in eine solche Lage zu setzen, dass sie jene Erhebung unfehlbar und zuverlässig gewiss vollziehen müsse: das ist es, was sich der Erzieher als möglich denken, was er zu erreichen, zu treffen, zu ergründen, herbeyzuführen, fortzuleiten, als die grosse Aufgabe seiner Versuche ansehen muss. [...]

Sittlicher Gehorsam

Gehorsam ist das erste Prädicat des guten Willens. Ihm gegenüber muss ein *Befehl* stehn, oder muss wenigstens irgend etwas als Befehl erscheinen können. Der Befehl hat etwas *Befohlenes* zum Gegenstande. – Aber nicht jeder Gehorsam gegen den ersten besten Befehl ist sittlich. Der Gehorchende muss den Befehl geprüft, gewählt, gewürdigt, – das heisst, er selbst muss ihn für sich zum Befehl erhoben haben. *Der Sittliche gebietet sich selbst. – Was* gebietet er sich? [...] *Einen bestimmten* Gegenstand also enthält er nicht. Aber er *bezieht* sich doch auf vorauszusetzenden Befehl, d.h. auf ein vorauszusetzendes Wollen, denn Befehl ist selbst Wille! Dies Wollen muss das ursprüngliche und erste seyn; der Gehorsam folgt nach. Ist nun dies ursprüngliche Wollen kein bestimmtes, aber doch ein wirkliches: so ist es offenbar ein *unbestimmt-vielfaches.* Hierin liegt der Grund, dass man von dem Gehorsam aus nicht darauf geführt wird, denn diesem steht, als Befehl, nur der *allgemeine Begriff* gegenüber: es gebe überhaupt ein solches Wollen, das gegen alle Neigungen und individuelle, zufällige Begehrungen als Gebot auftrete. [...]

Also als findend eine Nothwendigkeit erscheint er sich. [...] [W]elche Nothwendigkeit wird gefunden? Keine theoretische; man kennt den Unterschied zwischen *sollen* und *müssen;* und einen Befehl würdigen, heisst nicht, sich nach dem Unabänderlichen bequemen. Also auch keine *logische;* denn diese ist, an sich, ebenfalls ein Müssen; sie verweis't überdas auf einen höheren Grundsatz, und verschiebt also nur die Frage: wie und warum denn Er nothwendig sey? – Also Nichts Geschlossenes, Nichts Gelerntes, Nichts in der Erfahrung Gegebenes oder durch die Naturlehre Erforschtes! So weit behält Kant durchaus recht, der das Empirische der reinen Vernunft streng entgegensetzt. Man wird aber hoffentlich hier nicht etwa antworten: eine *moralische* Nothwendigkeit! Denn es ist nur eben zuvor gezeigt, dass wir hier ganz ausser dem Gebiet der Moral sind. Die Rede ist von dem Ursprünglichnothwendigen, was erst *dann* etwa *sittlich*-nothwendig *werden* wird, wenn es, im Gegensatz gegen die Neigung, den Gehorsam regiert.

Unter den bekannten Nothwendigkeiten ist nur noch die *ästhetische* übrig.

Ästhetische Notwendigkeit

Diese characterisiert sich dadurch, dass sie in lauter absoluten Urtheilen, ganz ohne Beweis, spricht, ohne übrigens Gewalt in ihre Forderung zu legen. Auf die Neigung nimmt sie gar keine Rücksicht; sie begünstigt und bestreitet sie nicht. Sie entsteht beym vollendeten Vorstellen ihres Gegenstandes. – Für verschiedene Gegenstände giebt es ebenso viele ursprüngliche Urtheile, die sich nicht etwa auf einander berufen, um logisch aus einander abgeleitet zu werden. [...] Besonders wichtig ist es, dass die ästhetischen Urtheile niemals die Wirklichkeit ihres Gegenstandes fordern. Nur *wenn* er einmal ist, und wenn er bleibt, so beharrt auch das Urtheil welches angiebt, wie er seyn *sollte!* Und durch dies Beharren gilt es dem Menschen, der ihm nicht entfliehen kann, endlich für die strengste Nöthigung. Eine Geschmacklosigkeit ist dem Künstler ein Verbrechen. Freylich nur sofern er Künstler seyn will! Es ist ihm unverwehrt, sein misrathenes Bild zu zerstören, und das Instrument, dessen er nicht Meister ist, zu verschliessen; endlich die Kunst ganz aufzugeben. Nur *von sich Selbst* kann der Mensch nicht scheiden. Wäre etwa Er selbst Gegenstand solcher Urtheile; so würden diese, durch ihre zwar ruhige, aber immer vernehmliche Sprache, *mit der Zeit* einen Zwang über ihn ausüben, – so gerade wie über den Liebhaber, der nun einmal seinen Sinn darauf gesetzt hat, Künstler seyn zu wollen. Es kommt noch hinzu, dass, indem aus der Mitte des Gemüths ein Geschmacksurtheil hervorbricht, es gar oft durch die Art wie es entsteht, als eine Gewalt gefühlt wird, die eigentlich in dem was es spricht, nicht liegt. Glücklich wenn ein solcher Ungestüm gleich anfangs siegt; – er vergeht mit der Zeit; aber das Urtheil bleibt; es ist ein langsamer Druck, den der Mensch sein Gewissen nennt. Findend eine ursprünglich-practische, also ästhetische, – Nothwendigkeit: biegt der Sittliche sein Verlangen, um ihr zu gehorchen. Das Verlangen also, war Glied eines ästhetischen Verhältnisses. [...]

Ästhetische Urteile

Wollte man nun diejenigen ästhetischen Urtheile, welche sich auf den Willen richten, kennen lernen; d.h. wollte man eine practische Philosophie aufstellen: so müsste man vor allem die Idee eines höchsten Sittengesetzes, als einzigen Spruches der reinen Vernunft, von welchem alle andere Sittenregeln nur Anwendungen wären, ganz und gar aufgeben. Vielmehr, indem man den Willen nach und nach in den einfachsten denkbaren Verhältnissen betrachtete, die aus seinen Richtungen auf sich selbst, auf andere Willen, und auf Sachen, hervorgehen können: würde *für jedes* dieser Verhältnisse auch ein ursprüngliches, absolut unabhängiges ästhetisches Urtheil, von ganz eigenthümlicher Beschaffenheit, mit unmittelbarer Evidenz hervorspringen. – Man hätte nachher die so erhaltenen Urtheile zu construieren; eine *Lebensordnung* daraus zu bilden. Dies würde leicht gelingen, wenn man dieselben gleich Anfangs in ihrer eigenthümlichen Klarheit, in ihren einfachsten uns präcisesten Bestimmungen, unvermischt mit irgend etwas Fremdem, und *unentstellt* durch Versuche falscher Philosophie, eins auf das andre zu reducieren – gewonnen hätte. Der Gegensatz erklärt ohne Mühe, warum es schwer wird, aus denjenigen Beurtheilungen, wozu das tägliche Leben zufällig und zerstreut veranlasst, vestes System practischer Gesinnungen zu errichten, von welchem der Character Solidarität und Einheit erhalten könnte. Hätte aber die Wissenschaft bey dieser Construction für die Richtigkeit der Zeichnung gesorgt; so würde der Reichthum des Lebens, theils verklärt durch Dichtung, theils eindringend als Wahrheit der Geschichte, jene Zeichnung bald im Ganzen, bald parthienweise, mit abwechselnder Färbung ausgemalt, durch diese oder jene Contraste gehoben, darstellen helfen. – Doch dieser *pädagogische* Gedanke kommt zu früh; wiewohl nur um ein weniges. Denn die Anwendung der allgemeinen Betrachtungen ist nahe; es bedarf nur noch eines Rückblicks auf den sittlichen Gehorsam.

Wie verhält sich dieser zu jenem System der *practischen Vernunft?* Das Gehorchende soll *Wille* seyn und bleiben. Aber seine *Richtung* soll es zum Theil ändern. Nun ist ursprünglich alles Wollen, Begehren, Verlangen auf Gegenstände gerichtet.

Erziehungscharakter der Dinge

Und man glaube nicht, diese Gegenstände liessen sich nach Gefallen unter dem Wollen gleichsam verschieben. Wer wenig will, dem ist alles verleidet, sobald man ihm *dies* versagt. – Also nur in der Abstraction kann man den Willen von seiner Richtung scheiden. Aber wer viel kennt und denkt, der verlangt viel; und wessen Vorstellungen wohl associirt sind, dem associirt sich auch das Verlangen. Die Richtung des Verlangens ändern, heisst eigentlich, *ein* Verlangen anhalten, so aber, dass neben ihm gleich ein andres bereit sey hervorzutreten. Dies vermag nur ein vielgewandter und vielgeweckter Geist. Eben darum wird es Männern leichter als Kindern. Aber schon wohlgezogenen Kindern ist eben *durch die Zucht* eine *Freyheit gegeben* und *erworben,* jedes Verlangen für den Augenblick ohne grosse Mühe anzuhalten; – eine Freyheit übrigens, die für sich allein mit der Sittlichkeit noch gar nichts gemein hat. Man sieht indess sogleich, dass es nur noch darauf ankommt, ob Egoismus, oder practische Vernunft sich ihrer bemächtigen werde; im einen Fall wird sie Klugheit, im andern Sittlichkeit. [...]

Wie man nun das rohe Verlangen hüten soll, dass es sich nicht durch die That seine Kraft beweise, und dadurch entschiedener Wille werde: so muss dagegen, wo sich *richtige Ueberlegung* erhebt, dieselbe *in Handlung gesetzt,* und bis zur Erreichung ihres Zweckes *unterstützt* werden. So erfährt die Vernunft, was sie vermag; und fasst Muth, zu regieren. [...]

Erziehungsumfeld

Aber wir vergessen vielleicht, dass es noch darauf ankommt, *was denn für eine Welt* der Knabe vor sich finden, beurtheilen, und zu behandeln sich üben werde.

Diese Welt sey ein reicher, offener Kreis voll mannigfaltigen Lebens! So wird er sie mustern in allen ihren Theilen. Was er erreichen kann, wird er rühren und rücken, um dessen ganze Beweglichkeit zu erforschen. Das andre wird er betrachten, und sich im Geiste dahin versetzen. Die Menschen und ihr Betragen wird er meistern, die Lebensarten und Stände nach Glanz und Vortheil und Ungebundenheit vergleichen. Er wird – wenigstens in Gedanken – nachahmen, kosten, wählen. Fasst irgend ein solcher Reiz ihn vest: so wird er *calculiren:* – und er ist der ächten Sittlichkeit verloren!

Oder aber es fessele ihn Nichts. Die Knabenjahre mögen ihm vergehen unter beständigen Umtrieben augenblicklicher Lust. [...] Und neben dem Schicklichen wird er finden, was ehre und schände, die Redlichkeit und Treue, die Falschheit und den Verrath. Und wenn er nur wirklich ein *nachahmendes* Gemüth hat, so ist er ursprünglich voll Theilnahme, voll eingehenden Sinnes in Andrer Leiden und Hoffen; – aufgelegt ist er demnach auch zu *der* Besinnung, die das Schöne der Seele, die Güte, erkennt und schätzt. Aus diesen Auffassungen wird er sich ein Gesetz bereiten, und eine Pflicht, dem Gesetz zu folgen; denn er kann nicht anders, er müsste sich selbst schmähen, wenn er nicht folgte. Darum *will* er folgen, und er *vermag* es; und Ihr werdet ihn abermals, mit *vermehrtem Nachdruck, frey* nennen; und mit Recht, in dem edelsten Sinn des Worts, – wüsstet Ihr auch noch so genau, wie er es wurde und werden musste. –

Ob er es wurde oder nicht, und wie weit: das hing an dem psychologischen Zufall: ob er sich *eher vertiefte in die Berechnungen des Egoismus,* oder in die *ästhetische Auffassung der* ihn umgebenden *Welt.* Dieser Zufall soll nicht Zufall bleiben. Der Erzieher *soll* den Muth haben, vorauszusetzen: er könne, wenn er es recht anfange, jene Auffassung *durch ästhetische Darstellung der Welt* früh und stark genug *determiniren,* damit die freye Haltung des Gemüths nicht von der Weltklugheit, sondern von der reinen practischen Ueberlegung das Gesetz empfange. Eine solche Darstellung der Welt, – der *ganzen* bekannten Welt, und *aller* bekannten Zeiten, um nöthigenfalls die üblen Eindrücke einer ungünstigen Umgebung auszulöschen, – diese möchte wol mit Recht das Hauptgeschäfft der Erziehung heissen; wofür jene Zucht, die das Verlangen weckt und bändigt, nichts als nothwendige Vorbereitung wäre. […]

Ästhetische Darstellung der Welt

Nur noch einige Hauptzüge von jener Darstellung der Welt, sofern sie das Sittliche unmittelbar angeht.

Es versteht sich, dass die einfachen Grundurtheile über den Willen zwar nicht als Formeln, aber als Beurtheilungen individueller Fälle, eben wegen ihrer Einfachheit und absoluten Priorität schon dem Kinde nicht entgehn können, wofern ihm nur die Gelegenheiten von der Umgebung dargeboten werden. Es ist oft gesagt, und hoffentlich allgemein anerkannt, dass die zärtliche Sorge der Mutter, der freundliche Ernst des Vaters, die Verkettung der Familie, die Ordnung des Hauses, vor den unbefangenen Blicken des Kindes in aller Reinheit und Würde dastehn müssen; weil es nur beurtheilt, was es bemerkte, ja weil das was es sieht, ihm das Einzig-Mögliche, und das Muster seiner Nachahmung ist.

Gesetzt, diese erste Bedingung sey erfüllt; (oder späterhin erträglich ersetzt durch die wohlthätige Humanität eines nicht gemeinen Lehrers): wie schreitet von hier aus die Erziehung weiter? Sie *muss* den engen Kreis verlassen: […]

Reflexionsfragen:

- Inwiefern übt Herbart Kritik an Immanuel Kant? Erläutern Sie den Unterschied zwischen Kants Idee einer Moralisierung und der Erziehung zur Moralität im Sinne Herbarts.
- „Der Sittliche gebietet sich selbst." Erklären Sie die Verbindung von Befehl, Gehorsam und Wollen.
- Was versteht Herbart unter der „ästhetischen Notwendigkeit"?
- Welche Aufgabe kommt dem Erzieher nach Herbart zu?
- Beschreiben Sie Herbarts Programm einer pädagogischen Willensbildung in eigenen Worten.

5. John Dewey

Der demokratische Gedanke in der Erziehung

Textauszug aus: Dewey, J. (1916/[4]2010): Demokratie und Erziehung. Eine Einleitung in die philosophische Pädagogik. Weinheim u. a., S. 113–136.

Erziehung als soziale Funktion

[...] Die Feststellung, dass Erziehung eine soziale Funktion ist, die die Leitung und Entwicklung der Unreifen durch ihre Teilnahme am Leben ihrer Gruppe sicherstellt, umschließt bereits die weitere, daß die Erziehung je nach der Art des Gruppenlebens in den verschiedenen Gemeinschaften verschieden ist. Im besonderen ist wichtig, daß eine Gesellschaft, die nicht nur im Wandel begriffen ist, sondern diesen Wandel – zum Besseren – als ihren Lebenszweck betrachtet, andere Normen und Methoden der Erziehung haben muß als eine, die lediglich ihren unveränderten Fortbestand erstrebt. [...]

„Gesellschaft" ist ein Wort, das viele Dinge bezeichnet. Die Menschen treten in der verschiedensten Weise und zu den verschiedensten Zwecken miteinander in Beziehung. Jeder einzelne gehört einer Vielheit verschiedener Gruppen an, in denen seine Genossen ganz verschieden sein können. Oft scheint es, als ob diese verschiedenen Gruppen weiter kein gemeinsames Merkmal hätten, als daß sie Formen des Zusammenlebens sind. Innerhalb jeder größeren Gesellschaftsorganisation gibt es kleinere Gruppen: nicht nur politische Teilgruppen, sondern industrielle, wissenschaftliche, religiöse Vereinigungen: die politischen Parteien mit auseinandergehenden Zielen, soziale Schichten, Cliquen, Banden, Verbände, Teilhaberschaften, durch Bande des Blutes eng verbundene Gruppen, usw. in endloser Mannigfaltigkeit. In vielen modernen Staaten sowie in manchen des Altertums gibt oder gab es sehr verschiedene Bevölkerungsteile, mit verschiedenen Sprachen, Religionen, Sittengesetzen und Überlieferungen. Von diesem Standpunkt aus erscheint manche kleinere politische Einheit, z.B. eine Großstadt, mehr als ein Bündel lose miteinander verbundener sozialer Gruppen, denn als eine umfassende und durchdringende Gemeinschaft des Handelns und Denkens [...]. Die Worte Gesellschaft und Gemeinschaft sind daher doppelsinnig. Sie drücken einmal ein Ideal, eine Norm aus, wollen aber das andere Mal lediglich etwas tatsächlich Vorhandenes beschreiben; die erste ist eine Bedeutung de jure, die zweite eine solche de facto. In der Philosophie der Gesellschaft herrscht fast stets die erste Bedeutung vor. Die „Gesellschaft" wird als ihrem Wesen nach einheitlich betrachtet. Die Eigenschaften, die mit dieser Einheit gegeben sind, eine rühmenswerte Gemeinsamkeit der Zwecke und des Wohlergehens, treue Unterordnung unter öffentliche Zwecke, Gegenseitigkeit des Mitgefühls, werden betont. Wenn wir jedoch die Tatsachen betrachten, die der Begriff beschreibt, anstatt unsere Aufmerksamkeit auf die logischen Merkmale zu richten, die ihm beigelegt werden, so stoßen wir nicht auf eine Einheit, sondern auf eine Vielheit von Gesellschaften, guten und bösen. Verbrecherische Verschwörun-

Doppelsinnigkeit von Gesellschaft

gen, geschäftliche Gruppen, die das Publikum ausrauben, während sie ihm zu dienen vorgeben, politische Verbände, die nur durch das Interesse an der Beute zusammengehalten werden, fallen darunter. Wenn gesagt wird, das seien keine „Gesellschaften", weil sie den idealen Anforderungen an solche nicht entsprechen, so lautet unsere Antwort zunächst, dass dann der Begriff der Gesellschaft so idealisiert wird, daß er zur Wirklichkeit keine Beziehung mehr hat, sodann, daß jede solche Gruppe etwas von den *wertvollen* Zügen der „Gesellschaft" hat – wie sehr sie auch im Gegensatz zu anderen Gruppen stehen mag –, die sie zusammenhalten. Auch unter den Dieben gibt es Ehrbegriffe, und eine Räuberbande hat mit Bezug auf ihre Mitglieder gemeinsame Interessen, wird durch brüderliche Gefühle unter ihnen zusammengehalten. Enge Cliquen zeichnen sich durch strenge Unterwerfung unter ihre eigenen Ordnungen aus. Eine Familie kann allen Außenstehenden gegenüber durch Neigung zu stärkster Absonderung, Mißtrauen und Eifersucht gekennzeichnet und dennoch nach innen ein Muster freundlicher Gesinnung und gegenseitiger Hilfsbereitschaft sein. […]

Wertmaßstab für Erziehung

So ergibt sich abermals das Bedürfnis nach einem Wertmaßstabe für irgendeine gegebene Form sozialen Lebens. Indem wir ihn zu gewinnen suchen, müssen wir zwei Extreme vermeiden. Zunächst dürfen wir nicht rein gedanklich eine „ideale Gesellschaft" konstruieren. Wir müssen vielmehr ausgehen von wirklich vorhandenen Gesellschaften, um die Sicherheit zu haben, daß unser Ideal praktisch brauchbar ist. Wie wir jedoch soeben gesehen haben, kann das Ideal nicht einfach die Züge der Wirklichkeit wiederholen. Die Aufgabe besteht vielmehr darin, aus den tatsächlich vorhandenen Formen des Gemeinschaftslebens die wünschenswerten Züge herauszuheben, von ihnen aus die unerwünschten zu kritisieren und auf Verbesserungen hinzuweisen. Nun finden wir in jeder wie auch immer gearteten sozialen Gruppe, selbst in einer Diebesbande, gewisse gemeinsame Interessen aller Glieder sowie einen gewissen Betrag von Wechselwirkung und Zusammenarbeit mit anderen Gruppen. Aus diesen beiden Zügen leiten wir unsere Normen ab. Wie zahlreich und mannigfaltig sind die bewußt geteilten Interessen? Wie voll und frei ist das Wechselspiel mit anderen sozialen Gruppen? Wenden wir diese Betrachtungsweise z.B. auf eine Verbrechergruppe an, so finden wir, daß die Glieder nur durch sehr wenige Bande miteinander verknüpft sind, beinahe nur durch das gemeinsame Interesse am Ertrag der verbrecherischen Unternehmungen; außerdem sind die Bande von solcher Art, daß sie die Gruppe im Hinblick auf den Austausch der Lebenswerte von anderen Gruppen isolieren. Daher ist die Erziehung, die eine solche Gruppe gewährt, einseitig, parteiisch und verbogen. Betrachten wir dagegen die mustergültige Familie, so finden wir, dass alle Mitglieder an materiellen, geistigen, künstlerischen Interessen teilhaben, dass der Fortschritt jedes Mitgliedes für die Erfahrung aller übrigen wertvoll ist (es ist leicht, alle anderen an ihm teilhaben zu lassen), daß die Familie als Ganzes nicht isoliert steht, sondern in engste Verbindung mit Arbeitsgruppen, Schulen, allen Kulturfaktoren sowohl wie mit anderen ihr ähnlichen Gruppen tritt, daß sie endlich eine angemessene Rolle in den politischen Gruppen spielt und umgekehrt von ihnen gestützt wird. Kurzum: es gibt in ihr viele gemeinsame, von allen Gliedern geteilte Interessen, es gibt zahlreiche Punkte, in denen eine mannigfaltige und freie Berührung mit anderen Formen des Zusammenlebens erfolgt.

Despotischer Staat

I. Wenden wir die erste Hälfte dieses Kriteriums auf einen despotisch regierten Staat an! Es ist zwar nicht richtig, daß in einer solchen Gruppe zwischen Regierenden und Regierten *keine* Interessengemeinschaft besteht. Die herrschenden Gewalten müssen sich irgendwie an die angeborenen Fähigkeiten der Untertanen wenden, müssen gewisse unter ihren natürlichen Kräften in Bewegung setzen. [...] Die wirkliche Schwierigkeit liegt darin, daß ausschließlich an den *isolierten* Furchtaffekt appelliert wird. Es wird Angst einerseits, Hoffnung auf bestimmte, greifbare Belohnung – etwa Wohlstand und Behaglichkeit – andererseits erweckt, während zahlreiche andere Fähigkeiten unberührt bleiben. Oder richtiger: sie *werden* berührt, aber in einer Weise, die sie verdirbt: anstatt um ihrer selbst willen zu wirken, werden sie lediglich dem Gewinn von Lust und der Vermeidung von Unlust dienstbar gemacht.

Das bedeutet zugleich, daß es keine große Zahl gemeinsamer Interessen gibt; es gibt kein freies Wechselspiel unter den Mitgliedern der sozialen Gruppe. Reiz und Antwort sind außerordentlich einseitig. Damit sie eine große Zahl von Werten gemein haben, müssen alle Glieder der Gruppe die gleiche Möglichkeit haben, den anderen zu geben und von ihnen zu nehmen. Es muß eine reiche Mannigfaltigkeit gemeinsamer Unternehmungen und Erfahrungen vorhanden sein. Sonst erziehen die gleichen Einflüsse die einen zu Herren, die anderen zu Sklaven. Die Erfahrung jeder dieser Gruppen verliert an Sinn und Bedeutung, wenn der freie Austausch zwischen den verschiedenen Formen der Lebenserfahrung behindert wird. Die Absonderung einer bevorrechteten von einer Untertanenklasse verhindert die soziale Endosmose. Die Übel, von denen bei diesem Zustande die obere Klasse ergriffen wird, sind weniger materiell und weniger wahrnehmbar, aber ebenso wirklich. Ihre Kultur kommt in die Gefahr, in Unfruchtbarkeit zu erstarren, sich auf sich selbst zurückzuziehen; ihre Kunst wird Schaustellung und Künstelei, ihr Wohlstand Luxus, ihre Wissenschaft überspezialisiert; in ihren Lebensgewohnheiten wird sie wählerisch und inhuman.

Wechselspiel der Erfahrungen

Der Mangel an jenem freien und gleichberechtigten Wechselverkehr, der aus einer Mannigfaltigkeit gemeinsamer Interessen entspringt, stört das Gleichgewicht der intellektuellen Anregung. Mannigfaltige und in sich verschiedenartige geistige Anregung bedeutet neuartige Aufgaben, und neuartige Aufgaben fordern das Denken heraus. Je mehr die Betätigungen auf wenige bestimmte Richtungen beschränkt sind – wie es der Fall ist, wenn starre Scheidewände zwischen den Klassen ein angemessenes Wechselspiel der Erfahrungen der verschiedenen Klassen verhindern –, um so mehr werden sie bei der benachteiligten Klasse zu bloßer Routine, bei der materiell besser gestellten unberechenbar, planlos und explosiv. Plato definierte den Sklaven als einen Menschen, der die sein Verhalten regelnden Zwecke von einem anderen entgegennimmt. Das trifft auch dann zu, wenn es keine Sklaverei im rechtlichen Sinne gibt, und zwar überall, wo Menschen im Dienste der Gesellschaft tätig sind, ohne die soziale Bedeutung ihrer Dienste zu verstehen, und ohne ein persönliches Interesse an ihnen zu haben. [...] Ein höherer Wirkungsgrad der wirtschaftlichen Erzeugung setzt oft weitgehende Arbeitsteilung voraus, [sic!] Sie erniedrigt die Arbeit zu mechanischer Routine, wenn der Arbeiter die in seiner Arbeit liegenden technischen, geistigen und sozialen Beziehungen nicht erkennt, wenn ihn die aus solcher Erkenntnis fließenden Antriebe bei seinem Werke nicht mit bestimmen. Die Neigung, solche Dinge wie den „Wirkungsgrad einer Arbeit" und die „wissenschaftliche Betriebsführung" lediglich zu technischen Äußerlichkeiten herabzuwürdigen, beweist deutlich, daß diejenigen, die die Industrie beherrschen und ihr die Zwecke setzen, unter der Wirkung einseitiger Denkanregungen stehen. Weil ihnen das allseitige und wohlausgewogene Interesse abgeht, finden sie sich zur Beachtung der menschlichen Faktoren und Beziehungen in der Industrie nicht genügend angeregt. Ihr Verständnis wird eingeengt auf die technische Seite der Erzeugung und den Absatz der Güter. Zweifellos kann dadurch eine in diesen begrenzten Gebieten sehr scharfe und leistungsfähige Intelligenz entwickelt werden; aber das Versagen in der Beachtung der wichtigen sozialen Faktoren bedeutet trotzdem einen intellektuellen Mangel und eine entsprechende Verbildung des Gemütslebens.

Isolierung von Gruppen

II. Dieses Beispiel [...] führt uns zu unserem zweiten Punkte. Die Isolierung und starre Abgeschlossenheit einer Bande oder Clique zeigt und verstärkt zugleich ihren antisozialen Geist. Der gleiche Geist aber findet sich überall, wo eine Gruppe lediglich „ihre eigenen Interessen" hat, die sie von voller Wechselwirkung mit anderen Gruppen ausschließen, so daß der Schutz des Erworbenen, nicht aber ständige Neugestaltung und Fortschritt durch Erweiterung ihrer Beziehungen zu ihrem vorwiegenden Ziel wird. Dieser Geist kennzeichnet Nationen in ihrer Abschließung gegeneinander, Familien, die in ihren häuslichen Angelegenheiten aufgehen, als ob sie mit einem breiteren Leben überhaupt keinen Zusammenhang hätten; Schulen, wenn sie sich von den Interessen des Hauses und der Gemeinde abschließen; die Gruppen der Reichen hier, der Armen dort; die der „Gebildeten" einerseits, der „Ungebildeten" andererseits. Der wesentliche Punkt ist, dass Isolierung die Verknöcherung, die Erstarrung des Lebens in Institutionen, die Entwicklung statischer und selbstsüchtiger Ideale innerhalb der Gruppe begünstigt. [...] Es ist ein Gemeinplatz, dass ein waches und ausgreifendes geistiges Leben auf der Ausweitung der Berührungen mit der körperlichen Umwelt beruht. Das Entsprechende gilt noch bestimmter für das Gebiet, wo wir geneigt sind, es zu übersehen: für das Gebiet der sozialen Beziehungen. [...]

Demokratieverständnis

Beide Elemente unseres Kriteriums verweisen uns auf die Demokratie. Das erste bedeutet nicht nur zahlreichere und mannigfaltigere gemeinsame Interessen, sondern auch größere Zuversicht darauf, daß das wechselseitige Interesse als Faktor in der Regelung sozialer Beziehungen anerkannt wird. Das zweite bedeutet nicht nur freiere Wechselwirkung zwischen verschiedenen sozialen Gruppen (die einst so streng getrennt wurden, wie es bewußter Absicht irgend erreichbar war), sondern auch dauernde Umgestaltung des sozialen Verhaltens, seine beständige Neuanpassung an die durch mannigfaltige Wechselwirkung entstehenden neuen Sachlagen. Und genau diese beiden Dinge sind es, die eine demokratisch aufgebaute Gesellschaft kennzeichnen.

Mit Bezug auf die Erziehung bemerken wir zunächst, daß eine Form des sozialen Lebens, bei der sich die verschiedenen Interessen wechselseitig durchdringen und Fortschritt oder Neuanpassung ein wichtiges Moment ist, ein stärkeres Interesse der (demokratischen) Gemeinschaft an planmäßiger Erziehung erzeugt als eine anders geartete, bei der weniger Grund für ein solches Interesse vorhanden ist. Dass sich die Demokratie der Erziehung in besonderem Maße hingibt, ist eine bekannte Tatsache. Die oberflächliche Erklärung dafür ist, daß eine auf dem allgemeinen Wahlrecht beruhende Regierung nicht erfolgreich sein kann, wenn diejenigen, die die Regierung wählen und ihr zu gehorchen haben, nicht erzogen sind. Da eine demokratische Regierung den Grundsatz der von außen her wirkenden Autorität zurückweist, muß sie sie durch freiwillige Bereitschaft zur Unterordnung aus Interesse ersetzen; diese kann nur durch Erziehung geschaffen werden. Der letzte Grund liegt jedoch tiefer. Die Demokratie ist mehr als eine Regierungform; sie ist in erster Linie eine Form des Zusammenlebens, der gemeinsamen und miteinander geteilten Erfahrung. Die Vermehrung der Individuen, die an einer bestimmten Angelegenheit so interessiert sind, daß jeder sein Handeln zu dem der anderen in Beziehung zu setzen und umgekehrt das Handeln der anderen für sein Tun in Rechnung zu stellen hat, und die Vergrößerung des Raumes, über den sie verteilt sind, bedeutet den Niederbruch jener Schranken zwischen Klassen, Rassen und nationalen Gebieten, die es den Menschen unmöglich machten, die volle Tragweite ihrer Handlungen zu erkennen. Diese zahlreicheren und mannigfaltigeren Berührungspunkte bedeuten eine größere Mannigfaltigkeit der Reize, auf die ein Individuum zu antworten hat, und setzen daher einen Preis auf die größere Mannigfaltigkeit seines Handelns. Sie bewirken eine Befreiung der Kräfte, die bei nur einseitigen Anregungen zum Handeln, wie sie in einer isolierten, viele Interessen ausschließenden Gruppe gegeben sind, unterdrückt oder nicht entwickelt werden. […]

Demokratie als Lebensform

Es genügt nicht, bloß zu verhindern, dass die Erziehung als ein Mittel zur Erleichterung der Ausbeutung einer Klasse durch eine andere gehandhabt wird. Es müssen so umfassende Erziehungseinrichtungen geschaffen werden, daß sie in Wirklichkeit, nicht nur dem Namen nach, die Ungleichheiten der wirtschaftlichen Lage mildern und allen dem Volk anvertrauten Kindern die gleiche Ausrüstung für ihre zukünftige Laufbahn sichern. […]

Das gleiche Prinzip gilt auch für die Erwägungen über die Beziehungen der verschiedenen Völker zueinander. Es genügt nicht, die Schrecken des Krieges zu schildern und alles zu vermeiden, was Eifersucht und Feindseligkeit der Völker gegeneinander erwecken könnte. Der Nachdruck muss auf all das gelegt werden, was die Völker über die geographischen Grenzen hinweg an gemeinsamen menschlichen Zielen und Zwecken verbindet. [...] Diese Schlüsse hängen mit der Idee der Erziehung als einer Befreiung der individuellen Fähigkeiten in fortschreitendem Wachstum und im Dienste sozialer Zwecke aufs engste zusammen. [...]

Eine Gesellschaft [...], die für die gleichmäßige Teilnahme aller ihrer Glieder an ihren Gütern und für immer erneute biegsame Anpassung ihrer Einrichtungen durch Wechselwirkung zwischen den verschiedenen Formen des Gemeinschaftslebens sorgt, ist insoweit demokratisch. Eine solche Gesellschaft braucht eine Form der Erziehung, die in den einzelnen ein persönliches Interesse an sozialen Beziehungen und am Einfluss der Gruppen weckt und diejenigen geistigen Gewöhnungen schafft, die soziale Umgestaltungen sichern, ohne Unordnung herbeizuführen. [...]

Reflexionsfragen:

- Welche Bedeutung hat Demokratie für Gesellschaften nach Dewey?
- Woraus leitet Dewey sein demokratisches Erziehungsideal ab?
- Worin unterscheiden sich despotische von demokratischen Gruppen und Gesellschaften?
- Diskutieren Sie die Notwendigkeit des Austausches zwischen gesellschaftlichen Gruppen.

6. Hannah Arendt

Die Krise in der Erziehung

Textauszug aus: Arendt, H. (1958): Die Krise in der Erziehung. Bremen, S. 5–24.

Erziehung als menschliche Tätigkeit

Eine Krise in der Erziehung müßte in jedem Fall zu ernsten Besorgnissen Anlass geben, auch wenn sie nicht, wie in diesem Fall, eine allgemeinere Krise und Brüchigkeit der modernen Gesellschaft reflektieren würde. Denn das Erziehen gehört zu den elementarsten und notwendigsten Tätigkeiten der Menschen-Gesellschaft, die niemals bleibt, was sie ist, sondern sich durch Geburt, durch das Hinzukommen neuer Menschen, ständig erneuert, und zwar so, daß die Hinzukommenden nicht fertig sind, sondern im Werden. So zeigt das Kind, mit dem es die Erziehung zu tun hat, dem Erzieher ein Doppel-Gesicht: es ist neu in einer ihm fremden Welt und es ist im Werden, es ist ein neuer Mensch und es ist ein werdender Mensch. Dieser Doppelaspekt ist keineswegs selbstverständlich und trifft nicht auf die tierischen Formen des Lebens zu; ihm entspricht ein doppelter Bezug, der Bezug auf die Welt einerseits und auf das Leben andererseits. Das Im-Werden-sein teilt das Kind mit allem Lebendigen; es betrifft das Leben und seine Entwicklung, das Kind ist ein werdender Mensch nicht anders als eine kleine Katze eine werdende Katze ist. Aber neu ist das Kind nur in Bezug auf eine Welt, die vor ihm da war, die nach seinem Tode weiterbestehen wird, und in der es sein Leben verbringen soll. Wäre das Kind nicht auch ein Neuankömmling in dieser Menschenwelt, sondern nur ein noch nicht fertiges Lebendiges, so würde Erziehung nur eine Funktion des Lebens selbst sein und in nichts anderem zu bestehen haben als jener Sorge um Erhaltung des Lebens und Training oder Einübung im Lebendigsein, die alle Tiere gegenüber ihren Jungen übernehmen.

Gewordenes und Werdendes

Menschliche Eltern aber haben ihre Kinder nicht nur durch Zeugung und Geburt ins Leben gerufen, sie haben sie gleichzeitig auch in eine Welt hineingeboren. In der Erziehung übernehmen sie die Verantwortung für beides, für Leben und Werden des Kindes wie für den Fortbestand der Welt. Diese beiden Verantwortungen fallen keineswegs zusammen, sie können sogar in einen gewissen Widerspruch miteinander geraten. Die Verantwortung für das Werden des Kindes ist in einem gewissen Sinne eine Verantwortung gegen die Welt: das Kind bedarf einer besonderen Hütung und Pflege, damit ihm nichts von der Welt her geschieht, was es zerstören könnte. Aber auch die Welt bedarf eines Schutzes, damit sie von dem Ansturm des Neuen, das auf sie mit jeder neuen Generation einstürmt, nicht überrannt und zerstört werde.

Privatraum als Schutzraum

Weil das Kind gegen die Welt geschützt werden muß, ist sein ihm angestammter Platz die Familie, die im Schutz ihrer vier Wände sich aus der Öffentlichkeit jeden Tag wieder in ihr Privatleben zurückzieht. Diese vier Wände, in denen sich das Familien- und Privatleben der Menschen abspielt, bilden einen Schutz gegen die Welt, und zwar gerade gegen die Öffentlichkeit der Welt. Sie umgrenzen einen Raum des Verborgenen, ohne den kein Lebendiges gedeihen kann. Dies gilt nicht nur für kindliches, sondern überhaupt für menschliches Leben. Wo immer es der Welt ohne den Schutz des Privaten und Geborgenen ständig ausgesetzt ist, geht es gerade in seiner Lebendigkeit zugrunde. In der Öffentlichkeit der Welt, die allen gemeinsam ist, zählt zwar die Person, und es zählt das Werk, d.h. das Werk unserer Hände, das ein jeder von uns der gemeinsamen Welt hinzufügt; aber auf das Leben qua Leben kommt es in ihr nicht an. Sie kann auf es keine Rücksicht nehmen, und es muß vor ihr verborgen und gegen sie geborgen werden. […]

Jahrhundert des Kindes

Daß die moderne Erziehung, sofern sie versucht, eine Kinderwelt zu etablieren, die Bedingungen zerstört, die für das lebendige Werden und Wachsen natürlicherweise erforderlich sind, scheint offenbar. Aber daß eine solche Schädigung des werdenden Kindes das Resultat moderner Erziehung sein soll, mutet sehr sonderbar an, denn diese Erziehung behauptete ja gerade, ausschließlich dem Wohl des Kindes zu dienen, und sie wandte sich gegen die Methoden der Vergangenheit, weil diese das Kind, seine Seelenverfassung und seine Bedürfnisse, nicht genügend in Rechnung gestellt hätten. Das „Jahrhundert des Kindes“, wie Sie sich erinnern werden, sollte das Kind emanzipieren, und das hieß, es von der Unterdrückung durch die Erwachsenen und die Maßstäbe, die aus der Welt der Erwachsenen stammen, befreien. Wie also konnte es geschehen, daß man die allerelementarsten Lebensbedingungen des Werdens und Wachsens selbst übersah oder einfach nicht zur Kenntnis nahm? Wie konnte es geschehen, daß man das Kind dem aussetzte, was mehr als alles andere charakteristisch für die Erwachsenenwelt ist, nämlich ihrer Öffentlichkeit, nachdem man gerade beschlossen hatte, daß es der Fehler aller vergangenen Erziehung gewesen ist, in einem Kind nichts anderes zu sehen, als einen kleinen Erwachsenen?

Privates und Öffentliches

Der Grund für dieses Sonderbare hat unmittelbar nichts mit Erziehung zu tun; es liegt vielmehr in Urteilen und Vorurteilen über das Wesen von Privatem und Öffentlichem, bzw. ihrer Beziehung zueinander, die für die moderne Gesellschaft seit dem Beginn der Neuzeit überhaupt charakteristisch sind, und welche die Erzieher, als sie erst einmal, und verhältnismäßig spät, begannen, auch die Erziehung zu modernisieren, als selbstverständlich voraussetzten, ohne sich der Konsequenzen, die sie gerade für das Leben des Kindes haben mussten, bewusst zu werden. Es ist das Eigentümliche der modernen Gesellschaft, und keineswegs eine Selbstverständlichkeit, daß sie das Leben, und zwar das irdisch-diesseitige Leben des Einzelnen wie der Familie, als der Güter höchstes ansetzt und darum, im Unterschied zu allen Jahrhunderten vor ihr, dies Leben und alle Tätigkeiten, die sich auf seine Erhaltung und Bereicherung beziehen, aus der Verborgenheit der Privatsphäre emanzipierte und dem Licht der Öffentlichkeit aussetzte. Dies ist der eigentliche Sinn der Emanzipation von Arbeitern und Frauen, zwar nicht als Personen, wohl aber insofern sie bestimmte notwendige Funktionen im Lebensprozess der Gesellschaft erfüllen.

Die letzten, welche von diesem Emanzipationsprozess ergriffen wurden, waren die Kinder; und das, was bei Arbeitern und Frauen eine echte Befreiung war, weil sie nicht nur Arbeiter und Frauen, sondern auch Personen sind, die als solche ein Recht auf das Öffentliche haben, d.h. ein Recht darauf, zu sehen und gesehen zu werden, zu sprechen und gehört zu werden, war bei den Kindern, die sich noch in einem Zustand befinden, in dem das schiere Lebendigsein und sein Wachstum alles Personhafte überwiegt, eine Preisgabe und eine Auslieferung. Je mehr die moderne Gesellschaft den Unterschied zwischen *privat* und *öffentlich* zwischen dem, was nur im Verborgenen gedeihen kann, und dem, was im vollen Licht der Öffentlichkeit allen anderen gezeigt werden muß, abschafft, je mehr sie also zwischen *privat* und *öffentlich* eine gesellschaftliche Sphäre einschiebt, in welcher das Private öffentlich und das Öffentliche privatisiert wird, desto schwerer macht sie es ihren Kindern, die von Natur die Geborgenheit des Verborgenen und Privaten brauchen, ungestört heranzuwachsen.

Wie immer es um diese Verstöße gegen Bedingungen des lebendig Wachsenden bestellt sein mag, sicher ist, daß sie völlig unabsichtlich erfolgten; im Zentrum aller Bemühungen moderner Erziehung steht das Wohl des Kindes, und das ist natürlich auch dann nicht geändert, wenn es ihr nicht immer geglückt ist, dies Wohl so zu fördern, wie sie es wünschte. Ganz anders steht es um den Kreis der Erziehungsaufgaben, die sich nicht eigentlich mehr auf das Kind, sondern auf den jungen Menschen richten, also auf den Neuen und Fremden, der in eine schon bestehende Welt hineingeboren wurde, die er nicht kennt. [...]

Schule und Öffentlichkeit

Das Kind macht normalerweise seine erste Bekanntschaft mit der Welt in der Schule. Nun ist die Schule zwar keineswegs die Welt und darf auch nicht vorgeben, sie zu sein; sie ist vielmehr die Institution, die wir speziell für die Heranwachsenden zwischen die Privatsphäre des Elternhauses und die wirkliche Welt schieben, um den Übergang von Familie zur Welt überhaupt möglich zu machen. Zu ihrem Besuch wird jedes Kind vom Staate, und nicht vom Elternhaus, also von der Öffentlichkeit gezwungen, und so vertritt die Schule gegenüber dem Kinde in gewissem Sinne die Welt, wenn sie sie auch noch nicht selbst ist. In diesem Teil der Erziehung übernehmen die Erwachsenen zwar auch wieder eine Verantwortung für das Kind, aber jetzt nicht mehr so sehr die Verantwortung für das lebendige Gedeihen eines Wachsenden als für das, was wir gewöhnlich die freie Entwicklung der Eigenart und der Begabungen nennen, und was ganz allgemein und prinzipiell gesehen dasjenige ist, wodurch ein jeder Mensch sich von jedem anderen in seiner Einzigartigkeit unterscheidet, also im Falle des Kindes genau dasjenige, wodurch es nicht nur ein Fremdes, sondern auch ein noch nie dagewesenes Neues in der Welt darstellt.

Behutsame Bekanntmachung

Sofern das Kind die Welt noch nicht kennt, muß es mit der Welt graduell bekannt gemacht werden; sofern es neu ist, muss darauf geachtet werden, daß dies Neue nach Maßgabe der Welt, so wie sie ist, zur Geltung kommt und nicht von dem Alter der Welt erdrückt wird. In jedem Fall aber stehen hier die Erzieher dem Jugendlichen als Vertreter der Welt gegenüber, für die sie die Verantwortung übernehmen müssen, obwohl auch sie sie nicht gemacht haben, selbst wenn sie heimlich oder offen wünschen sollten, sie sei anders, als sie ist. Diese Verantwortung wird den Erziehern nicht willkürlich aufgebürdet; sie liegt bereits in der Tatsache beschlossen, daß die Jungen von den Erwachsenen in eine jeweils verschiedene Welt hineingeboren worden sind. Wer die Verantwortung für die Welt nicht mitübernehmen will, sollte keine Kinder zeugen und darf nicht mithelfen, Kinder zu erziehen.

Autorität und Qualifikation

In der Erziehung äußert sich diese Verantwortung für die Welt in der Autorität. Die Autorität des Erziehers und die Qualifikation des Lehrers sind nicht dasselbe. Wiewohl ein gewisses Ausmaß von Qualifikation für Autorität unerläßlich ist, kann auch die höchst gesteigerte Qualifikation von sich aus niemals Autorität erzeugen. Die Qualifikation des Lehrers besteht darin, daß er die Welt kennt und über sie belehren kann, aber seine Autorität beruht darauf, daß er für diese Welt die Verantwortung übernimmt. Gegenüber dem Kinde nimmt er es gleichsam auf sich, die Erwachsenen zu repräsentieren, die ihm sagen und im Einzelnen zeigen: Dies ist unsere Welt.

Ablehnung von Autorität

Nun wissen wir ja alle, wie es um die Frage der Autorität heute bestellt ist. Wie immer man zu diesem Problem stehen mag, es ist offenbar, daß im öffentlichen und politischen Leben Autorität entweder keine Rolle spielt – denn die Gewalt und der Terror in totalitären Ländern hat natürlich mit Autorität nichts zu tun – oder aber zum mindesten eine höchst umstrittene Rolle spielt. Dies heißt ja aber nichts anderes, als daß man prinzipiell niemandem zumuten oder zutrauen mag, die Verantwortung für alle anderen zu übernehmen. Denn wo immer Autorität in einem echten Sinne existierte, war sie gekoppelt mit der Verantwortung für den Lauf der Dinge in der Welt. Entfernen wir die Autorität aus dem politischen und öffentlichen Leben, so kann das heißen, daß von nun an allen die gleiche Verantwortung für den Lauf der Welt zugemutet werden soll. Es kann aber auch heißen, daß man den Anspruch der Welt und einer Ordnung in ihr bewußt oder unbewußt leugnet, alle Verantwortung für sie ablehnt, die Verantwortung, in ihr zu befehlen, nicht minder als die, in ihr zu gehorchen. Es ist kein Zweifel, daß in dem modernen Autoritätsverlust beide Motive eine Rolle spielen und oft unentwirrbar gleichzeitig gewirkt haben.

In der Erziehung hingegen kann von einer solchen Doppeldeutigkeit der Autorität, bzw. des modernen Autoritätsverlustes, natürlich keine Rede sein. Die Autorität in ihr können nicht die Kinder abschaffen, die in diesem Falle die Rolle der Unterdrückten spielen würden, wiewohl auch diese Absurdität, die Kinder als eine unterdrückte Minderheit zu behandeln, die man befreien müsse, in den modernen Erziehungspraktiken wirklich vorgekommen ist. Die Autorität ist von den Erwachsenen abgeschafft worden, und dies kann nur eines besagen, nämlich daß die Erwachsenen sich weigern, die Verantwortung für die Welt zu übernehmen, in welche sie die Kinder hereingeboren haben. [...]

Antiautoritäre Erziehung

Radikaler konnte der allgemeine Autoritätsverlust sich in der Tat kaum äußern, als in dem Übergreifen in die präpolitischen Bereiche, in denen Autorität von der Natur selbst diktiert und von allen geschichtlichen Veränderungen und politischen Verfassungen unabhängig zu sein schien. Deutlicher auf der anderen Seite konnten moderne Menschen ihre Unzufriedenheit mit der Welt, ihr Unbehagen in dem Bestehenden gar nicht kundgeben als durch die Weigerung, ihren Kindern gegenüber die Verantwortung für all das zu übernehmen. Es ist, als ob sie ihnen täglich sagten: in dieser Welt sind auch wir nicht sehr verläßlich zuhause, und wie man sich in ihr bewegen soll, was man dazu wissen und können muß, ist auch uns nicht bekannt. Ihr müßt sehen wie ihr durchkommt; uns jedenfalls sollt ihr nicht zur Verantwortung ziehen können. Wir waschen unsere Hände in Unschuld.

Diese Haltung hat natürlich nichts zu tun mit jenem revolutionären Willen zur Neuordnung der Welt [...], der einmal Amerika beseelte; sie ist vielmehr nur ein Symptom für die moderne Weltentfremdung, die sich überall zeigt, aber unter Bedingungen einer Massengesellschaft besonders radikal und verzweifelt auftritt. Zwar haben sich moderne Erziehungsexperimente, nicht nur in Amerika, oft sehr revolutionär gebärdet, wodurch ein klares Erkennen der Tatbestände einigermaßen erschwert und die Diskussion über sie einigermaßen in Konfusion geraten ist; aber gegen all solches Gebaren steht doch die unbezweifelbare Tatsache, daß Amerika, solange es wirklich noch von diesem Geist beseelt war, gar nicht daran dachte, die Neuordnung mit der Erziehung zu beginnen, sondern in der Erziehung konservativ blieb.

Konservative Erziehung

Um Mißverständnisse zu vermeiden: Das Konservative im Sinne des Konservierenden scheint mir im Wesen der erzieherischen Tätigkeit selbst zu liegen, deren Aufgabe es immer ist, etwas zu hegen und zu schützen – das Kind gegen die Welt, die Welt gegen das Kind, das Neue gegen das Alte und das Alte gegen das Neue. Auch die Pauschalverantwortung, die dabei für die Welt übernommen wird, liegt natürlich im Sinne einer konservativen Haltung. Aber all dies, scheint mir, gilt nur für den Bereich der Erziehung oder vielmehr für die Beziehung zwischen Erwachsenen und Kindern, und nicht für den Bereich des Politischen, wo wir uns mit und unter Erwachsenen und unseresgleichen bewegen. Im Politischen kann diese konservative Haltung, die die Welt so, wie sie ist, akzeptiert und nur danach strebt, sie in ihrem status quo zu erhalten, nur ins Verderben führen, weil die Welt im Ganzen wie alle einzelnen Dinge in ihr unabänderlich dem Ruin der Zeit überantwortet ist, wenn die Menschen sich nicht entschließen, einzugreifen, zu ändern, Neues zu schaffen. [...]

Natalität und Mortalität

Erziehen tun wir im Grunde immer für eine aus den Fugen geratene oder geratende Welt, denn dies ist die menschliche Grundsituation, in welcher die Welt von sterblichen Händen geschaffen ist, um Sterblichen für eine begrenzte Zeit als Heimat zu dienen. Weil die Welt von Sterblichen gemacht ist, nutzt sie sich ab; und weil sie ihre Bewohner dauernd wechselt, ist sie in Gefahr, selbst so sterblich zu werden wie ihre Bewohner. Um die Welt gegen die Sterblichkeit ihrer Schöpfer und Bewohner im Sein zu halten, muss sie dauernd neu eingerenkt werden. Die Frage ist nur, daß wir so erziehen, daß ein Einrenken überhaupt möglich bleibt, wenn es auch natürlich nie gesichert werden kann. Unsere Hoffung hängt immer an dem Neuen, das jede Generation bringt; aber gerade weil wir nur hierauf unsere Hoffnung setzen können, verderben wir alles, wenn wir versuchen, das Neue so in die Hand zu bekommen, dass wir, die Alten, bestimmen können, wie es aussehen wird. Gerade um des Neuen und Revolutionären willen in jedem Kinde muss die Erziehung konservativ sein; dies Neue muß sie bewahren und als ein Neues in eine alte Welt einführen, die, wie revolutionär sie sich auch gebärden mag, doch im Sinne der nächsten Generation immer schon überaltert ist und nahe dem Verderben. [...]

Generationenverhältnis

Das Problem der Erziehung in der modernen Welt liegt darin, daß sie der Natur der Sache nach weder auf Autorität noch auf Tradition verzichten kann, obwohl sie in einer Welt vonstatten geht, die weder durch Autorität strukturiert noch durch Tradition gehalten ist. Das heißt aber, daß nicht nur Lehrer und Erzieher, sondern wir alle, sofern wir zusammen mit unseren Kindern und den Jungen in einer Welt leben, uns zu Kindern und den Jungen radikal anders verhalten müssen, als wir uns zueinander verhalten. Wir müssen das Gebiet der Erziehung von anderen, vor allem den politisch öffentlichen Lehensgebieten entschieden scheiden, um aus ihm selbst einen Begriff von Autorität und Verhalten zum Vergangenen zu gewinnen, der dieser Sache angemessen ist, aber allgemein gerade keine Gültigkeit hat, eine allgemeine Gültigkeit in der Welt der Erwachsenen nicht beanspruchen darf. Technisch folgt hieraus vor allem, daß man eine klare Grenze zieht zwischen den Jungen und den Erwachsenen, daß man nicht versucht, Erwachsene zu erziehen und nicht versucht, Kinder zu behandeln, als ob sie Erwachsene wären. Wo diese Grenze im Einzelnen liegt, ist allgemein nicht auszumachen; als Altersgrenze wechselt sie oft von Land zu Land, von Zivilisation zu Zivilisation, aber auch von Einzelnem zu Einzelnem. Nur sollte man in unserer Zivilisation sich bewusst sein, daß die Berufsausbildung an Universitäten oder Fachschulen zwar immer noch etwas mit Erziehung zu tun hat, aber eben bereits spezialisierter Art ist. Es handelt sich nicht mehr darum, den jungen Menschen in die Welt im Ganzen einzuführen, sondern in einen bestimmten, abgegrenzten Raum in ihr. Man kann nicht erziehen ohne zugleich zu lehren; eine Erziehung ohne Lernen ist leer und degeneriert daher besonders leicht in ein moralisch-pathetisches Gerede. Aber man kann sehr wohl lehren ohne zu erziehen, und man kann bis ins späteste Alter lernen, ohne darum erzogen zu werden. Aber all dies sind Einzelheiten, die nun wirklich den Experten und Pädagogen überlassen bleiben müssen.

Was uns alle angeht und was daher nicht der Pädagogik, einer Spezialwissenschaft, überlassen bleiben darf, ist der Bezug zwischen Erwachsenen und Kindern überhaupt, oder noch allgemeiner und genauer gesprochen, unsere Haltung zu der Tatsache der Natalität; daß wir alle durch Geburt in die Welt gekommen sind und daß diese Welt sich ständig durch Geburt erneuert. In der Erziehung entscheidet sich, ob wir die Welt genug lieben, um die Verantwortung für sie zu übernehmen und sie gleichzeitig vor dem Ruin zu retten, der ohne Erneuerung, ohne die Ankunft von Neuen und Jungen, unaufhaltsam wäre. Und in der Erziehung entscheidet sich auch, ob wir unsere Kinder genug lieben, um sie weder aus unserer Welt auszustoßen und sich selbst zu überlassen, noch ihnen ihre Chance, etwas Neues, von uns nicht Erwartetes zu unternehmen, aus der Hand zu schlagen, sondern sie für ihre Aufgabe der Erneuerung einer gemeinsamen Welt vorzubereiten.

Reflexionsfragen:

- Aus welcher menschlichen Grundsituation entsteht die Erziehungspraxis?
- Welche Rolle spielen das Private und das Öffentliche für die Erziehung?
- Warum spricht Arendt von einer „Krise in der Erziehung"?
- Wie hängen Autorität und Verantwortung in der pädagogischen Praxis zusammen?
- Warum ist es nach Arendt nicht sinnvoll, Bildungsangebote rein konservativ zu gestalten?

7. Klaus Prange

Der anthropologische Aspekt der Erziehung: das Lernen

Textauszug aus: Prange, K. (2011): Der anthropologische Aspekt der Erziehung: das Lernen. In: Kenklies, K. (Hrsg.): Zeigen – Lernen – Erziehen. Jena, S. 35–45.

Das Thema des Lernens bedarf keiner umständlichen und weitläufigen Rechtfertigung. Es versteht sich für uns Pädagogen von selbst, dass wir uns mit dem

Lernen befassen; es ist gewissermaßen die Betriebsprämisse der Erziehung, der Wind in den Segeln alles dessen, was wir anstellen und veranstalten, um die Kinder anzuleiten, ihnen die Welt zu erklären und ihnen ein einigermaßen erträgliches Benehmen beizubringen. Insofern ist auch nicht überraschend, dass einige Fachvertreter überhaupt der Ansicht sind, die Pädagogik sei im Kern Lernwissenschaft. Daran ist zumindest so viel richtig, dass das Lernen eine notwendige Bedingung für erzieherische Maßnahmen ist. Aber Lernen allein ist noch nicht Erziehung. [...] Tatsächlich kommt für uns das Lernen in einer bestimmten Perspektive in den Blick, eben in einer erzieherischen Perspektive.[15] Das hat zur Folge, dass wir das Lernen nur in einer ganz bestimmten Weise kennen, eher vermittelt durch das pädagogische Handeln, nicht aber direkt und gleichsam in freier Objektivität. [...]

Lernen als anthropologische Bedingung

Tatsächlich stützen wir Pädagogen uns dann, wenn das Lernen angesichts besonderer oder allgemeiner Lernschwierigkeiten eigens zum Thema gemacht wird, auf das Wissen anderer Disziplinen, in neuerer Zeit vor allem auf die Lernpsychologie. Da hoffen wir zu finden, was man wissen muss, um das Lernen in seiner Eigenart zu erkennen und gemäß dieser Erkenntnis zu organisieren. Das hat zu einer bemerkenswerten Machtposition der psychologischen Lernforschung geführt, wenn es darum geht, die Effekte des Lernens und die Fehler der Lehrorganisation festzustellen. Insbesondere die Evaluationsindustrie ist fest in den Händen der so genannten empirischen, „evidenzbasierten" Lernforschung. Es ist, als habe die Pädagogik abgedankt, wenn es darum geht, maßgebliche Einsichten über das Lernen zu gewinnen.

Psychologische Erziehung

Inzwischen hat aber auch die Lernpsychologie ihre Monopolstellung für das Verständnis des Lernens verloren. Es gibt neue Konkurrenten in der soziologischen Systemtheorie, in der Evolutionstheorie und in der aktuell marktbeherrschenden Hirnforschung. Die praktische Pädagogik reagiert auf diese Theorieangebote meist so, dass sie mehr oder minder korrekt Bruchstücke aus diesen Offerten heranzieht, die geeignet erscheinen, einzelne didaktische Maßnahmen zu stützen. Zum Beispiel so, dass für den Turnunterricht die Lehre von der operanten Konditionierung ganz gut passt, für den Geschichtsunterricht die Auffassung des Lernens als Verstehen und für das moralische Lernen die Theorie des Lernens als progressive Umstrukturierung, wie wir sie bei Jean Piaget und Lawrence Kohlberg finden. Und wer ganz auf der Höhe des aktuellen Wissenschaftsbetriebs sein möchte, tut gut daran, die Rede vom „hirngerechten Lehren und Lernen" aufzunehmen. Das ist der *dernier cri* einer modernitätsbewussten Neuro-Didaktik. In all diesen Varianten erscheint die Pädagogik als Subunternehmer anderer Disziplinen und ihrer theoretischen Prämissen.

So recht befriedigend ist das alles nicht. Die Frage ist nur, wie man diesem Malheur begegnen kann. [...] Deshalb schlage ich ein anderes Vorgehen vor, nicht den Anschluss an bestehende Theoriekonstruktionen, sondern den Ausgang davon, wie sich das Lernen im Kontext unserer Lebensverhältnisse zeigt. [...]

Lernen als Lebenssachverhalt

Die erste Feststellung ist: Es gibt das Lernen; es ist ein Phänomen oder deutsch geredet: eine Gegebenheit, die wir nicht verfertigen wie ein Haus oder eine Straße und die wir auch nicht gründen wie eine Firma. [...] Wir freuen uns und wir trauern, wir werden vom Zorn ergriffen oder von blinder Wut, wir stehen in Beziehungen zu anderen und überhaupt zu einer Umwelt. Wie wir darauf reagieren, mag eine Konstruktion sein, aber dass sich die angegebenen Phänomene in uns finden, das bringen wir nicht nach unserer Wahl hervor. Das gilt auch für das Lernen. Es ist ein Lebenssachverhalt, ob wir wollen oder nicht. [...]

Unsere spezifische Aufgabe ist: Wie haben wir das Verhältnis von Lernen und Erziehen zu verstehen? Meistens werden sie in einem Atem genannt, das gehört gewissermaßen zur Betriebsideologie unseres Fachs. Als Pädagogen sind wir zuständig für das Lernen, aber daraus folgt nicht, dass es nicht auch Lernen ohne uns und unsere Maßnahmen gibt. Vieles, wenn nicht das meiste, lernen wir ohne oder trotz unserer Eltern und Lehrer. Vielleicht ist es sogar genauer zu sagen: Wir haben es gelernt, weil wir erst hinterher feststellen, dass wir uns unter dem Eindruck bestimmter Erfahrungen und Erlebnisse geändert haben. [...] Die Erfahrungen des Leids, der Trauer, des Glücks, aber auch des Studiums, des Berufs, einer neuen Umgebung sind Lernanlässe, die zuweilen tief in unsere Motive und in unseren Umgang mit anderen eingreifen. Die Kulturwissenschaften und die Sozialwissenschaften fassen diese Phänomene unter den Begriffen der Enkulturation bzw. der Sozialisation.

Unabsichtlichkeit des Lernens

Ich halte fest: Lernen ist zunächst unabsichtlich, es ist Lernen bei Verfolgung anderer Ziele. Auch Kinder, die spielen, spielen nicht, um zu lernen. Sie spielen, um zu spielen. Es sind die Erwachsenen, die dabei an Lernen denken und die Spiele so steuern und vorbereiten, dass die Kinder dabei lernen. Um das Lernen näher zu erfassen, müssen wir also von dem Erziehungsaspekt abstrahieren, uns vor allem auch von dem schulpädagogischen Tunnelblick befreien und versuchen, das Phänomen erst mal unbefangen und ohne erzieherische Einmischung in den Blick zu bringen. Ein wichtiges, vorläufiges Ergebnis: Erziehen und Lernen sind zwei voneinander zu unterscheidende Operationen, die in dem zusammengebracht werden, was wir Erziehung nennen. Erziehung ist kein einfaches, sondern ein komplexes Phänomen.

Wenn das so ist, wenn es die pädagogische Differenz von Erziehen und Lernen gibt, dann ist die Anschlussfrage: Worin besteht des Näheren diese Differenz? Kurze Antwort: Erziehen ist sozial, Lernen individuell. Das Erziehen besteht aus kommunikativen Prozessen, das Lernen aus personalen Prozessen, oder wie heute in der Sprache der Systemtheorie vielfach gesagt wird: aus Bewusstseinsprozessen. [...]

Sozialität des Erziehens

Das Erziehen ist sozial. Das leuchtet unmittelbar ein, ist eigentlich Gemeingut. [...] Immer geht es um eine Beziehung aus drei Komponenten: Eltern, Kind und Thema; Lehrer, Schüler und Schulfach; abstrakter: Autor, Leser und Text. Für den Schulgebrauch hat sich dafür der Ausdruck „Didaktisches Dreieck“ eingebürgert. Es ist allerdings viel allgemeiner, gilt nicht nur für Unterricht, sondern für jede Art von Kommunikation. [...] Wenn wir erziehen, haben wir eine soziale Beziehung herzustellen oder zu benutzen, um innerhalb dieser Beziehung ein Thema zu behandeln. [...]

Individualität des Lernens

Nun zum Lernen. Da habe ich gesagt: Lernen ist individuell, und füge gleich hinzu: Lernen ist unvertretbar und es ist unsichtbar. Beides liegt im Begriff von Individualität. Das scheint dem Slogan vom „sozialen Lernen" zu widersprechen. In der Tat ist der Ausdruck „soziales Lernen" missverständlich oder irreführend. Es ist zwar richtig, dass wir von anderen und in sozialen Kontexten lernen, und zwar unabhängig davon, ob die anderen wollen, dass wir etwas lernen; aber das ändert nichts daran, dass wir immer als Einzelne und sozusagen auf eigenen Kredit lernen. Wir können uns nicht durch andere vertreten lassen und etwa sagen: Lern du für mich Latein, das ist mir zu lästig oder zu schwer, und wenn du damit fertig, komme ich und hol mir das ab. [sic!] Lernen ist wie das Essen individuell. [...]

Lernen selber ist unsichtbar, man kann es nicht direkt beobachten, sondern erst hinterher feststellen, ob sich tatsächlich Lernergebnisse eingestellt haben.

Das Stichwort für dieses Phänomen ist: Intransparenz des Lernens. Es muss erst transparent gemacht werden. Wie? Unter anderem durch das Erziehen. Das Erziehen ist eine Weise, das Lernen sichtbar zu machen und zur Erscheinung zu bringen. [...]

[Wir haben] es in der Erziehung mit einem Zwei-Seiten-Problem zu tun. Es lässt sich in einer Doppelfrage fassen:

1. Wie reagiert das Erziehen auf das Lernen? 2. Wie reagiert das Lernen auf das Erziehen?

Erziehen und Lernen

Zur ersten Frage: Das Erziehen als Reaktion auf den Tatbestand des Lernens. Ich erinnere dazu an eine viel benutzte Definition von Erziehung, die Siegfried Bernfeld 1925 in seinem Buch „Sisyphus oder die Grenzen der Erziehung" (1925/1973) gegeben hat. Erziehung sei „die Summe der Reaktionen einer Gesellschaft auf die Entwicklungstatsache".[16] Theodor Schulze hat das etwas modernisiert: Erziehung sei die Summe der Reaktionen auf den Tatbestand des Lernens.[17] Das ist gar keine schlechte, wenn auch einseitige Antwort auf die Frage: Was ist Erziehung? Reaktion auf das Lernen, diese Wendung macht uns darauf aufmerksam, dass das Lernen immer schon da und in Rechnung zu stellen ist. Didaktisch geschieht das in der Weise, dass wir uns auch bei ausdrücklichen Erziehungsanstrengungen auf die Kinder, die Schüler, die Zuhörer, die Kursteilnehmer einzustellen haben. [...] Das will ich jetzt nicht ausführen, sondern noch auf die zweite Seite der Doppelfrage eingehen: Reaktion des Lernens auf das pädagogische Handeln. Die Skala der Reaktionen reicht von der nahezu völligen Identifikation bis zur Lernverweigerung, mit vielen Graden und Abstufungen dazwischen. Es ist auch keine einfache Alternative: entweder brav alles lernen und vereinnahmen, was einem vorgesetzt wird, oder gar nicht reagieren, wegsehen, weghören, nicht beachten. Es gibt vielmehr wohl in der Mehrzahl Mischformen,

Kompromisse; Nein und Ja zusammen. Großes Nein und kleines Ja, oder andersherum; manchmal auch ein Ja im Nein. […]

Wichtig ist bei alledem: Wir können offenbar das Lernen nicht in der Weise kontrollieren und bestimmen, wie wir uns das wohl wünschen. Das Lernen ist immer auch ein bisschen resistent gegen das Erziehen; wir mögen nicht so gern erzogen werden, was immer wir der Erziehung verdanken. Dieses Phänomen hat Herbart „die unvermeidliche Unsicherheit in aller Erziehung" genannt.[18] In der gegenwärtigen Diskussion lautet das Stichwort: das Technologiedefizit der Erziehung. […]

Daraus ergibt sich folgende Lage: Wir möchten das Erziehen aus dem Lernen konstruieren, das ist die gemeinsame Tendenz aller Reformbemühungen, um die Effizienz der Erziehung zu steigern. Aber dem steht entgegen, dass Lernen und Zeigen unterschiedliche Ordnungen sind. Auf jeden Fall können sie nicht kausal miteinander verbunden werden. Das ist beileibe keine neue Entdeckung, geschweige denn theoretische Konstruktion. Früher hat man von der Unplanbarkeit aller Erziehung gesprochen, von der Unvorhersehbarkeit der Resultate. Ich möchte auch von Wirkungsunsicherheit des pädagogischen Handelns sprechen.

Wirkungsunsicherheit

Die nahe liegende, alles entscheidende Frage ist: Wie reagieren wir auf diese Wirkungsunsicherheit? Was tun, wenn es kein zuverlässiges Wissen über die Effekte unseres Tuns gibt? Dazu will ich wenigstens einige Antworten angeben und selber einen Vorschlag machen.

Die erste Antwort möchte ich als Antwort des pädagogischen Genieglaubens bezeichnen. Der wahre Pädagoge findet sozusagen kraft seines pädagogischen Charismas die jeweils richtige Form des didaktischen Vorgehens. Das ist die Lehre vom geborenen Erzieher, der über den richtigen pädagogischen Takt verfügt.[19]

Die zweite Antwort ist resignativ. Wenn man nicht weiß, was aus dem eigenen Handeln hervorgeht, dann ist es egal, was man unternimmt. Man kann eigentlich nur hoffen und beten. Eine Variante dazu ist die postmoderne Version: Wir machen als Erziehende nur Angebote, so genannte Offerten, und die Adressaten können sich aussuchen, was sie rezipieren. Diese Antwort hat auch den verführerischen Charme, von der pädagogischen Verantwortung zu entlasten. Jeder ist für sein Lernen selber verantwortlich, da es sich ja sowieso selbst organisiert.

Die dritte Antwort ist organisatorisch: Wir steigern die Wahrscheinlichkeit von Lehrerfolgen dadurch, dass wir die Rand- und Rahmenbedingungen des pädagogischen Handelns festlegen; mehr Motivation, mehr Engführungen durch das soziale Arrangement, mehr sozialer Druck und Androhung von Sanktionen bei mangelnder Lernbereitschaft, und vor allem: Selektion auf organisatorischer Ebene mit Berufung auf die feststellbaren Lernergebnisse und vermuteten Anlagen der Adressaten.

Die Antwort, die ich hier vorschlagen möchte, kann man sich nach Analogie zur medizinischen Differentialdiagnostik klarmachen. Wie geht ein Arzt vor, wenn er nicht vorweg weiß, welches Mittel zu dem gewünschten Heilerfolg führt? Zum Beispiel bei anhaltenden Schulterschmerzen? Erst mal: gar nichts machen, sondern auf Spontanheilung setzen; wenn das nichts bringt, dann Physiotherapie; ist auch die vergeblich, dann Cortisonspritzen, und schließlich als letztes Mittel: der chirurgische Eingriff, die Operation. Diese Verfahrensweise scheint mir kein schlechtes Modell auch für das pädagogische Handeln zu sein. Wenn man nicht mit Sicherheit weiß, was welche Wirkungen hat, und zugleich annimmt, dass das Lernen irgendwie doch erreicht werden kann, dann empfiehlt sich eine Art von Differentialdidaktik, jenseits von Optimismus und Resignation. Manchmal genügt es, eine Demonstration zu wiederholen oder sie mit größerem Nachdruck vorzutragen; wenn das nicht hilft, kann man versuchen, mehr Zeit zu investieren oder andere Anschauungsmittel einzusetzen und so weiter. Auf jeden Fall schützt dieses Vorgehen auch davor, auf Lernprobleme moralisch mit Vorwürfen zu reagieren oder überhaupt Kinder und Schüler vorschnell aufzugeben. Es gilt hier, und damit möchte ich schließen, eine lebenspraktische Erfahrung, die Samuel Beckett einmal so ausgedrückt hat: *Try again, fail again, fail better.* Das gilt natürlich auch für meine vorläufigen Bemerkungen zum Lernen, von denen ich hoffe, dass sie zumindest eines bewirkt haben, nämlich ein Bewusstsein davon, dass die Pädagogik eines eigenen Zugangs zum Phänomen des Lernens im Kontext des Erziehens bedarf.

Reflexionsfragen:

- Warum ist Lernen für Prange ein anthropologischer Aspekt der Erziehung?
- Wie unterscheiden sich Lernen, Erziehen und Erziehung voneinander?
- In welcher Beziehung stehen Lernen und Erziehen?
- Warum bedarf es nach Prange eines pädagogischen Lernbegriffs?
- In welchem Verhältnis stehen die Ausführungen Herbarts zu denen Pranges?

8. Käte Meyer-Drawe

Erziehung und Macht

Textauszug aus: Meyer-Drawe, K. (2001): Erziehung und Macht. In: Vierteljahresschrift für wissenschaftliche Pädagogik 77(4), S. 446–457.

[…] Zunächst soll durch Beispiele illustriert werden, um welche Macht es geht. Damit sind dann die Vorbereitungen für eine Definition der Bio-Macht getroffen, die im zweiten Schritt erfolgt. Im dritten Teil wird die These Gestalt annehmen, welche die vorliegenden Gedankengänge leitet, die Behauptung nämlich, daß wir im 20. Jahrhundert aus der Sicht der Techniken der Bio-Macht nicht lediglich einen weiteren Schritt in eine längst eingeschlagene Richtung gegangen sind, sondern daß wir eine Zäsur erleben, die zur Zeit ihren sinnbildlichen Ausdruck in der Hilflosigkeit der Debatten um das Forschen an embryonalen Stammzellen findet. Unter dem Schein einer alles durchschauenden Wissenschaft werden alte Verständnisse zutiefst erschüttert. Wir wissen nicht mehr, was Tod bedeutet, was Leben meint. Die Frage nach dem Eigentum am eigenen Leib steht unbeantwortet im Raum, und schließlich wird eine Errungenschaft der Moderne riskiert, der sich pädagogisches Denken mit der Annahme einer grundsätzlichen Unbestimmtheit des Menschen widmet.

1) Die „List der pädagogischen Vernunft" [20]

Erziehung und Macht

Macht steckt in Erziehung wie ein Stachel oder Pfahl im Fleisch. Sie ermöglicht Erziehung und kann sie zerstören. Sie wird ignoriert, reflektiert, denunziert und camoufliert. Ignoriert wird sie gelegentlich durch einen immer wieder aufkommenden Kult der Innerlichkeit und messianischer Individualität. Reflektiert wird sie vor allem in historischer Perspektive, indem ihre Gestaltwechsel ins Licht gerückt werden. Denunziert wird sie insbesondere in Zeiten sozialen Wohlstands, wenn gesellschaftliche Maßnahmen Spielräume der freien Entwicklung garantieren. Dabei wird Erziehung als Macht selten so unverblümt proklamiert wie in der nationalsozialistischen Erziehungsprogrammatik. [...]

Bemerkenswert sind solche Einfleischungstechniken, die nicht nur Kennzeichen totalitärer Regime sind, wenn sie sich sogar dort erstaunlich klar zu erkennen geben, wo das schöpferische Kind im Mittelpunkt theoretischer wie praktischer Bemühungen zu stehen scheint. Es verwundert, daß dieser Umgang mit Macht als pädagogisch akzeptabel gilt. Gemeint ist die Verhüllung der Macht unter dem Vorwand der Freiheit des Zöglings. Berühmte Beispiele verblüffen dabei immer wieder. Es sei etwa an Rousseau erinnert, der in seinem Erziehungsroman „Émile" betont: „Mag er [scil. der Zögling] doch glauben, er sei der Herr, während in Wirklichkeit ihr es seid. Es gibt keine vollkommenere Unterwerfung als die, die den Schein der Freiheit wahrt: so nimmt man den Willen selbst gefangen."[21] Die negative Erziehung, bei der sich das erzieherische Programm in der Ordnung der Dinge inszenierte, finden wir auch in reformpädagogischen Konzepten an der Wende vom 19. zum 20. Jahrhundert. Montessori charakterisiert in diesem Sinne die Dinge der erzieherischen Umgebung: „Nicht nur die Gegenstände zur Sinneserziehung und zur Bildung, sondern alles in der Umgebung ist so vorbereitet, daß die Fehlerkontrolle leicht gemacht wird. Von den Möbeln bis zu dem Entwicklungsmaterial sind alle Gegenstände *Verräter, vor deren warnender Stimme man nicht fliehen kann.* [...]

Normalisierungsprozesse

Trotz aller Unterschiede im einzelnen kommen Verschleierungstechniken der Macht darin überein, daß sie sich über den Leib und die Weisungen der materialen Umgebung realisieren. Wenn der Intellekt dann in der Lage ist, über die Bedingungen seiner Existenz nachzudenken, sind gesellschaftliche Strukturen und Vorstellungen längst normalisiert.

Aus historischer Sicht hebt Michel Foucault mit Bezug auf Friedrich Nietzsche die Bedeutung unseres Leibes als Gedächtnis hervor: „am Leib findet man das Stigma der vergangenen Ereignisse, aus ihm erwachsen auch die Begierden, die Ohnmachten und die Irrtümer".[22] Dergestalt fungiert der Leib als individuelles und kollektives Gedächtnis. Narben und Falten protokollieren das Einzelschicksal. Gebräuche, Moden und kulturelle Praktiken überhaupt portraitieren gesellschaftliche Lebensstile. In soziologischer Perspektive verweist Pierre Bourdieu auf die „List der pädagogischen Vernunft", die dafür sorgt, daß sich dem Körper Haltungen einprägen, die herrschende Ordnungen tragen. In Spielen und in Einübungen sozial spezifischer Etiketten werden gesellschaftliche Strukturen einverleibt und bleiben weitgehend geschützt vor reflektierender Kritik. [...]

Leib als Gedächtnis

2) Bio-Macht

[...] Bio-Macht realisiert sich über die Problematisierung und Bestimmung des seiner überlieferten und selbstverständlichen Bedeutung beraubten Lebens durch die Wissenschaften und über soziale und politische Regulierungen. Leben wird im 18. Jahrhundert – auch unter dem Einfluß der aufkommenden Biologie – zum Gegenstand von Statistiken, der sich fortentwickelnden Medizin, der Diätetik und allen Maßnahmen, die zur Erhaltung und Steigerung der Bevölkerung ergriffen werden. „Im Gegensatz zur Souveränitätsmacht, die sterben macht oder leben läßt, läßt die neue Macht sterben und macht leben. Aus der Macht über den Tod wird eine Macht über das Leben, eine Bio-Macht, die es weniger mit Rechtssubjekten als mit Lebewesen zu tun hat."[23] Im Brennpunkt steht nicht mehr der gehorsame Untertan, dessen Unterwürfigkeit durch die Todesstrafe gewährleistet werden mußte. Brennpunkt der Aufmerksamkeit ist eine neue Erfindung: die Bevölkerung. Sie muß in ihrer Gesundheit und in ihrer Reproduktionskraft erhalten werden. Zumindest zweierlei ist dafür erforderlich: die Disziplinierung des Individuums und die Entwicklung von Sicherheitstechnologien, die gegen Krankheit und Unbrauchbarkeit gerichtet sind. Politische und wirtschaftliche Systeme müssen ineinander geblendet werden, um der aufkommenden bürgerlichen Gesellschaft das erwünschte Gesicht zu verleihen. [...]

Bestimmung von Bio-Macht

Leben wurde allmählich zum Thema der Biologie, deren Interesse nicht auf Fragen der Beseelung zielte. Leben wird nach und nach zu einer Substanz, die auch in der Physik ihre Definition erhalten kann wie z.B. in Schrödingers Bestimmung des Lebens als negative Entropie, also als Kehrwert des Grades der zwar unwahrscheinlichen, aber höchsten Ordnung in einem geschlossenen System.[24] Diese Bestimmung erwies sich als anschlußfähig an den Begriff der Information, so daß die Wege geöffnet waren, Leben in seinem Kern als Erbinformation zu bestimmen, molekulargenetisch zu analysieren und in der Perspektive bestimmter Interpretationen medizinisch und politisch zu behandeln. Die Bio-Macht ist hier in ihrem Element. Über sie wird die politische Anatomie der Körper mit der Bio-Politik der Bevölkerung verknotet. Verwaltung und Berechnung der Körper gehen eine dichte Allianz ein. [...]

Leben als Substanz

3) Sorgen

Entwicklungstendenzen der Biomacht

Zur Zeit zeichnet sich ein sehr diffuses Bild im Hinblick auf die Rolle von Erziehung ab. Während in spontanen Feiertagsreden, politischen Wahlversprechungen und in der Presse die Forderung nach Erziehung immer wieder laut wird, schlagen gentechnische Forschungen einen ganz anderen Weg ein, nämlich den, daß der erwünschte Nachwuchs von seinen Eltern einem bestimmten Design unterworfen wird. [...]

Noch diskutiert man in Deutschland über die ethische Berechtigung embryonaler Stammzellenforschung, aber man ist der Überzeugung, daß diese sein muß. Man sieht Risiken im Hinblick auf den Verlust der Teilhabe an internationalen Eliten der Forschung. Man erfindet eine „Ethik des Heilens". Dagegen kann mit Hans Magnus Enzensberger folgendes zu bedenken gegeben werden: „Der therapeutische Imperativ wäre allerdings glaubhafter, wenn er es mit Krankheiten wie der Malaria oder der Tuberkulose aufnähme, an denen Jahr für Jahr Millionen sterben, deren Bekämpfung aber kaum vom Fleck kommt. Hier scheint die viel berufene Güterabwägung keine Rolle zu spielen. Das legt den Verdacht nahe, daß es weniger um den hippokratischen Eid geht als um ein wesentlich zukunftsträchtigeres Projekt: die Umzüchtung der Spezies."[25] Aber es dreht sich hier nicht darum, eine Entscheidung zu fällen. Sowohl der Schutz embryonalen Lebens als auch die Heilung schwerer Krankheiten stellen gewichtige Gründe dar. Es geht darum zu bedenken, was zur Zeit in dieser Debatte geschieht und was sich zeigt. [...]

Pädagogische Bedenken

Im Rahmen der Entwicklung der Pädagogik der Moderne war die grundsätzliche Unbestimmtheit des Menschen ein wesentliches Element. Nichts – weder eine kirchliche Macht noch der gesellschaftliche Stand – sollte die Chance des beginnenden Lebens beeinträchtigen. Lediglich die eigene Leistung sollte Grund der Formung des eigenen Schicksals sein. Zwänge waren dadurch nicht zu beseitigen. Bestimmungen aus fremder Hand waren nicht zu vermeiden. Aber die Gestaltung des eigenen Lebens geschah vor dem Hintergrund einer prinzipiellen Kontingenz.

Zum ersten Mal fand dieses Projekt seinen Ausdruck in der Würdeliteratur der Renaissance. Exemplarisch kann hier an Pico della Mirandolas Rede über die Würde des Menschen erinnert werden. Pico läßt Gott als „höchsten Baumeister" zum Menschen sagen, daß er ihn als „Geschöpf von unbestimmter Gestalt" erschaffen habe, damit er sich selbst gestalte, also bilde.[26] Der Mensch erscheint hier nicht als Mängelwesen, dem das Begehren auf Vollkommenheit zum Schicksal wird, sondern als Wesen der Möglichkeit, der das Gelingen nicht garantiert ist. In dieser Tradition steht der Bildungsbegriff der Moderne, der eine Antwort auf die prinzipielle Unbestimmtheit des Menschen meint. In dieser Hinsicht sind Eingriffe in die Keimbahn nicht nur die Folge einer Entwicklung, in der Menschen sich und ihre Welt ihren Manipulationen unterwerfen, sondern sie bedeuten einen qualitativen Sprung. Eine *vorgeburtliche,* nicht kontingente Bestimmung neuer Art erinnert an vormoderne Determinierungen. Es ist nicht mehr der Plan eines göttlichen Schöpfers, der die Freiheit des Menschen einschränkt. Es ist auch nicht mehr das Blut des Adels oder eines anderen gesellschaftlichen Standes, das den Lebensweg festlegt. Es ist eine gentechnisch praktizierte Bio-Macht, welche die Nachkommen an die Vorstellungen ihrer Produzenten bindet. Was unter diesen Bedingungen Freiheit noch bedeuten kann, bleibt offen angesichts der Tatsache, daß Individuen hier nicht lediglich von fremden Mächten überwältigt wurden, sondern daß sie Effekte und Elemente der Macht sind, indem sie deren Zwangsmittel übernehmen und sie gegen sich selbst ausspielen. [...]

Reflexionsfragen:

- Erläutern Sie die Bedeutung des Begriffs Bio-Macht.
- In welchem Verhältnis steht die erziehungswissenschaftliche Praxis zu dem Machtbegriff von Meyer-Drawe?
- In welcher Verbindung stehen Genforschung und Erziehungswissenschaft zueinander?
- Welche Risiken birgt die Genforschung für den Begriff der Erziehung und die Erziehungswissenschaft in sich?

B. Bildung

Bildung ist ein komplexer und vielschichtiger Begriff, der nicht kontextlos oder für alle Zeiten bestimmt werden kann. Kennzeichnend für den Begriff Bildung sind Bestimmungen oder Problemgestalten, die ihn von anderen Begriffen der Pädagogik unterscheidbar machen. Der Begriff Bildung ist relational, das heißt, er markiert ein ineinandergreifendes dreifaches reflexives Verhältnis des Menschen zu sich, zu anderen Menschen im Rahmen einer Sozialität und seiner Umwelt. Zugleich impliziert Bildung eine kritische Perspektive auf diese Verhältnisse, verbunden mit der Frage, ob sie nicht Zwecken unterworfen werden, die nicht selbst dem Zweck von Bildung entstammen. Auch gehört seit jeher zur Idee der Bildung die Möglichkeit der Gestaltung dieser Relationen. So ist die große Nähe der Bildung zu Fragen der Lebensführung, Humanität, Politik, der Freiheit des Menschen oder des guten Handelns verständlich. Der Bildungsprozess selbst nimmt Erfahrungen in den Blick, die zu einer Veränderung unserer Sichtweisen und Deutungsmuster führen. So kann der Begriff Bildung alles in allem sowohl den Prozess als auch sein Ergebnis thematisieren und aufeinander beziehen. Daher ist es seit der Antike bedeutsam, über geeignete, für die Aneignung als verbindlich erachtete Bildungsinhalte nachzudenken, auch um am Ende eine Vorstellung von Bildung und dem mit ihr verbundenen Wissen zu ermöglichen.

Mit Bildung wird vorausgesetzt, dass der Mensch als ein Wesen betrachtet wird, dessen Spezifikum nicht darin besteht, sich Vorgegebenem fraglos zu unterwerfen, sich den bestehenden Verhältnissen kritiklos anzupassen oder auf seine Umwelt lediglich zu reagieren. Vielmehr unterstellen wir dem Menschen die Möglichkeit, dass er auf eine Welt mit Sinn und Bedeutung antwortet, widerständig sein kann und so überhaupt erst – für ihn relevante – Erfahrungen macht. Solche Prozesse werden, anders als in der Erziehung oder bei der Sozialisation, nicht von außen bewirkt gedacht. Wir können einen Menschen nicht bilden, aber er kann es selbst, *sich* bilden. Ein Moment der Freiheit, das allein der Bildung anhaftet. Diese Bedeutung erlangt der Bildungsbegriff, mit Rückgriff auf die Antike, vor allem durch die Gedanken der europäischen Aufklärung, mit der die Freiheit und Mündigkeit des Menschen es geradezu verbieten, den Mensch als Mittel zum Zweck zu betrachten. Der Mensch ist „Zweck an sich selbst" (Kant). Mit anderen Worten: Bildung steht der Indienstnahme des Menschen für Ideologien oder Normierungsprozesse entgegen.

Wissenschaftstheoretisch sind der Begriff sowie die Praktiken von Bildung in historischer und systematischer Hinsicht Gegenstand der Bildungstheorie und Bildungsgeschichte bzw. der historischen Bildungsforschung, die u.a. geschichtliche Auslegungen von Bildungsauffassungen sowie Erfahrungen und Konzeptionen von Bildung in den Blick nehmen und zudem Begriffs-, Problem- und Theoriefelder und mit ihnen Bestimmungen, Deutungsmuster und handlungstheoretische sowie sozio-kulturelle Implikationen thematisieren. Empirisch in einem methodisch-positivistisch engeren Sinne ist Bildung nur bedingt und nicht ohne Reduktionen erfassbar (vgl. hierzu den Text von Heid). Qualitativ und quantitativ methodische Zugriffe der empirischen Bildungsforschung suchen nach Indikatoren ihrer Erhebung. Die Ziele dieser Forschungen reichen von der effizienten Ausgestaltung des Bildungssystems bis hin zum Verständnis biografischer Prozesse.

Ein Blick in die Geschichte der Bildung zeigt die reiche Tradition des Begriffes, die u.a. antikes Gedankengut, christliche Vorstellungen vom Wieder*gebildet*werden in Gott und neuzeitliche Ausdeutungen von der Selbstzweckhaftigkeit des Menschen umfasst. Eine pädagogische Relevanz im systematischen Sinne erlangt der Bildungsbegriff Ende des 18. Jahrhunderts im Ausgang des Zeitalters der Aufklärung und im Kontext des beginnenden Neuhumanismus. Dabei wird der Begriff zu einer fundamentalen Dimension der Selbstbeschreibung des Menschen, seiner Möglichkeiten und seiner Freiheit. Zugleich wird er zu einem Identifikationsmoment des aufstrebenden Bildungsbürgertums. Im 19. Jahrhundert erhält Bildung eine zentrale Funktion im Kontext eines wachsenden und professionalisierten Bildungswesens, das mit Bildung zugleich Bildungsabschlüsse meint, die zu bestimmten Karrieren und Laufbahnen berechtigen beziehungsweise einen Zugang bieten. Infolge dieser Entwicklung verbinden wir bis heute mit Bildung die Möglichkeit, individuelle Karrierechancen zu verbessern, beruflich aufzusteigen und gesellschaftlich anerkannt zu werden. Damit wird Bildung zu einer marktfähigen Ware, zum Humankapital und zum Wirtschaftsfaktor moderner Gesellschaften. Kritisch gewendet verliert der Bildungsbegriff so seine widerständige politische Funktion im Anspruch auf Freiheit und Gleichheit zugunsten einer zunehmenden Ökonomisierung und Kontrolle von Bildungssystemen.

Die vorliegende Anthologie zum Grundbegriff Bildung beginnt mit Platons (427–347 v. Chr.) Höhlengleichnis als einem zentralen Ausgangstext für die Frage nach der Bildung des Menschen. Platon ist einer der bedeutendsten Philosophen der Antike. Er ist Schüler des Sokrates, dem großen Skeptiker, und wiederum selbst Lehrer des einflussreichen Aristoteles. Die Texte Platons gehören bis heute zum Kanon der Bildungsgeschichte, sie beeinflussten viele Denker und inspirierten pädagogische Konzeptionen. Platon

Im Anschluss an Sokrates sind für Platon die Kunst des Fragens und die Sorge um die Lebensführung im Lichte der Tatsache zentral, dass sich die Wahrheit dem Menschen nicht von selbst offenbart, das heißt nicht ohne Nachdenken und Anstrengung zur Verfügung steht. Gerade von dem – mühevollen – Weg zur Erkenntnis handelt das Höhlengleichnis. Es ist eingebettet in Platons Werk *Politeia*, das als politische Theorie von der Frage nach einer guten und gerechten Einrichtung des Gemeinwesens handelt. Gegen die Gefahr des inneren Verfalls und einer politischen Bedrohung der Polis stellt Platon in der *Politeia* seinen Entwurf vom idealen Staat vor. Seine Überlegung münden in eine durch gebildete Philosophen geführte Regierung des Staates auf der Grundlage der „Schau der Ideen“ und der Erkenntnis der Wahrheit. Die durchaus nur für Wenige privilegierte Bildung, die vor allem Dichtung, Philosophie und Rhetorik umfasst, steht somit im Dienste der Polis.

Im Höhlengleichnis findet sich eine der ersten und wirkmächtigsten Beschreibungen für den Prozess der Bildung: Platon zeichnet ein Bild des ungebildeten Menschen als eines Gefesselten in einer Höhle, der sein Leben in Unwissenheit, Unfreiheit sowie Unmündigkeit fristet. Nacheinander wird der Zuwachs an Wissen, Einsicht und Erkenntnis über den metaphorischen Höhlenaufstieg beschrieben. Dabei verdeutlicht Platon die Anstrengungen und Gefahren, die mit Bildung verbunden sein können. Ein gutes und gerechtes Handeln als Lebens- und Staatskunst, so der Hintergrund der *Politeia*, ist ohne diesen Aufstieg nicht denkbar.

Wilhelm von Humboldt

Im Anschluss an Platon erscheint mit dem Textfragment *Über die Bildung des Menschen* von Wilhelm von Humboldt (1767–1835) das Zeitalter der Aufklärung und des Neuhumanismus auf. Die Selbst- und Weltdeutungen der Moderne sind gänzlich andere als in der Antike, dennoch bleiben zentrale Denkfiguren von Bildung vergleichbar, gleichwohl sich die konkreten Problemgestalten historisch wandeln und verschieben.

Humboldt ist einer der Hauptvertreter des sogenannten Neuhumanismus. Für ihn steht die Bildung des Menschen und seine Welt als Bildungsgegenstand, der sprachlich vermittelt werden kann, im Zentrum seines Denkens und Arbeitens. Wilhelm Humboldt ist nicht nur ein preußischer Gelehrter, sondern zugleich Staatsmann und Bildungsreformer. Er ist u.a. 1809/10 Sektionsleiter für Kultus und Unterricht im preußischen Innenministerium und legt mit dem Königsberger und Litauischen Schulplan ein Modell für ein allgemeinbildendes gestuftes Bildungssystem vor. Ferner ist er an der Gründung der Berliner Universität, die das moderne Hochschulwesen begründet, richtungsweisend beteiligt. Der historische Hintergrund des Textfragmentes ist komplex: Zum einen ruht der Text auf den Fundamenten eines aufgeklärten Bildungsverständnisses, zum anderen steht er nach der Niederlage gegen Napoleon 1806 im Kontext und Umfeld der Aufgabe eines preußischen Neubeginns. Mit der Bildung des Menschen verbindet sich zu Beginn des 19. Jahrhunderts die aufgeklärte Hoffnung auf liberale politische Reformen, auf die Höherbildung des Individuums und der Kultur und den Fortschritt der Menschheit. Für Humboldt ist der Mensch – ganz im Sinne der Aufklärung – Zweck an sich selbst, kein Mittel zur Beförderung staatlicher oder ökonomischer Zwecke. Dem Individuum ist es aufgetragen, seine Kräfte „proportionierlich“ zu einem Ganzen zu bilden. Humboldt war dabei stets fasziniert von dem Gedanken der Vielfalt und opponierte Zeit seines Lebens gegen jede Einfalt und Uniformität. Für ihn bedarf Bildung der menschlichen Freiheit und der Mannigfaltigkeit der Situationen, in denen Menschen sich allererst bilden können.

Friedrich Nietzsche

Friedrich Nietzsche (1844–1900) widmet sich in seinen berühmten Vorträgen über die *Zukunft unserer Bildungsanstalten* der Kritik am Bildungssystem seiner Zeit – allen voran an der Institution Schule. Gleichwohl die Texte historisch in das Ende des 19. Jahrhunderts fallen, haben sie nicht an Aktualität und sachlicher Begründetheit eingebüßt. Friedrich Nietzsche wird nach seinem Studium der Theologie und klassischen Philologie bereits im Jahre 1869 Professor für klassische Philologie an der Universität Basel. Seine hier vorgestellten Vorträge aus dem Jahre 1872 entstammen also aus dieser frühesten Phase seines Schaffens, die noch sehr stark durch die Philosophie Arthur Schopenhauers (1788–1860) beeinflusst ist.

Das 19. Jahrhundert, in dem Nietzsche aufwächst, ist gekennzeichnet durch den flächendeckenden Ausbau des Bildungswesens. Neue Lehrpläne, Erlasse und Verordnungen prägen die Reformen im Bildungssektor. Über die Ausdifferenzierung der weiterführenden Schularten entsteht ein modernes Schulsystem. Zugleich wird die Lehrerbildung durch die Errichtung von Ausbildungsseminaren professionalisiert. Doch die Erwartungen, die man mit dem institutionellen Ausbau der Bildungssystems verknüpft, verkehren sich für Nietzsche in ihr Gegenteil. Er kritisiert den Verfall von Bildung – verglichen mit ihrem selbst gesetzten Anspruch –, ihre Sinnentleerung durch Prüfungen, Zertifikate, die Verrohung der Sprache und die dadurch bedingte fehlende Möglichkeit der Gestaltung von Leben und Kultur. Bildung erscheint ihm als bloßes Mittel, um andere, vor allem ökonomische Zwecke und persönliche Karrieren zu befördern. Der Bildungsanspruch und die Bildungsrealität stehen sich unversöhnlich gegenüber. Aber seine Kritik bezieht sich keineswegs nur auf die Schulen. Auch die universitäre Bildung ist nicht ausgenommen. Die Ausdifferenzierung der einzelnen Wissenschaftsdisziplinen seit Beginn der Moderne führt zum Verlust eines umfassenden Horizonts des Gelehrten und seiner allgemeinen Bildung, die sein Wissen und seine Forschungen in größere gesellschaftliche oder kulturelle Kontexte zu stellen vermögen. Nietzsches Basler Vorträge können historisch auch als ein Auftakt der reformpädagogischen Bewegungen des beginnenden 20. Jahrhunderts betrachtet werden, die seine Anbindung von Bildung an Kunst, Erleben und Erfahrungen teilen.

Theodor W. Adorno

Mit dem Text *Theorie der Halbbildung* aus dem Jahre 1959 von Theodor W. Adorno (1903–1969) wird eine gesellschaftskritische Perspektive auf Bildung thematisch. Für Adorno ist Bildung eine sozialisierte bürgerliche Lebensform und darin ein soziales Distinktionsmerkmal geworden. Adornos Vorstellungen sind geprägt von der kritischen Analyse der bürgerlich-kapitalistischen Gesellschaft sowie der Denkfigur einer negativen Dialektik, die darauf verweist, dass vielen philosophisch geprägten Begriffen ihre Verkehrung selbst innewohnt, eben auch dem Bildungsbegriff in Form der Halbbildung. Adorno ist vor allem Philosoph und Soziologe und zählt u.a. mit Max Horkheimer zu den berühmten Vertretern der „Frankfurter Schule“ („Kritische Theorie“). Adornos Texte sind vielfach geprägt von der Zeit des Nationalsozialismus und der Suche nach Antworten auf die nationalsozialistische Gewaltherrschaft und ihrem Verständnis. Seine Arbeiten zielen *in nuce* auf gesellschaftliche, kulturelle, ästhetische und pädagogische Prozesse, die in der Forderung kulminieren, dass „Auschwitz nicht noch einmal sei", so sein berühmtes Diktum.

Die Halbbildung, die Adorno im vorliegenden Text thematisiert, ist für ihn Ausdruck eines Bildungsverständnisses, das keinerlei gesellschaftskritisch-reflexive, ja widerständige Haltung gegenüber den realen menschlichen Verhältnissen kennt. Bildung erscheint nur noch als Pseudo-Wissen, das zu Markte getragen wird, als Signum einer kapitalistischen Gesellschaft, nicht als eine Fähigkeit des Menschen, das Ich und die Welt in der Spannung von Selbst- und Fremdbestimmung in ein zu gestaltendes Verhältnis zu setzen. Über diese Art von Bildung werden Herrschaftsverhältnisse, bei gleichzeitig suggerierter Freiheit und Gleichheit, verfestigt. Insbesondere die allseitige Verbreitung von Bildungsgütern und die Effekte der Kulturindustrie, die Bildung zur konsumierbaren, am Bewusstsein der Massen ausgerichteten Ware machen, verhindern, dass Bildung möglich wird. Die Verwertbarkeitslogik des Marktes diffamiert Kultur und Bildung zum reinen Konsumobjekt.

Helmut Heid

Helmut Heid (*1934), Universität Regensburg, beschäftigt sich seit vielen Jahren mit der Frage, ob und wie die ebenso verhängnisvolle wie traditionsreiche Kluft zwischen den beiden unversöhnlichen „Kulturen" wissenschaftlichen Handelns – hier zwischen Bildungsphilosophie und empirischer Bildungsforschung – überwunden oder besser noch: in eine produktive Wechselbeziehung transformiert werden kann. In seinem Beitrag sondiert er dieses Vorhaben aus erfahrungswissenschaftlicher Perspektive und unter besonderer Berücksichtigung wissenschaftstheoretischer Voraussetzungen.

Bildung ist ein zentraler Gegenstand bildungswissenschaftlicher Forschung. Deshalb ist auch die Frage nach dem Charakter dieses Gegenstands von zentraler Bedeutung. Ist Bildung ein – wie auch immer – beobachtbares Phänomen?

Spätestens seit der Forderung einer realistischen Wendung von Heinrich Roth (1906–1983) aus den frühen 1960er-Jahren erscheint diese Frage in einem neuen Licht. Roths Plädoyer für eine realistische Wendung hatte zwei Zielrichtungen: Sie enthielt eine Kritik an der Vernachlässigung gesellschaftlicher Rahmenbedingungen durch die seinerzeit dominierende geisteswissenschaftliche Orientierung. Und sie explizierte den Appell, Bildung endlich (auch einmal) empirisch zu erforschen, und diese empirische Orientierung nicht jenen benachbarten Disziplinen, wie der Psychologie oder der Soziologie, zu überlassen, die andere Fragestellungen bearbeiten und für die Beantwortung der Frage nach Bildung neue Leerstellen hinterlassen.

Einigkeit besteht nunmehr darin: Theorie und Empirie können nicht (länger) gegeneinander ausgespielt werden; sie stehen in einem komplementären Wechselverhältnis. Es gibt auch nicht „die" bildungswissenschaftliche Forschungsmethode, sondern vielfältige Erkenntnisinteressen und Fragestellungen, ebenso wie verschiedene bildungswissenschaftliche Spezialdisziplinen mit je eigenen Forschungstraditionen. Innerhalb jeder dieser Disziplinen werden unterschiedliche Forschungsmethoden verwendet. Und es gibt eine interdisziplinäre Kooperation zwischen benachbarten Disziplinen – u.a. der (pädagogischen) Psychologie oder der Soziologie. In dieser Kooperation hat die empirische Bildungswissenschaft ihre unentbehrliche und unersetzliche Funktion. Gerade dann, wenn die an dieser Forschung beteiligten Disziplinen die Voraussetzungen und Grenzen ihrer in der Wissenschaftsgeschichte legitimierten Zuständigkeiten beachten, kann diese Kooperation und auch der damit verbundene Methodenpluralismus die Wahrscheinlichkeit erhöhen, dass empirische Forschung dem gerecht wird, was aus welchen kritikoffenen Gründen auch immer Bildung genannt zu werden verdient.

Peter Bieri

Wie wäre es, gebildet zu sein?, so lautet die Frage von Peter Bieri (*1944), Professor für Philosophie an der FU Berlin und bekannter Schriftsteller unter dem Pseudonym Pascal Mercier. Bieri schaut nicht nur auf den Bildungsbegriff, sondern auch auf das Subjekt des Bildungsprozesses. Was zeichnet dieses Subjekt aus? Was gehört dazu, jemanden als gebildet zu bezeichnen oder ihm Bildung zu unterstellen? Die Antwort Bieris sucht nach einer zeitgemäßen Neuauslegung unseres Bildungsverständnisses.

Der Beitrag entsteht als Vortrag im November des Jahres 2005 anlässlich der Eröffnungsfeier der Pädagogischen Hochschule Bern. Historisch gehört dieser Text in die Phase der vielen Diskussionen um Bildung, die aus Anlass der Veränderungen durch PISA (Schulen) und durch den „Bologna-Prozess" (Universitäten) mit Beginn des 21. Jahrhunderts ausgelöst werden. Im Fokus dieser Diskussionen steht vor allem der Kompetenzbegriff, der den vermeintlich überholten und ideologiebelasteten Bildungsbegriff zunehmend zu ersetzen scheint und die Rolle einer gesellschaftlichen Orientierung an Kultur und Bildung einzunehmen sucht. Dieser Entwicklung folgt Bieri nicht: Entgegen überprüfbarer Kompetenzen und messbarer Skills richtet er sein Augenmerk gerade auf den Beitrag von Bildung im Kontext gesellschaftlich-kultureller Deutungs- und Handlungshorizonte. Wie viele Autorinnen und Autoren opponiert Bieri gegen eine Vorstellung von Bildung, die ähnlich der Ausbildung, der Qualifikation oder des Kompetenzerwerbs von außen bewirkt werden könne. In dieser Anbindung beschreibt er die zentralen Dimensionen von Bildung, die von einer als „gebildet" bezeichneten Person seiner Ansicht nach zu erwarten sind. Seine Vorstellungen vom Gebildetsein und von den notwendig damit zu verbindenden Merkmalen verweisen auf eine lange Bildungstradition und sind zugleich eng an die Vorstellungen der kritischen Konzeption der Aufklärung gebunden sowie der Aufgeschlossenheit gegenüber der Vielfalt moderner Lebensformen. Bildung – so könnte man formulieren – verändert in jedem Falle die Sicht auf sich, die anderen Menschen und die Welt.

Andreas Dörpinghaus

Der Text von Andreas Dörpinghaus (*1967) nimmt die Relation des Lernbegriffs in seinem Zusammenhang mit dem Verständnis von Bildung in den Blick. Dörpinghaus, Professor für Pädagogik und Bildungswissenschaftler der Universität Würzburg, wendet sich kritisch gegen das Dogma eines Lebenslangen Lernens, das sich seit dem Deutschen Bildungsrat aus dem Gedanken einer möglichst flexiblen Anpassung an die ökonomischen Erfordernisse der Zeit speist. Mit dem deutschen Bildungsrat und in der Folge wird das Lebenslange Lernen zu einem Habitus deklariert, der möglichst früh den Heranwachsenden anerzogen werden soll, um eine entsprechende Leistungsbereitschaft einzuüben. Besonders durchschlagend wird die Konzeption des Lebenslangen Lernens durch die machtvolle Einflussnahme der OECD, der Organisation für wirtschaftliche Zusammenarbeit und Entwicklung, die sowohl die PISA-Studien als auch hochschulpolitische Prozesse steuert. Dieses Verständnis von Lernen ist aus vielen Gründen pädagogisch reduktionistisch und steht einer komplexen Kultur des Lernens entgegen. Dörpinghaus erinnert an eine pädagogische Tradition und bildungstheoretische Auslegung von Lernen, die bis in die Antike zurückreichen. Dieser pädagogische Lernbegriff besteht gerade nicht in der bloßen Anpassung an bestehende Verhältnisse, vielmehr bietet er die Chance eines bildenden Lernens, das nicht lediglich Lern-Defizite ausgleicht. In dieser Anbindung geht es sodann auch um Lern-Inhalte oder um Erfahrungen, die je folgenreich für die eigene Biografie und den mündigen Lebensweg sind, aber stets im Eingedenken eines Bildungsverständnisses, das sich um die reflexive Gestaltung der menschlichen, persönlichen und gesellschaftlichen Verhältnisse bemüht. Am Ende wird die Frage eines pädagogischen Verständnisses von Persönlichkeit aufgeworfen, das sich von psychologischen Deutungsmustern abhebt und in der Tradition eines antiken Ethosgedankens steht.

1. Platon

Der Staat – Siebentes Buch

Textauszug aus Platon ([8]2004): Der Staat. In: Ders.: Sämtliche Werke, Bd. 2. Darmstadt, S. 248–288.

Die Gefesselten in der Höhle

Nach diesen Erörterungen, fuhr ich fort, betrachte nun unsere menschliche Anlage *vor* und *nach* ihrer Entwicklung mit dem in folgendem bildlich dargestellten Zustande: Stelle dir nämlich Menschen vor in einer höhlenartigen Wohnung unter der Erde, die einen nach dem Lichte zu geöffneten und längs der ganzen Höhle hingehenden Eingang habe, Menschen, die von Jugend auf an Schenkeln und Hälsen in Fesseln eingeschmiedet sind, so daß sie dort unbeweglich sitzenbleiben und nur vorwärts schauen, aber links und rechts die Köpfe wegen der Fesselung nicht umzudrehen vermögen; das Licht für sie scheine von oben und von der Ferne von einem Feuer hinter ihnen; zwischen dem Feuer und den Gefesselten sei oben ein Querweg; längs diesem denke dir eine kleine Mauer erbaut, wie sie die Gaukler vor dem Publikum haben, über die sie ihre Wunder zeigen.

Ich stelle mir das vor, sagte er.

So stelle dir nun weiter vor, längs dieser Mauer trügen Leute allerhand über diese hinausragende Gerätschaften, auch Menschenstatuen und Bilder von anderen lebenden Wesen aus Holz, Stein und allerlei sonstigem Stoffe, während, wie natürlich, einige der Vorübertragenden ihre Stimme hören lassen, andere schweigen.

Ein wunderliches Gleichnis, sagte er, und wunderliche Gefangene!

Leibhaftige Ebenbilder von uns! sprach ich. Haben wohl solche Gefangene von ihren eigenen Personen und von einander etwas anderes zu sehen bekommen als die Schatten, die von dem Feuer auf die ihrem Gesichte gegenüberstehende Wand fallen?

Unmöglich, sagte er, wenn sie gezwungen wären, ihr ganzes Leben lang unbeweglich die Köpfe zu halten.

Ferner, ist es nicht mit den vorübergetragenen Gegenständen ebenso?

Allerdings.

Wenn sie nun mit einander reden könnten, würden sie nicht an der Gewohnheit festhalten, den vorüberwandernden Schattenbildern, die sie sähen, dieselben Benennungen zu geben?

Notwendig.

Weiter: Wenn der Kerker auch einen Widerhall von der gegenüberstehenden Wand darböte, sooft jemand der Vorübergehenden sich hören ließe, – glaubst du wohl, sie würden den Laut etwas anderem zuschreiben als den vorüberschwebenden Schatten?

Nein, bei Zeus, sagte er, ich glaube es nicht.

Überhaupt also, fuhr ich fort, würden solche nichts für wahr gelten lassen als die Schatten jener Gebilde?

Ja, ganz notwendig, sagte er.

Befreiung

Betrachte nun, fuhr ich fort, wie es bei ihrer Lösung von ihren Banden und bei der Heilung von ihrem Irrwahne hergehen würde, wenn solche ihnen wirklich zuteil würde: Wenn einer entfesselt und genötigt würde, plötzlich aufzustehen, den Hals umzudrehen, herumzugehen, in das Licht zu sehen, und wenn er bei allen diesen Handlungen Schmerzen empfände und wegen des Glanzgeflimmers vor seinen Augen nicht jene Dinge anschauen könnte, deren Schatten er vorhin zu sehen pflegte: was würde er wohl dazu sagen, wenn ihm jemand erklärte, daß er vorhin nur ein unwirkliches Schattenspiel gesehen, daß er jetzt aber dem wahren Sein schon näher sei und sich zu schon wirklicheren Gegenständen gewandt habe und daher nunmehr auch schon richtiger sehe? Und wenn man ihm dann nun auf jeden der vorüberwandernden wirklichen Gegenstände zeigen und ihn durch Fragen zur Antwort nötigen wollte, was er sei, – glaubst du nicht, daß er ganz in Verwirrung geraten und die Meinung haben würde, die vorhin geschauten Schattengestalten hätten mehr Realität als die, welche er jetzt gezeigt bekomme?

Ja, bei weitem, antwortete er.

Und nicht wahr, wenn man ihn zwänge, in das Licht selbst zu sehen, so würde er Schmerzen an den Augen haben, davonlaufen und sich wieder jenen Schattengegenständen zuwenden, die er ansehen kann, und würde dabei bleiben, diese wären wirklich deutlicher als die, welche er gezeigt bekam?

So wird's gehen, meinte er.

Aufstieg zum Licht

Wenn aber, fuhr ich fort, jemand ihn aus dieser Höhle mit Gewalt durch den rauhen und steilen Aufgang zöge und ihn nicht losließe, bis er ihn an das Licht der Sonne herausgebracht hätte, – würde er da wohl nicht Schmerzen empfunden haben, über dieses Hinaufziehen aufgebracht werden und, nachdem er an das Sonnenlicht gekommen, die Augen voll Blendung haben und also gar nichts von den Dingen sehen können, die jetzt als wirkliche ausgegeben werden?

Er würde es freilich nicht können, sagte er, wenn der Übergang so plötzlich geschähe.

Also einer allmählichen Gewöhnung daran, glaube ich, bedarf er, wenn er die Dinge über der Erde schauen soll. Da würde er nun erstlich die Schatten am leichtesten anschauen können und die im Wasser von den Menschen und den übrigen Wesen sich abspiegelnden Bilder, sodann erst die wirklichen Gegenstände selbst. Nach diesen zwei Stufen würde er die Gegenstände am Himmel und den Himmel selbst erst des nachts, durch Gewöhnung seines Blickes an das Sternen- und Mondlicht, leichter schauen als am Tage die Sonne und das Sonnenlicht.

Ohne Zweifel.

Und endlich auf der vierten Stufe, denke ich, vermag er natürlich die Sonne, das heißt nicht ihre Abspiegelung im Wasser oder in sonst einer außer ihr befindlichen Körperfläche, sondern sie selbst in ihrer Reinheit und in ihrer eigenen Region anzublicken sowie ihr eigentliches Wesen zu beschauen.

Ja, notwendig, sagte er.

Erkenntnis

Und nach solchen Vorübungen würde er über sie die Einsicht gewinnen, daß *sie* die Urheberin der Jahreszeiten und Jahreskreisläufe ist, daß *sie* die Mutter von allen Dingen im Bereiche der sichtbaren Welt und von allen jenen allmählichen Anschauungen gewißermaßen die Ursache ist.

Ja, entgegnete er, offenbar muß er zu diesen Einsichten nach jenen Vorübungen gelangen.

Wenn er nun an seinen ersten Aufenthaltsort zurückdenkt und an die dortige Weisheit seiner Mitgefangenen: wird er da wohl nicht sich wegen seiner Veränderung glücklich preisen und jene bedauern?

Ja, sicher.

Und wenn damals bei ihnen Ehres- und Beifallsbezeugungen wechselseitig bestanden sowie Belohnungen für den schärfsten Beobachter der vorüberwandernden Schatten, ferner für das beste Gedächtnis daran, was vor, nach und mit ihnen zu kommen pflegte, und für die geschickteste Prophezeiung des künftig Kommenden: meinst du, daß er da danach Verlangen haben werde, daß er die bei jenen Höhlenbewohnern in Ehre Stehenden und Machthabenden beneidet? Oder daß es ihm geht, wie Homer sagt, und er *viel lieber als Tagelöhner bei einem anderen dürftigen Manne das Feld bestellen* und eher alles in der Welt über sich ergehen lassen will, als jene Meinungen und jenes Leben haben?

Letzteres glaube ich, sagte er, daß er nämlich sich eher allen Leiden unterziehen als jenes Leben führen wird.

Rückgang in die Höhle

Hierauf nun, fuhr ich fort, bedenke folgendes: Wenn ein solcher wieder hinunterkäme und sich wieder auf seinen Platz setzte: würde er da nicht die Augen voll Finsternis bekommen, wenn er plötzlich aus dem Sonnenlicht käme?

Ja, ganz sicherlich, sagte er.

Aber wenn er nun, während sein Blick noch verdunkelt wäre, wiederum im Erraten jener Schattenwelt mit jenen ewig Gefangenen wetteifern sollte, und zwar ehe seine Augen wieder zurechtgekommen wären – und die zu dieser Gewöhnung erforderliche Zeit dürfte nicht ganz klein sein–: würde er da nicht ein Gelächter veranlassen, und würde es nicht von ihm heißen, weil er hinaufgegangen wäre, sei er mit verdorbenen Augen zurückgekommen, und es sei nicht der Mühe wert, nur den Versuch zu machen, hinaufzugehen? Und wenn er sich gar erst unterstände, sie zu entfesseln und hinaufzuführen,– würden sie ihn nicht ermorden, wenn sie ihn in die Hände bekommen und ermorden könnten?

Ja, gewiß, antwortete er.

Sichtbare Welt versus Welt der Erkenntnis

Das Gleichnis hier also, mein lieber Glaukon, fuhr ich fort, ist nun in jeder Beziehung auf die vorhin ausgesprochenen Behauptungen anzuwenden: Die mittels des Gesichts sich uns offenbarende Welt vergleiche einerseits mit der Wohnung im unterirdischen Gefängnisse, und das Licht des Feuers in ihr mit dem Vermögen der Sonne; das Hinaufsteigen und das Beschauen der Gegenstände über der Erde andererseits stelle dir als den Aufschwung der Seele in die nur durch die Vernunft erkennbare Welt vor,– und du wirst dann meine subjektive Ansicht hierüber haben, dieweil du sie doch einmal zu hören verlangst; ein Gott mag aber wissen, ob sie objektiv wahr ist! Aber meine Ansichten hierüber sind nun einmal die: im Bereiche der Vernunfterkenntnis sei die Idee des Guten nur zu allerletzt und mühsam wahrzunehmen, und nach ihrer Anschauung müsse man zur Einsicht kommen, daß es für alle Dinge die Ursache von allen Regelmäßigkeiten und Schönheiten sei, indem es erstlich in der sichtbaren Welt das Licht und dessen Urprinzip erzeugt, sodann auch in der durch die Vernunft erkennbaren Welt selbst Urprinzip ist und sowohl die objektive Wahrheit als auch unsere Vernunfteinsicht gewährt; ferner zur Einsicht kommen, daß das Wesen des Guten ein jeder erkannt haben müsse, der verständig handeln will, sei es in seinem eigenen Leben oder im Leben des Staates. [...]

Seele

Ja, wenn jemand Verstand hat, fuhr ich fort, so erinnert er sich, daß zweierlei und von zweierlei Ursachen kommende Trübungen den Augen widerfahren, nämlich einmal, wenn sie aus dem Licht in die Finsternis, und dann, wenn sie aus der Finsternis ins Licht versetzt werden; und wenn er nun daran festhält, daß dieselben Erscheinungen in der Seele sich zutragen, so wird er nicht unvernünftig lachen, sooft er Verblüfftheit und Ungeschicktheit beim Erschauen eines Gegenstandes bei einer Seele bemerkt, sondern er wird untersuchen, ob sie aus einem lichtvolleren Leben herkomme und aus Ungewohnheit verfinstert wird, oder ob sie durch den Übergang aus einem ungebildeteren Zustande in einen lichtvolleren von dem helleren Lichtglanz verblüfft sei. Und demnach wird er erstere wegen ihres Zustandes und Lebens glücklich preisen, letztere aber bemitleiden; wenn er jedoch über letztere lachen wollte, so würde dieses Lachen ihm weniger Schande machen als das über eine aus dem Licht kommende Seele.

Ja, sagte er, sicher hast du recht. [...]

Aber die gegenwärtige Theorie, sprach ich weiter, deutet offenbar darauf hin, daß das Vermögen jenes Wissens ursprünglich in der Seele gelegen sei; das Organ, mit dem ein jeder erkennt, muß nur ebenso, wie wenn ein Auge nicht anders als mit dem ganzen Körper sich nach dem Hellen aus dem Dunklen umwenden könnte, mit der ganzen Seele aus dem Bereiche des wandelbaren Werdens umgelenkt werden, bis diese die Anschauung des reinen Seins und die der hellsten Region desselben ertragen kann; diese hellste Region ist aber nach unserer Erklärung das höchste, wesenhafteste Gute, nicht wahr?

Ja.

Umwendung

Jugendbildung, fuhr ich fort, wäre also von nichts anderem die Kunst als eben hiervon: von der Herumdrehung, auf welche Weise nämlich jenes Organ mit der möglichst größten Leichtigkeit und Wirksamkeit sich umwenden lasse, – nicht aber die Kunst, jenem ein Sehvermögen einzusetzen; sie muß vielmehr annehmen, daß jenes Organ dieses Vermögen schon besitze, daß es aber noch nicht die gehörige Richtung genommen habe und noch nicht dahin sähe, wohin es sehen sollte, und muß ihm hierzu behilflich sein.

Ja, offenbar, sagte er. [...]

Nun, sprach ich, ist nicht auch das natürlich, ja nach den vorausgeschickten Sätzen ganz notwendig, daß weder die geistig Ungebildeten und mit dem Reich der Wahrheit Unbekannten je ordentlich einen Staat verwalten, noch die, welche man mit geistiger Bildung ihr ganzes Leben lang sich abgeben läßt: erstere nicht, weil sie in ihrem Leben nicht ein bestimmtes Ziel haben, wonach sich alle Handlungen richten müßten, im Privatleben wie im Staat; letztere nicht, weil sie gutwillig sich mit keinen Geschäften abgeben wollen, indem sie meinen, sie seien schon bei ihrem Leben auf die Inseln der Seligen versetzt?

Ja, richtig, sagte er.

Verantwortung für den Staat

Da ist's für uns, fuhr ich fort, die Gründer des Staates, eine Aufgabe, die fähigsten Köpfe anzuhalten, daß sie zu jener Wissenschaft gelangen, die nach unserer vorigen Erklärung die größte ist, daß sie schauen das höchste, wesenhafteste Gut und den Weg zu ihm emporklimmen, und wenn sie nach diesem Emporklimmen sich satt geschaut haben, so dürfen wir ihnen nicht mehr die Erlaubnis geben, die sie jetzt haben.

Welche denn?

Dort droben, sprach ich, zu verweilen und sich nicht dazu zu verstehen, wieder herunterzusteigen zu jenen Gefangenen, sowie nicht Anteil zu nehmen an ihren Mühseligkeiten und an ihren Ehren, mögen letztere nun geringfügiger oder ernster Art sein. [...]

Reflexionsfragen:

- Wie lässt sich das Bild des Höhlengleichnisses auf Bildungsprozesse übertragen?
- Erklären Sie den Unterschied zwischen der sichtbaren Welt und der durch die Vernunft erkennbaren Welt.
- Welche Rolle spielt der erneute „Rückgang in die Höhle"?
- Zielt Bildung im platonischen Sinne auf das Individuum? Begründen Sie Ihre Ansicht.
- Welche „Fesseln", „Schatten" und „Trugbilder" verhindern aus Ihrer Sicht heutige Bildungsprozesse?

2. Wilhelm von Humboldt

Theorie der Bildung des Menschen

Textauszug aus: Humboldt, W. v. (1793/[4]2002): Theorie der Bildung des Menschen. Bruchstück. In: Ders.: Werke in fünf Bänden, Bd. 1. Darmstadt, S. 234–240.

I

Allgemeine Bildung

Es wäre ein grosses und trefliches Werk zu liefern, wenn jemand die eigenthümlichen Fähigkeiten zu schildern unternähme, welche die verschiedenen Fächer der menschlichen Erkenntniss zu ihrer glücklichen Erweiterung voraussetzen; den ächten Geist, in dem sie einzeln bearbeitet, und die Verbindung, in die sie alle mit einander gesetzt werden müssen, um die Ausbildung der Menschheit, als ein Ganzes, zu vollenden. Der Mathematiker, der Naturforscher, der Künstler, ja oft selbst der Philosoph beginnen nicht nur jetzt gewöhnlich ihr Geschäft, ohne seine eigentliche Natur zu kennen und es in seiner Vollständigkeit zu übersehen, sondern auch nur wenige erheben sich selbst späterhin zu diesem höheren Standpunkt und dieser allgemeineren Uebersicht. In einer noch schlimmeren Lage aber befindet sich derjenige, welcher, ohne ein einzelnes jener Fächer ausschliessend zu wählen, nur aus allen für seine Ausbildung Vortheil ziehen will. In der Verlegenheit der Wahl unter mehreren, und aus Mangel an Fertigkeit, irgend eins, aus den engeren Schranken desselben heraus, zu seinem eignen allgemeineren Endzweck zu benutzen, gelangt er nothwendig früher oder später dahin, sich allein dem Zufall zu überlassen und was er etwa ergreift, nur zu untergeordneten Absichten, oder bloss als ein zeitverkürzendes Spielwerk zu gebrauchen. Hierin liegt einer der vorzüglichsten Gründe der häufigen und nicht ungerechten Klagen, dass das Wissen unnütz und die Bearbeitung des Geistes unfruchtbar bleibt, dass zwar Vieles um uns her zu Stande gebracht, aber nur wenig in uns verbessert wird, und dass man über der höheren, und nur für Wenige tauglichen wissenschaftlichen Ausbildung des Kopfes die allgemeiner und unmittelbarer nützliche der Gesinnungen vernachlässigt.

Kräftebildung

Im Mittelpunkt aller besonderen Arten der Thätigkeit nemlich steht der Mensch, der ohne alle, auf irgend etwas Einzelnes gerichtete Absicht, nur die Kräfte seiner Natur stärken und erhöhen, seinem Wesen Werth und Dauer verschaffen will. Da jedoch die blosse Kraft einen Gegenstand braucht, an dem sie sich üben, und die blosse Form, der reine Gedanke, einen Stoff, in dem sie, sich darin ausprägend, fortdauern könne, so bedarf auch der Mensch einer Welt ausser sich. Daher entspringt sein Streben, den Kreis seiner Erkenntniss und seiner Wirksamkeit zu erweitern, und ohne dass er sich selbst deutlich dessen bewusst ist, liegt es ihm nicht eigentlich an dem, was er von jener erwirbt, oder vermöge dieser ausser sich hervorbringt, sondern nur an seiner inneren Verbesserung und Veredlung, oder wenigstens an der Befriedigung der innern Unruhe, die ihn verzehrt. Rein und in seiner Endabsicht betrachtet, ist sein Denken immer nur ein Versuch seines Geistes, vor sich selbst verständlich, sein Handeln ein Versuch seines Willens, in sich frei und unabhängig zu werden, seine ganze äussre Geschäftigkeit überhaupt aber nur ein Streben, nicht in sich müssig zu bleiben. Bloss weil beides, sein Denken und sein Handeln nicht anders, als nur vermöge eines Dritten, nur vermöge des Vorstellens und des Bearbeitens von etwas möglich ist, dessen eigentlich unterscheidendes Merkmal es ist, NichtMensch, d.i. Welt zu seyn, sucht er, soviel Welt, als möglich zu ergreifen, und so eng, als er nur kann, mit sich zu verbinden.

Verknüpfung mit der Welt

Die letzte Aufgabe unsres Daseyns: dem Begriff der Menschheit in unsrer Person, sowohl während der Zeit unsres Lebens, als auch noch über dasselbe hinaus, durch die Spuren des lebendigen Wirkens, die wir zurücklassen, einen so grossen Inhalt, als möglich, zu verschaffen, diese Aufgabe löst sich allein durch die Verknüpfung unsres Ichs mit der Welt zu der allgemeinsten, regesten und freiesten Wechselwirkung. Diess allein ist nun auch der eigentliche Massstab zur Beurtheilung der Bearbeitung jedes Zweiges menschlicher Erkenntniss. Denn nur diejenige Bahn kann in jedem die richtige seyn, auf welcher das Auge ein unverrücktes Fortschreiten bis zu diesem letzten Ziele zu verfolgen im Stande ist, und hier allein darf das Geheimniss gesucht werden, das, was sonst ewig todt und unnütz bleibt, zu beleben und zu befruchten.

sinnvoll

Die Verknüpfung unsres Ichs mit der Welt scheint vielleicht auf den ersten Anblick nicht nur ein unverständlicher Ausdruck, sondern auch ein überspannter Gedanke. Bei genauerer Untersuchung aber wird wenigstens der letztere Verdacht verschwinden, und es wird sich zeigen, dass, wenn man einmal das wahre Streben des menschlichen Geistes […] aufsucht, man unmöglich bei etwas Geringerem stehen bleiben kann.

Veredelung und Steigerung

Was verlangt man von einer Nation, einem Zeitalter, von dem ganzen Menschengeschlecht, wenn man ihm seine Achtung und seine Bewunderung schenken soll? Man verlangt, dass Bildung, Weisheit und Tugend so mächtig und allgemein verbreitet, als möglich, unter ihm herrschen, dass es seinen innern Werth so hoch steigern, dass der Begriff der Menschheit, wenn man ihn von ihm, als dem einzigen Beispiel, abziehen müsste, einen grossen und würdigen Gehalt gewönne. Man begnügt sich nicht einmal damit. Man fordert auch, dass der

Mensch den Verfassungen, die er bildet, selbst der leblosen Natur, die ihn umgiebt, das Gepräge seines Werthes sichtbar aufdrücke, ja dass er seine Tugend und seine Kraft (so mächtig und so allwaltend sollen sie sein ganzes Wesen durchstralen) noch der Nachkommenschaft einhauche, die er erzeugt. Denn nur so ist eine Fortdauer der einmal erworbenen Vorzüge möglich, und ohne diese, ohne den beruhigenden Gedanken einer gewissen Folge in der Veredlung und Bildung, wäre das Daseyn des Menschen vergänglicher, als das Daseyn der Pflanze, die, wenn sie hinwelkt, wenigstens gewiss ist, den Keim eines ihr gleichen Geschöpfs zu hinterlassen.

Wechselwirkung

Beschränken sich indess auch alle diese Forderungen nur auf das innere Wesen des Menschen, so dringt ihn doch seine Natur beständig von sich aus zu den Gegenständen ausser ihm überzugehen, und hier kommt es nun darauf an, dass er in dieser Entfremdung nicht sich selbst verliere, sondern vielmehr von allem, was er ausser sich vornimmt, immer das erhellende Licht und die wohlthätige Wärme in sein Innres zurückstrale. Zu dieser Absicht aber muss er die Masse der Gegenstände sich selbst näher bringen, diesem Stoff die Gestalt seines Geistes aufdrücken und beide einander ähnlicher machen. In ihm ist vollkommene Einheit und durchgängige Wechselwirkung, beide muss er also auch auf die Natur übertragen; in ihm sind mehrere Fähigkeiten, ihm denselben Gegenstand in verschiedenen Gestalten, bald als Begriff des Verstandes, bald als Bild der Einbildungskraft, bald als Anschauung der Sinne vor seine Betrachtung zu führen. Mit allen diesen, wie mit ebensoviel verschiedenen Werkzeugen, muss er die Natur aufzufassen versuchen, nicht sowohl um sie von allen Seiten kennen zu lernen, als vielmehr um durch diese Mannigfaltigkeit der Ansichten die eigene inwohnende Kraft zu stärken, von der sie nur anders und anders gestaltete Wirkungen sind. Gerade aber diese Einheit und Allheit bestimmt den Begriff der Welt. Allein auch ausserdem finden sich nun in eben diesem Begriff in vollkommenem Grade die Mannigfaltigkeit, mit welcher die äusseren Gegenstände unsre Sinne rühren, und das eigne selbstständige Daseyn, wodurch sie auf unsre Empfindung einwirken. Denn nur die Welt umfasst alle nur denkbare Mannigfaltigkeit und nur sie besitzt eine so unabhängige Selbstständigkeit, dass sie dem Eigensinn unsres Willens die Gesetze der Natur und die Beschlüsse des Schicksals entgegenstellt.

Empfänglichkeit und Selbsttätigkeit

Was also der Mensch nothwendig braucht, ist bloss ein Gegenstand, der die Wechselwirkung seiner Empfänglichkeit mit seiner Selbstthätigkeit möglich mache. Allein wenn dieser Gegenstand genügen soll, sein ganzes Wesen in seiner vollen Stärke und seiner Einheit zu beschäftigen; so muss er der Gegenstand schlechthin, die Welt seyn, oder doch (denn diess ist eigentlich allein richtig) als solcher betrachtet werden. Nur um der zerstreuenden und verwirrenden Vielheit zu entfliehen, sucht man Allheit; um sich nicht auf eine leere und unfruchtbare Weise ins Unendliche hin zu verlieren, bildet man einen, in jedem Punkt leicht übersehbaren Kreis; um an jeden Schritt, den man vorrückt, auch die Vorstellung des letzten Zwecks anzuknüpfen, sucht man das zerstreute Wissen und Handeln in ein geschlossenes, die blosse Gelehrsamkeit in eine gelehrte Bildung, das bloss unruhige Streben in eine weise Thätigkeit zu verwandeln.

II

Erhöhung und Veredelung

Dies aber nun würde gerade durch ein Werk, wie das obenerwähnte auf die kräftigste Weise befördert werden. Denn bestimmt, die mannigfaltigen Arten menschlicher Thätigkeit in den Richtungen, die sie dem Geiste geben, und den Forderungen, die sie an ihn machen, zu betrachten und zu vergleichen, führte es geradezu in den Mittelpunkt, zu dem alles, was eigentlich auf uns einwirken soll, nothwendig gelangen muss. Von ihm geleitet, flüchtete sich die Betrachtung aus der Unendlichkeit der Gegenstände in den engeren Kreis unsrer Fähigkeiten und ihres mannigfaltigen Zusammenwirkens; das Bild unsrer Thätigkeit, die wir sonst nur stückweise, und in ihren äussern Erfolgen erblicken, zeigte sich uns hier, wie in einem zugleich erhellenden und versammelnden Spiegel, in unmittelbarer Beziehung auf unsre innere Bildung. Den Einfluss, den jedes Geschäft des Lebens auf diese ausüben kann, leicht und fasslich übersehend, fände vorzüglich derjenige seine Belehrung darin, dem es nur um die Erhöhung seiner Kräfte und die Veredlung seiner Persönlichkeit zu thun ist.

Zugleich aber lernt der, welcher eine einzelne Arbeit verfolgt, nur da sein Geschäft in seinem ächten Geist und in einem grossen Sinne ausführen. Er will nicht mehr bloss dem Menschen Kenntnisse oder Werkzeuge zum Gebrauch zubereiten, nicht mehr nur einen einzelnen Theil seiner Bildung befördern helfen; er kennt das Ziel, das ihm gesteckt ist, er sieht ein, dass, auf die rechte Weise betrieben, sein Geschäft dem Geiste eine eigne und neue Ansicht der Welt und dadurch eine eigne und neue Stimmung seiner selbst geben, dass er von der Seite, auf der er steht, seine ganze Bildung vollenden kann; und dies ist es, wohin er strebt. Wie er aber nur für die Kraft und ihre Erhöhung arbeitet, so thut er sich auch nur Genüge, wenn er die seinige vollkommen in seinem Werke ausprägt. Nun aber wird das Ideal grösser, wenn man darin die Anstrengung, die es erreichen, als wenn man den Gegenstand ausmisst, den es darstellen soll. Ueberall hat das Genie nur die Befriedigung des innern Dranges zum Zweck, der es verzehrt, und der Bildner z. B. will nicht eigentlich das Bild eines Gottes darstellen, sondern die Fülle seiner plastischen Einbildungskraft in dieser Gestalt ausdrücken und heften. Jedes Geschäft kennt eine ihm eigenthümliche Geistesstimmung, und nur in ihr liegt der ächte Geist seiner Vollendung. Aeussere Mittel es auszuführen giebt es immer mehrere, aber die Wahl unter ihnen kann nur jene, nur ob sie geringere oder vollere Befriedigung findet, bestimmen.

Mannigfaltigkeit

Das Verfahren unseres Geistes, besonders in seinen geheimnissvolleren Wirkungen, kann nur durch tiefes Nachdenken und anhaltende Beobachtung seiner selbst ergründet werden. Aber es ist selbst damit noch wenig geschehen, wenn man nicht zugleich auf die Verschiedenheit der Köpfe, auf die Mannigfaltigkeit der Weise Rücksicht nimmt, wie sich die Welt in verschiedenen Individuen spiegelt. Jenes Werk müsste daher zugleich auch diese Mannigfaltigkeit schildern, und dürfte unter denen, die sich in irgend einem Fache hervorgethan haben, niemanden übergehen, durch den dasselbe eine neue Gestalt, oder einen erweiterten Begriff gewonnen hätte. Diese müsste es in ihrer vollständigen Individualität, und dem ganzen Einflusse zeichnen, den ihr Zeitalter und ihre Nation auf sie ausgeübt hätte. Dadurch nun übersähe man nicht nur die mannigfaltigen Arten, wie jedes einzelne Fach berarbeitet werden kann, sondern auch die Folge, in der eine nach und nach aus der andern entspringt. Da jedoch diese Folge immer wieder durch den Einfluss des Nationalcharakters, des Zeitalter und der äussern Umstände überhaupt unterbrochen wird, so erhielte man zwei verschiedene aber immer gegenseitig auf einander einwirkende Reihen: die eine der Veränderungen, welche irgend eine Geistesthätigkeit nach und nach in ihrem Fortschreiten gewinnt, die andre derjenigen, welche der Charakter der Menschen in einzelnen Nationen und Zeiten sowohl, als im Ganzen, durch die Beschäftigungen annimmt, die er nach und nach ergreift; und in beiden zeigten sich ausserdem die Abweichungen, durch die genievolle Individuen diesen sonst ununterbrochen fortschreitenden Naturgang plötzlich stören, und ihre Nation oder ihr Zeitalter auf einmal in andre, neue Aussichten eröfnende Bahnen hinschleudern.

Allein nur, indem man dies schrittweise verfolgt und am Ende im Ganzen überschaut, gelangt man dahin, sich vollkommne Rechenschaft abzulegen, wie die Bildung des Menschen durch ein regelmässiges Fortschreiten Dauer gewinnt, ohne doch in die Einförmigkeit auszuarten, mit welcher die körperliche Natur, ohne jemals etwas Neues hervorzubringen, immer nur von neuem dieselben Umwandlungen durchgeht.

Reflexionsfragen:

- Welches Menschenbild liegt der von Humboldt'schen Bildungskonzeption zugrunde?
- In welchem Verhältnis stehen Mensch und Welt?
- Erläutern Sie die Beziehung zwischen Ausbildung und allgemeiner Menschenbildung.
- Beschreiben Sie den Kerngedanken einer „allgemeinsten, regesten und freiesten Wechselwirkung“ mit eigenen Worten.
- Diskutieren Sie die Aktualität dieses neuhumanistischen Bildungsverständnisses.

3. Friedrich Nietzsche

Vorträge über die Zukunft unserer Bildungsanstalten

Textauszüge aus: Nietzsche, F. (1872/1973): Ueber die Zukunft unserer Bildungsanstalten. In: Ders.: Werke in drei Bänden, Bd. 3. München, S. 177–263.

Erster Vortrag
(Gehalten am 16. Januar 1872)

Meine verehrten Zuhörer,
das Thema, über das Sie gesonnen sind, mit mir nachzudenken, ist so ernsthaft und wichtig und in einem gewissen Sinne so beunruhigend, daß auch ich,

gleich Ihnen, zu jedem Beliebigen gehen würde, der über dasselbe etwas zu lehren verspräche. [...] Ich bin einmal durch seltsame, im Grunde recht harmlose Umstände Ohrenzeuge eines Gesprächs gewesen, welches merkwürdige Männer über eben jenes Thema führten, und habe die Hauptpunkte ihrer Betrachtungen und die ganze Art und Weise, wie sie diese Frage anfaßten, viel zu fest meinem Gedächtnis eingeprägt, um nicht selbst immer, wenn ich über ähnliche Dinge nachdenke, in dasselbe Geleise zu gerathen [...]. Um so mehr schien es mir nützlich, ein solches Gespräch endlich einmal schriftlich zu fixieren, um auch andere noch zum Urteil über so auffallende Ansichten und Aussprüche aufzureizen [...].

Erweiterung und Verringerung der Bildung

[...] „Ich will Ihnen nichts verbergen, mein Lehrer", sagte hier der Begleiter. „Ich habe zu viel von Ihnen gehört und bin zu lange in Ihrer Nähe gewesen, um mich unserem jetzigen Bildungs- und Erziehungswesen noch mit Haut und Haar hingeben zu können. Ich empfinde zu deutlich jene heillosen Irrtümer und Mißstände, auf die Sie mit dem Finger zu zeigen pflegten – und doch merke ich wenig von der Kraft in mir, mit der ich, bei tapferem Kampfe, Erfolge haben würde. Eine allgemeine Mutlosigkeit überkam mich; die Flucht in die Einsamkeit war nicht Hochmuth, nicht Überhebung. Ich will Ihnen gern beschreiben, welche Signatur ich an den jetzt so lebhaft und zudringlich sich bewegenden Bildungs- und Erziehungsfragen vorgefunden habe. Es schien mir, daß ich zwei Hauptrichtungen unterscheiden müsse – zwei scheinbar entgegengesetzte, in ihrem Wirken gleich verderbliche, in ihren Resultaten endlich zusammenfließende Strömungen beherrschen die Gegenwart unsrer Bildungsanstalten: einmal der Trieb nach möglichster *Erweiterung* und *Verbreitung* der Bildung, dann der Trieb nach *Verringerung* und *Abschwächung* der Bildung selbst. Die Bildung soll aus verschiedenen Gründen in die allerweitesten Kreise getragen werden – das verlangt die eine Tendenz. Die andere mutet dagegen der Bildung selbst zu, ihre höchsten, edelsten und erhabendsten Ansprüche aufzugeben und sich im Dienste irgendeiner andern Lebensform, etwa des Staates zu bescheiden.

Ich glaube bemerkt zu haben, von welcher Seite aus der Ruf nach möglichster Erweiterung und Ausbreitung der Bildung am deutlichsten erschallt. Diese Erweiterung gehört unter die beliebten nationalökonomischen Dogmen der Gegenwart. Möglichst viel Erkenntnis und Bildung – daher möglichst viel Produktion und Bedürfnis – daher möglichst viel Glück – so lautet etwa die Formel. Hier haben wir den Nutzen als Ziel und Zweck der Bildung, noch genauer

Zeitgemäße Bildung

den Erwerb, den möglichst großen Geldgewinn. Die Bildung würde ungefähr von dieser Richtung aus definiert werden als die Einsicht, mit der man sich „auf der Höhe seiner Zeit" hält, mit der man alle Wege kennt, auf denen am leichtesten Geld gemacht wird, mit der man alle Mittel beherrscht, durch die der Verkehr zwischen Menschen und Völkern geht. Die eigentliche Bildungsaufgabe wäre demnach, möglichst ‚courante' Menschen zu bilden, in der Art dessen, was man an einer Münze ‚courant' nennt. Je mehr es solche courante Menschen gäbe, um so glücklicher sei ein Volk: und gerade das müsse die Absicht der modernen Bildungsinstitute sein, jeden so weit zu fördern, als es in seiner Natur liegt, ‚courant' zu werden, jeden derartig auszubilden, daß er von seinem Maß von Erkenntnis und Wissen das größtmögliche Maß von Glück und Gewinn hat. Ein jeder müsse sich selbst genau taxieren können, er müsse wissen, wie viel er vom Leben zu fordern habe. Der ‚Bund von Intelligenz und Besitz', den man nach diesen Anschauungen behauptet, gilt geradezu als eine sittliche Anforderung. Jede Bildung ist hier verhaßt, die einsam macht, die über Geld und Erwerb hinaus Ziele steckt, die viel Zeit verbraucht: man pflegt wohl solche andere Bildungstendenzen als ‚höheren Egoismus', als ‚unsittlichen Bildungsepikureismus' abzutun. Nach der hier geltenden Sittlichkeit wird freilich etwas Umgekehrtes verlangt, nämlich eine *rasche* Bildung, um schnell ein geldverdienendes Wesen werden zu können, und doch eine so gründliche Bildung, um ein *sehr viel* Geld verdienendes Wesen werden zu können. Dem Menschen wird nur so viel Kultur gestattet als im Interesse des Erwerbs ist, aber so viel wird auch von ihm gefordert. Kurz: die Menschheit hat einen notwendigen Anspruch auf Erdenglück – darum ist die Bildung notwendig – aber auch nur darum!"

„Hier will ich etwas einschalten", sagte der Philosoph. „Bei dieser nicht undeutlich charakterisierten Anschauung entsteht die große, ja ungeheure Gefahr, daß die große Masse irgendwann einmal die Mittelstufe überspringt und direkt auf dieses Erdenglück losgeht. Das nennt man jetzt die ‚soziale Frage'. Es möchte nämlich dieser Masse so scheinen, daß demnach die Bildung für den größten Teil der Menschen nur ein Mittel für das Erdenglück der wenigsten sei: die ‚möglichst allgemeine Bildung' schwächt die Bildung so ab, daß sie gar keine Privilegien und gar keinen Respekt mehr verleihen kann. Die allerallgemeinste Bildung ist eben die Barbarei. Doch ich will deine Erörterung nicht unterbrechen." […]

Verminderung der Bildung

„[…] Dagegen wollte es mir erscheinen, als ob zwar nicht so laut, aber mindestens so nachdrücklich von verschiedenen Seiten aus eine andere Weise angestimmt würde, die Weise von der *Verminderung der Bildung*. Man pflegt sich etwas von dieser Weise in allen gelehrten Kreisen ins Ohr zu flüstern: die allgemeine Tatsache, daß mit der jetzt angestrebten Ausnützung des Gelehrten im Dienste seiner Wissenschaft die *Bildung* des Gelehrten immer zufälliger und unwahrscheinlicher werde. Denn so in die Breite ausgedehnt ist jetzt das Studium der Wissenschaften, daß, wer, bei guten, wenngleich nicht extremen Anlagen, noch in ihnen etwas leisten will, ein ganz spezielles Fach betreiben wird, um alle übrigen dann aber unbekümmert bleibt. Wird er nun schon in seinem Fach über dem *vulgus* stehen, in allem Übrigen gehört er doch zu ihm, das heißt in allen Hauptsachen. So ein exklusiver Fachgelehrter ist dann dem Fabrikarbeiter ähnlich, der sein Leben lang nichts anderes macht als eine bestimmte Schraube oder Handhabe zu einem bestimmten Werkzeug oder zu einer Maschine, worin er dann freilich eine unglaubliche Virtuosität erlangt. In Deutschland, wo man versteht, auch solchen schmerzlichen Tatsachen einen gloriosen Mantel des Gedankens überzuhängen, bewundert man wohl gar diese enge Fachmäßigkeit unserer Gelehrten und ihre immer weitere Abirrung von der rechten Bildung als ein sittliches Phänomen: die ‚Treue im Kleinen', die ‚Kärrnertreue' wird zum Prunkthema, die Unbildung jenseits des Fachs wird als Zeichen edler Genügsamkeit zur Schau getragen.

Wissenschaftskritik

Es sind Jahrhunderte vergangen, in denen es sich von selbst verstand, daß man unter einem Gebildeten den Gelehrten und nur den Gelehrten begriff; von den Erfahrungen unserer Zeit aus würde man sich schwerlich zu einer so naiven Gleichstellung veranlaßt fühlen. Denn jetzt ist die Ausbeutung eines Menschen zugunsten der Wissenschaften die ohne Anstand überall angenommene Voraussetzung: wer fragt sich noch, was eine Wissenschaft wert sein mag, die so vampyrartig ihre Geschöpfe verbraucht? Die Arbeitsteilung in der Wissenschaft ist strebt praktisch nach dem gleichen Ziele, nach dem hier und da die Religionen mit Bewußtsein streben: nach einer Verringerung der Bildung, ja nach einer Vernichtung derselben. Was aber für einige Religionen, gemäß ihrer Entstehung und Geschichte, ein durchaus berechtigtes Verlangen ist, dürfte für die Wissenschaft irgendwann einmal eine Selbstverbrennung herbeiführen. Jetzt sind wir bereits auf dem Punkte, daß in allen allgemeinen Fragen ernsthafter Natur, vor allem in den höchsten philosophischen Problemen der wissenschaftliche Mensch als solcher gar nicht mehr zu Worte kommt: wohingegen jene klebrige verbindende Schicht, die sich jetzt zwischen die Wissenschaften gelegt hat, die Journalistik, hier ihre Aufgabe zu erfüllen glaubt und sie nun ihrem Wesen gemäß ausführt, das heißt wie der Name sagt, als eine Tagelöhnerei.

Journalistik

In der Journalistik fließen nämlich fließen die beiden Richtungen zusammen: Erweiterung und Verminderung der Bildung reichen sich hier die Hand; das Journal tritt geradezu an die Stelle der Bildung, und wer, auch als Gelehrter, jetzt noch Bildungsansprüche macht, pflegt sich an jene klebrige Vermittlungsschicht anzulehnen, die zwischen allen Lebensformen, allen Ständen, allen Künsten, allen Wissenschaften die Fugen verkittet und die so fest und zuverlässig ist wie eben Journalpapier zu sein pflegt. Journal kulminiert die eigentümliche Bildungsabsicht der Gegenwart: wie ebenso der Journalist, der Diener des Augenblicks, an die Stelle des großen Genius, des Führers für alle Zeiten, des Erlösers vom Augenblick, getreten ist. Nun sagen Sie mir selbst, mein ausgezeichneter Meister, was ich mir für Hoffnungen machen sollte, im Kampfe gegen eine überall erreichte Verkehrung aller eigentlichen Bildungsbestrebungen, mit welchem Mute ich, als einzelner Lehrer, auftreten dürfte, wenn ich doch weiß, wie über jede eben gestreute Saat wahrer Bildung sofort schonungslos die zermalmende Walze dieser Pseudo-Bildung hinweggehn würde? Denken Sie sich, wie nutzlos jetzt die angestrengteste Arbeit des Lehrers sein muß, der etwa einen Schüler in die unendliche ferne und schwer zu ergreifende Welt des Hellenischen, als in die eigentliche Bildungsheimat zurückführen möchte: wenn doch derselbe Schüler in der nächsten Stunde nach einer Zeitung oder nach einem Zeitroman oder nach einem jener gebildeten Bücher greifen wird, deren Stilistik schon das ekelhafte Wappen der jetzigen Bildungsbarbarei an sich trägt." [...]

Zweiter Vortrag
(Gehalten am 6. Februar 1872) [...]

Klassische Bildung

„[...] Am wenigsten wohl merkt man, in Hinsicht der Sprache, etwas von dem Einflusse des *klassischen Vorbildes:* weshalb mir schon von dieser einen Erwägung aus die sogenannte ‚klassische Bildung', die von unserem Gymnasium ausgehn soll, als etwas sehr Zweifelhaftes und Mißverständliches erscheint. Denn wie könnte man, bei einem Blicke auf jenes Vorbild, den ungeheuren Ernst übersehn, mit dem der Grieche und Römer seine Sprache von den Jünglingsjahren an betrachtet und behandelt – wie könnte man sein Vorbild in einem solchen Punkte verkennen, wenn anders wirklich noch die klassisch-hellenische und römische Welt als höchstes belehrendes Muster dem Erziehungsplan unserer Gymnasien vorschwebte: woran ich wenigstens zweifle. Vielmehr scheint es sich, bei dem Anspruche des Gymnasiums ‚klassische Bildung' zu pflegen, nur um eine verlegene Ausrede zu handeln, welche dann angewendet wird, wenn von irgendeiner Seite her dem Gymnasium die Befähigung, zur Bildung zu erziehen, abgesprochen wird. Klassische Bildung! Es klingt so würdevoll! Es beschämt den Angreifenden, es verzögert den Angriff – denn wer vermag gleich dieser verwirrenden Formel bis auf den Grund zu sehn! Und das ist die längst gewohnte Taktik des Gymnasiums: je nach der Seite, von der aus der Ruf zum Kampfe erschallt, schreibt es auf sein nicht gerade mit Ehrenzeichen geschmücktes Schild eines jener verwirrenden Schlagworte ‚klassische Bildung', ‚formale Bildung' oder ‚Bildung zur Wissenschaft': drei gloriose Dinge, die nur leider teils in sich, teils untereinander im Widerspruch sind und die, wenn sie gewaltsam zusammengebracht würden, nur einen Bildungstragelaph hervorbringen müssten. Denn eine wahrhafte ‚klassische Bildung' ist etwas so unerhört Schweres und Seltenes und fordert eine so komplizierte Begabung, daß es nur der Naivität oder der Unverschämtheit vorbehalten ist, diese als erreichbares Ziel des Gymnasiums zu versprechen. Die Bezeichnung ‚formale Bildung' gehört unter die rohe, unphilosophische Phraseologie, deren man sich möglichst entschlagen muß: denn es gibt keine ‚materielle Bildung'. Und wer die ‚Bildung zur Wissenschaft' als das Ziel des Gymnasiums aufstellt, gibt damit die ‚klassische Bildung' und die sogenannte ‚formale Bildung', überhaupt das ganze Bildungsziel des Gymnasiums preis: denn der wissenschaftliche Mensch und der gebildete Mensch gehören zwei verschiedenen Sphären an, die hier und da sich in *einem* Individuum berühren, nie aber miteinander zusammenfallen.

Gymnasialer Unterricht

Vergleichen wir diese drei angeblichen Ziele des Gymnasiums mit der Wirklichkeit, die wir in betreff des deutschen Unterrichts beobachteten, [so erkennen wir], was diese Ziele zumeist im gewöhnlichen Gebrauche sind: Verlegenheitsausflüchte, für den Kampf und Krieg erdacht und wirklich auch zur

Betäubung des Gegners oft genug geeignet. Denn wir vermochten am deutschen Unterricht nichts zu erkennen, was irgendwie an das klassisch-antike Vorbild, an die antike Großartigkeit der sprachlichen Erziehung erinnerte: die ‚formale Bildung' aber, die durch den besagten deutschen Unterricht erreicht wird, erwies sich als das absolute Belieben der ‚freien Persönlichkeit', das heißt als Barbarei und Anarchie; und was die Heranbildung zur Wissenschaft als Folge jenes Unterrichtes betrifft, so werden unsre Germanisten mit Billigkeit abzuschätzen haben, wie wenig zur Blüte ihrer Wissenschaft gerade jene gelehrtenhaften Anfänge auf dem Gymnasium, wie viel die Persönlichkeit einzelner Universitätslehrer beigetragen hat. – In Summa: das Gymnasium versäumt bis jetzt das allererste und nächste Objekt, an dem die wahre Bildung beginnt, die Muttersprache: damit aber fehlt ihm der natürliche fruchtbare Boden für alle weiteren Bildungsbemühungen. Denn erst auf Grund einer strengen, künstlerisch sorgfältigen sprachlichen Zucht und Sitte erstarkt das richtige Gefühl für die Größe unserer Klassiker, deren Anerkennung von seiten des Gymnasiums bis jetzt fast nur auf zweifelhaften ästhetisierenden Liebhabereien einzelner Lehrer oder auf der rein stofflichen Wirkung gewisser Tragödien und Romane ruht: man muß aber selbst aus Erfahrung wissen, wie schwer die Sprache ist, man muß nach langem Suchen und Ringen auf die Bahn gelangen, auf der unsre großen Dichter schritten, um nachzufühlen, wie leicht und schön sie auf ihr schritten, und wie ungelenk oder gespreizt die andern hinter ihnen dreinfolgen.

Bildung und Sprache

Erst durch eine solche Zucht bekommt der junge Mensch jenen physischen Ekel vor der so beliebten und so gepriesenen ‚Eleganz' des Stils unsrer Zeitungsfabrik-Arbeiter und Romanschreiber, vor der ‚gewählten Diktion' unserer Literaten [...]. Glaube niemand, daß es leicht ist, sein Gefühl bis zu jenem physischen Ekel auszubilden: aber hoffe auch niemand auf einem anderen Wege zu einem ästhetischen Urteile zu kommen als auf dem dornigen Pfade der Sprache, und zwar nicht der sprachlichen Forschung, sondern der sprachlichen Selbstzucht.

Hier muß es jedem ernsthaft sich Bemühenden so ergehen, wie demjenigen, der als erwachsener Mensch, etwa als Soldat, genötigt ist gehen zu lernen, nachdem er vorher im Gehen roher Dilettant und Empiriker war. Es sind mühselige Monate: man fürchtet, daß die Sehnen reißen möchten, man verliert alle Hoffnung, daß die künstlich und bewusst erlernten Bewegungen und Stellungen der Füße jemals bequem und leicht ausgeführt werden: man sieht mit Schrecken, wie ungeschickt und roh man Fuß vor Fuß setzt, und fürchtet jedes Gehen verlernt zu haben und das rechte Gehen nie zu lernen. Und plötzlich wiederum merkt man, daß aus den künstlich eingeübten Bewegungen bereits wieder eine neue Gewohnheit und zweite Natur geworden ist, und daß die alte Sicherheit und Kraft des Schrittes gestärkt und selbst mit einiger Grazie im Gefolge zurückkehrt: jetzt weiß man auch, wie schwer das Gehen ist, und darf sich über den rohen Empiriker oder über den elegant sich gebärdenden Dilettanten des Gehens lustig machen. Unsere ‚elegant' genannten Schriftsteller haben, wie ihr Stil beweist, nie gehen gelernt: und an unsern Gymnasien lernt man, wie unsere Schriftsteller beweisen, nicht gehen. Mit der richtigen Gangart der Sprache aber beginnt die Bildung: welche, wenn sie nur recht begonnen ist, nachher auch gegen jene ‚eleganten' Schriftsteller eine physische Empfindung erzeugt, die man ‚Ekel' nennt. [...]

Vierter Vortrag
(Gehalten am 5. März 1872)

[...] Von neuem erhob der Philosoph seine Stimme: „Merkt es wohl, meine Freunde", sagte er, „zweierlei dürft ihr nicht verwechseln. Sehr viel muß der Mensch lernen, um zu leben, um seinen Kampf ums Dasein zu kämpfen: aber alles, was er in dieser Absicht als Individuum lernt und tut, hat noch nichts mit der Bildung zu schaffen. Diese beginnt im Gegenteil erst in einer Luftschicht, die hoch über jener Welt der Not, des Existenzkampfes, der Bedürftigkeit lagert. Es fragt sich nun, wie sehr ein Mensch sein Subjekt neben anderen Subjekten schätzt, wie viel er von seiner Kraft für jenen individuellen Lebenskampf verbraucht. Mancher wird, bei einer stoisch-engen Umschränkung seiner Bedürfnisse, sehr bald und leicht in jene Sphäre sich erheben, in der er sein Subjekt vergessen und gleichsam abschütteln darf, um nun in einem Sonnensystem zeitloser und unpersönlicher Angelegenheiten sich ewiger Jugend zu erfreuen. Ein anderer dehnt die Wirkung und die Bedürfnisse seines Subjekts so in die Breite und baut in einem so erstaunlichen Maße an dem Mausoleum dieses seines Subjekts, als ob er so imstande sei, im Ringkampfe den ungeheuren Gegner, die Zeit, zu überwinden. Auch in einem solchen Triebe zeigt sich ein Verlangen nach Unsterblichkeit: Reichtum und Macht, Klugheit, Geistesgegenwart, Beredsamkeit, ein blühendes Ansehn, ein gewichtiger Name – alles sind hier nur Mittel geworden, mit denen der unersättliche persönliche Lebenswille nach neuem Leben verlangt, mit denen er nach einer, zuletzt illusorischen Ewigkeit lechzt.

Wahre Bildung

Aber selbst in dieser höchsten Form des Subjekts, auch in dem gesteigertsten Bedürfnis eines solchen erweiterten und gleichsam kollektiven Individuums gibt es noch keine Berührung mit der wahren Bildung: und wenn von dieser Seite aus zum Beispiel nach Kunst verlangt wird, so kommen gerade nur die zerstreuenden oder stimulierenden ihrer Wirkungen in Betracht, also diejenigen, welche die reine und erhabene Kunst am wenigsten und die entwürdigte und verunreinigte am besten zu erregen versteht. Denn in seinem gesamten Tun und Treiben, so großartig es sich vielleicht für den Betrachter ausnehmen mag, ist er doch niemals seines begehrenden und rastlosen Subjektes ledig geworden: jener erleuchtete Ätherraum der subjektfreien Kontemplation flieht vor ihm zurück – und darum wird er, er mag lernen, reisen, sammeln, von der wahren Bildung in ewiger Entfernung und verbannt leben müssen. Denn die wahre Bildung verschmäht es, sich mit dem bedürftigen und begehrenden Individuum zu verunreinigen: sie weiß demjenigen, der sich ihrer als eines Mittels zu egoistischen Absichten versichern möchte, weislich zu entschlüpfen: und wenn sie gar einer festzuhalten wähnt, um nun etwa einen Erwerb aus ihr zu machen und seine Lebensnot durch ihre Ausnutzung zu stillen, dann läuft sie plötzlich, mit unhörbaren Schritten und mit der Miene der Verhöhnung fort.

Bildung als „ätherische Göttin"

Also, meine Freunde, verwechselt mir diese Bildung, diese zartfüßige, verwöhnte, ätherische Göttin nicht mit jener nutzbaren Magd, die sich mitunter auch die ‚Bildung' nennt, aber nur die intellektuelle Dienerin und Beraterin der Lebensnot, des Erwerbs, der Bedürftigkeit ist. Jede Erziehung aber, welche an das Ende ihrer Laufbahn ein Amt oder einen Brotgewinn in Aussicht stellt, ist keine Erziehung zur Bildung, wie wir sie verstehen, sondern nur eine Anweisung, auf welchem Wege man im Kampfe um das Dasein sein Subjekt rette und schütze. Freilich ist eine solche Anweisung für die allermeisten Menschen von erster und nächster Wichtigkeit: und je schwieriger der Kampf ist, um so mehr muß der junge Mensch lernen, um so angespannter muß er seine Kräfte regen.

Nur aber glaube niemand, daß die Anstalten, die ihn zu diesem Kampfe anspornen und befähigen, irgendwie in ernstem Sinne als Bildungsanstalten in Betracht kommen könnten. Es sind Institutionen zur Überwindung der Lebensnot, mögen sie nun versprechen, Beamte oder Kaufleute oder Offiziere oder Großhändler oder Landwirte oder Ärzte oder Techniker zu bilden. Für solche Institutionen gelten aber jedenfalls andere Gesetze und Maßstäbe als für die Errichtung einer Bildungsanstalt: und was hier erlaubt, ja so geboten wie möglich ist, dürfte dort ein freventliches Unrecht sein.

Verhältnis zur Natur

Ich will euch, meine Freunde, ein Beispiel geben. Wollt ihr einen jungen Menschen auf den rechten Bildungspfad geleiten, so hütet euch wohl, das naive zutrauensvolle, gleichsam persönlich-unmittelbare Verhältnis desselben zur Natur zu stören: zu ihm müssen der Wald und der Fels, der Sturm, der Geier, die einzelne Blume, der Schmetterling, die Wiese, die Bergeshalde in ihren eignen Zungen reden, in ihnen muß er gleichsam sich wie in zahllosen auseinandergeworfenen Reflexen und Spiegelungen, in einem bunten Strudel wechselnder Erscheinungen wiedererkennen; so wird er unbewußt das metaphysische Einssein aller Dinge an dem großen Gleichnis der Natur nachempfinden und zugleich an ihrer ewigen Beharrlichkeit und Notwendigkeit sich selbst beruhigen. Aber wie vielen jungen Menschen darf es gestattet sein, so nahe und fast persönlich zur Natur gestellt heranzuwachsen! Die anderen müssen frühzeitig eine andre Wahrheit lernen: wie man die Natur sich unterjocht. Hier ist es mit jener naiven Metaphysik zu Ende: und die Physiologie der Pflanzen und Tiere, die Geologie, die unorganische Chemie zwingt ihre Jünger zu einer ganz veränderten Betrachtung der Natur. Was durch diese neue angezwungene Betrachtungsart verloren gegangen ist, ist nicht etwa eine poetische Phantasmagorie, sondern das instinktive wahre und einzige Verständnis der Natur: an dessen Stelle jetzt ein kluges Berechnen und Überlisten der Natur getreten ist. So ist dem wahrhaft Gebildeten das unschätzbare Gut verliehen, ohne jeden Bruch den beschaulichen Instinkten seiner Kindheit treu bleiben zu können und dadurch zu einer Ruhe, Einheit, zu einem Zusammenhang und Einklang zu kommen, die von einem zum Lebenskampfe Herangezogenen nicht einmal geahnt werden können.

Glaubt also ja nicht, meine Freunde, daß ich unsern Realschulen und höheren Bürgerschulen ihr Lob verkümmern will: ich ehre die Stätten, an denen man ordentlich rechnen lernt, wo man sich der Verkehrssprachen bemächtigt, die Geographie ernst nimmt und sich mit den erstaunlichen Erkenntnissen der Naturwissenschaft bewaffnet. Ich bin auch gerne bereit zuzugeben, daß die auf den besseren Realschulen unserer Tage Vorbereiteten vollkommen zu den Ansprüchen berechtigt sind, die die fertigen Gymnasiasten zu machen pflegen, und die Zeit ist gewiß nicht mehr fern, wo man derartig Geschulten die Universitäten und die Staatsämter überall ebenso unumschränkt öffnet wie bisher nur den Zöglingen des Gymnasiums – wohlgemerkt den Zöglingen des jetzigen Gymnasiums! Diesen schmerzlichen Nachsatz kann ich aber nicht unterdrücken: wenn es wahr ist, daß Realschule und Gymnasium in ihren gegenwärtigen Zielen im ganzen so einmütig sind und nur in so zarten Linien voneinander abweichen, um auf eine volle Gleichberechtigung vor dem Forum des Staates rechnen zu können – so fehlt uns somit eine Spezies der Erziehungsanstalten vollständig: die Spezies der Bildungsanstalten! Dies ist am wenigsten ein Vorwurf gegen die Realschulen, die viel niedrigere, aber höchst notwendige Tendenzen ebenso glücklich als ehrlich bisher verfolgt haben; aber viel weniger ehrlich geht es in der Sphäre des Gymnasiums zu, auch viel weniger glücklich: denn hier lebt etwas von einem instinktiven Gefühl der Beschämung, von einer unbewussten Erkenntnis, daß das ganze Institut schmählich degradiert sei, und daß den klangvollen Bildungsworten kluger apologetischer Lehrer die barbarisch-öde und sterile Wirklichkeit widerspricht. Also es gibt keine Bildungsanstalten! Und dort, wo man deren Mienen wenigstens noch erheuchelt, ist man hoffnungsloser, abgemagerter und unzufriedener als an den Herden des sogenannten ‚Realismus'!

Realschulen und Gymnasien

[…] Ich für meinen Theil kenne nur *einen* wahren Gegensatz, *Anstalten der Bildung* und *Anstalten der Lebensnot*: zu der zweiten Gattung gehören alle vorhandenen, von der ersten aber rede ich." –

Anstalten der Lebensnot

[…]

Reflexionsfragen:

- Erläutern Sie Nietzsches Bildungskritik.
- Woran macht Nietzsche den Unterschied zwischen wahrer Bildung und der vermeintlichen „Bildung" der Schulen fest?
- Erläutern Sie die Bedeutung der Sprache für Nietzsche.
- Diskutieren Sie die Kritik an der Nützlichkeit von Bildung.
- Diskutieren Sie die eingetretene „Zukunft" unserer Bildungsanstalten.

4. Theodor W. Adorno

Theorie der Halbbildung

Textauszug aus: Adorno, T.W. (1959/2003): Theorie der Halbbildung. In: Ders.: Soziologische Schriften I. Frankfurt/Main, S. 93–121.

Halbbildung

[…] Was aus Bildung wurde und nun als eine Art negativen objektiven Geistes, keineswegs bloß in Deutschland, sich sedimentiert, wäre selber aus gesellschaftlichen Bewegungsgesetzen, ja aus dem Begriff von Bildung abzuleiten. Sie ist zu sozialisierter Halbbildung geworden, der Allgegenwart des entfremdeten Geistes. Nach Genesis und Sinn geht sie nicht der Bildung voran, sondern folgt auf sie. Alles ist darin von den Maschen der Vergesellschaftung eingefangen, nichts mehr ungeformte Natur; deren Roheit aber, das alte Unwahre, erhält zäh sich am Leben und reproduziert sich erweitert. Inbegriff eines der Selbstbestimmung entäußerten Bewußtseins, klammert sie sich unabdingbar an approbierte Kulturelemente. Aber unter ihrem Bann gravitieren sie, als Verwesende, zum Barbarischen. Das ist nicht erst aus jüngsten Entwicklungen, ganz gewiß nicht mit dem Schlagwort Massengesellschaft zu erklären, das überhaupt nichts erklärt, sondern lediglich einen blinden Fleck anzeigt, an dem die Arbeit der Erkenntnis anheben müßte. Daß Halbbildung, aller Aufklärung und verbreiteten Information zum Trotz und mit ihrer Hilfe, zur herrschenden Form des gegenwärtigen Bewußtseins wird – eben das erheischt weiter ausgreifende Theorie.

Ihr darf die Idee der Kultur nicht, nach den Gepflogenheiten der Halbbildung selber, sakrosankt sein. Denn Bildung ist nichts anderes als Kultur nach der Seite ihrer subjektiven Zueignung. Kultur aber hat Doppelcharakter. Er weist auf die Gesellschaft zurück und vermittelt zwischen dieser und der Halbbildung. Nach deutschem Sprachgebrauch gilt für Kultur, in immer schrofferem Gegensatz zur Praxis, einzig Geisteskultur. Darin spiegelt sich, daß die volle Emanzipation des Bürgertums nicht gelang oder erst zu einem Zeitpunkt, da die bürgerliche Gesellschaft nicht länger der Menschheit sich gleichsetzen

Kulturbegriff

konnte. Das Scheitern der revolutionären Bewegungen, die in den westlichen Ländern den Kulturbegriff als Freiheit verwirklichen wollten, hat die Ideen jener Bewegungen gleichsam auf sich selbst zurückgeworfen und den Zusammenhang zwischen ihnen und ihrer Verwirklichung nicht nur verdunkelt, sondern mit einem Tabu belegt. Kultur wurde selbstgenügsam, schließlich in der Sprache der ausgelaugten Philosophie zum »Wert«. Wohl sind ihrer Autarkie die große spekulative Metaphysik und die mit ihr bis ins Innerste verwachsene große Musik zu danken. Zugleich aber ist in solcher Vergeistigung von Kultur deren Ohnmacht virtuell bereits bestätigt, das reale Leben der Menschen blind bestehenden, blind sich bewegenden Verhältnissen überantwortet. Dagegen ist Kultur nicht indifferent. Wenn Max Frisch bemerkte, daß Menschen, die zuweilen mit Passion und Verständnis an den sogenannten Kulturgütern partizipierten, unangefochten der Mordpraxis des Nationalsozialismus sich verschreiben konnten, so ist das nicht nur ein Index fortschreitend gespaltenen Bewußtseins, sondern straft objektiv den Gehalt jener Kulturgüter, Humanität und alles, was ihr innewohnt, Lügen, wofern sie nichts sind als Kulturgüter. Ihr eigener Sinn kann nicht getrennt werden von der Einrichtung der menschlichen Dinge. Bildung, welche davon absieht, sich selbst setzt und verabsolutiert, ist schon Halbbildung geworden. [...]

Anpassung

Umgekehrt hat Kultur, wo sie als Gestaltung des realen Lebens sich verstand, einseitig das Moment der Anpassung hervorgehoben, die Menschen dazu verhalten, sich aneinander abzuschleifen. Dessen bedurfte es, um den fortdauernd prekären Zusammenhang der Vergesellschaftung zu stärken und jene Ausbrüche ins Chaotische einzudämmen, die offenbar gerade dort periodisch sich ereignen, wo eine Tradition autonomer Geisteskultur etabliert ist. Die philosophische Bildungsidee auf ihrer Höhe wollte natürliches Dasein bewahrend formen. Sie hatte beides gemeint, Bändigung der animalischen Menschen durch ihre Anpassung aneinander und Rettung des Natürlichen im Widerstand gegen den Druck der hinfälligen, von Menschen gemachten Ordnung. Die Philosophie Schillers, des Kantianers und Kantkritikers, war der prägnanteste Ausdruck der Spannung beider Momente, während in Hegels Bildungslehre, unterm Namen Entäußerung, ebenso wie beim späten Goethe das Desiderat der Anpassung inmitten des Humanismus selber triumphiert. Ist jene Spannung einmal zergangen, so wird Anpassung allherrschend, ihr Maß das je Vorfindliche. Sie verbietet, aus individueller Bestimmung übers Vorfindliche, Positive sich zu erheben. Vermöge des Drucks, den sie auf die Menschen ausübt, perpetuiert sie in diesen das Ungestalte, das sie geformt zu haben wähnt, die Aggression. Das ist, nach Freuds Einsicht, der Grund des Unbehagens in der Kultur. Die ganz angepaßte Gesellschaft ist, woran ihr Begriff geistesgeschichtlich mahnt: bloße darwinistische Naturgeschichte. Sie prämiiert das survival of the fittest. – Erstarrt das Kraftfeld, das Bildung hieß, zu fixierten Kategorien, sei es Geist oder Natur, Souveränität oder Anpassung, so gerät jede einzelne dieser isolierten Kategorien in Widerspruch zu dem von ihr Gemeinten und gibt sich her zur Ideologie, befördert die Rückbildung. [...]

Bildungsidee

Diese Dynamik ist eins mit der der Bildung. Sie ist keine Invariante; nicht nur ihrem Inhalt und ihren Institutionen nach in verschiedenen Epochen verschieden, sondern selbst als Idee nicht beliebig transponierbar. Ihre Idee emanzipierte sich mit dem Bürgertum. Sozialcharaktere des Feudalismus wie der gentilhomme und der gentleman, vor allem aber die alte theologische Erudition lösten von ihrem traditionalen Dasein und ihren spezifischen Bestimmungen sich ab, verselbständigten sich gegenüber den Lebenszusammenhängen, in die sie zuvor eingebettet waren. Sie wurden reflektiert, ihrer selbst bewusst und auf den Menschen schlechthin übertragen. Ihre Verwirklichung sollte der einer bürgerlichen Gesellschaft von Freien und Gleichen entsprechen. Zugleich aber sagte sie von den Zwecken, von ihrer realen Funktion sich los, so wie es radikal etwa in Kants Ästhetik der Zweckmäßigkeit ohne Zweck gefordert ist. Bildung sollte sein, was dem freien, im eigenen Bewußtsein gründenden, aber in der Gesellschafft fortwirkenden und seine Triebe sublimierenden Individuum rein als dessen eigener Geist zukäme. Sie galt stillschweigend als Bedingung einer autonomen Gesellschaft: je heller die Einzelnen, desto erhellter das Ganze. Ihre Beziehung auf eine ihr jenseitige Praxis jedoch erschien, widerspruchsvoll, als Herabwürdigung zu einem Heteronomen, zum Mittel der Wahrnehmung von Vorteilen inmitten des ungeschlichteten bellum omnium contra omnes. Fraglos ist in der Idee der Bildung notwendig die eines Zustands der Menschheit ohne Status und Übervorteilung postuliert, und sobald sie davon etwas sich abmarkten läßt und sich in die Praxis der als gesellschaftlich nützliche Arbeit honorierten partikularen Zwecke verstrickt, frevelt sie an sich selbst. Aber sie wird nicht minder schuldig durch ihre Reinheit; diese zur Ideologie. Soweit in der Bildungsidee zweckhafte Momente mitklingen, sollten sie ihr zufolge allenfalls die Einzelnen dazu befähigen, in einer vernünftigen Gesellschaft als vernünftige, in einer freien Gesellschaft als freie sich zu bewähren, und eben das soll, nach liberalistischem Modell, dann am besten gelingen, wenn jeder für sich selber gebildet ist. Je weniger die gesellschaftlichen Verhältnisse, zumal die ökonomischen Differenzen dies Versprechen einlösen, um so strenger wird der Gedanke an die Zweckbeziehung von Bildung verpönt. Nicht darf an die Wunde gerührt werden, daß Bildung allein die vernünftige Gesellschaft nicht garantiert. Man verbeißt sich in die von Anbeginn trügende Hoffnung, jene könne von sich aus den Menschen geben, was die Realität ihnen versagt. Der Traum der Bildung, Freiheit vom Diktat der Mittel, der sturen und kargen Nützlichkeit, wird verfälscht zur Apologie der Welt, die nach jenem Diktat eingerichtet ist. Im Bildungsideal, das die Kultur absolut setzt, schlägt die Fragwürdigkeit von Kultur durch. […]

Bildungsgüter

Die Massen werden durch zahllose Kanäle mit Bildungsgütern beliefert. Diese helfen als neutralisierte, versteinerte die bei der Stange zu halten, für die nichts zu hoch und teuer sei. Das gelingt, indem die Gehalte von Bildung, über den Marktmechanismus, dem Bewußtsein derer angepaßt werden, die vom Bildungsprivileg ausgesperrt waren und die zu verändern erst Bildung wäre. Der Prozess ist objektiv determiniert, nicht erst mala fide veranstaltet. Denn die gesellschaftliche Struktur und ihre Dynamik verhindert, daß die Kulturgüter lebendig, daß sie von den Neophyten so zugeeignet werden, wie es in ihrem eigenen Begriff liegt. Daß die Millionen, die früher nichts von ihnen wußten und nun damit überflutet werden, kaum, auch psychologisch nicht darauf vorbereitet sind, ist vielleicht noch das Harmloseste. Aber die Bedingungen der materiellen Produktion selber dulden schwerlich jenen Typus von Erfahrung, auf den die traditionellen Bildungsinhalte abgestimmt waren, die vorweg kommuniziert werden. Damit geht es der Bildung selbst, trotz aller Förderung, an den Lebensnerv. Vielerorten steht sie, als unpraktische Umständlichkeit und eitle Widerspenstigkeit, dem Fortkommen bereits im Wege: wer noch weiß, was ein Gedicht ist, wird schwerlich eine gutbezahlte Stellung als Texter finden. Die unablässig weiter anwachsende Differenz zwischen gesellschaftlicher Macht und Ohnmacht verweigert den Ohnmächtigen – tendenziell bereits auch den Mächtigen – die realen Voraussetzungen zur Autonomie, die der Bildungsbegriff ideologisch konserviert. Gerade dadurch nähern die Klassen ihrem Bewußtsein nach einander sich an, wenn auch, nach jüngsten Forschungsergebnissen, kaum so sehr, wie es vor wenigen Jahren schien. [...]

Sozialisierte Halbbildung

Taugt jedoch als Antithese zur sozialisierten Halbbildung kein anderer als der traditionelle Bildungsbegriff, der selber zur Kritik steht, so drückt das die Not einer Situation aus, die über kein besseres Kriterium verfügt als jenes fragwürdige, weil sie ihre Möglichkeit versäumte. Weder wird die Restitution des Vergangenen gewünscht, noch die Kritik daran im mindesten gemildert. Nichts widerfährt heute dem objektiven Geist, was nicht in ihm selbst in hochliberalen Zeiten schon gesteckt hätte oder was nicht wenigstens alte Schuld eintriebe. Aber was jetzt im Bereich von Bildung sich zuträgt, läßt nirgends anders sich ablesen als an deren wie immer auch ideologischer älterer Gestalt. Denn potentiell haben die versteinerten Verhältnisse abgeschnitten, womit der Geist über die herkömmliche Bildung hinausginge. Maß des neuen Schlechten ist einzig das Frühere. Es zeigt in dem Augenblick, da es verurteilt ist, gegenüber der jüngeren Form des Bestürzenden, als Verschwindendes versöhnende Farbe. Allein um ihretwillen, keiner laudatio temporis acti zuliebe, wird auf traditionelle Bildung rekurriert.

Im Klima der Halbbildung überdauern die warenhaft verdinglichten Sachgehalte von Bildung auf Kosten ihres Wahrheitsgehalts und ihrer lebendigen Beziehung zu lebendigen Subjekten. Das etwa entspräche ihrer Definition. Daß heute ihr Name den gleichen antiquierten und arroganten Klang angenommen hat wie Volksbildung, bekundet nicht, daß das Phänomen verschwand, sondern daß eigentlich sein Gegenbegriff, der der Bildung selber, an dem allein es ablesbar würde, nicht mehr gegenwärtig ist. An ihm partizipieren nur noch, zu ihrem Glück oder Unglück, einzelne Individuen, die nicht ganz in den Schmelztiegel hineingeraten sind, oder professionell qualifizierte Gruppen, die sich gern selbst als Eliten feiern.

Kulturindustrie

Die Kulturindustrie im weitesten Umfang jedoch, all das, was der Jargon als Massenmedien bestätigend einordnet, verewigt jenen Zustand, indem sie ihn ausbeutet, eingestandenermaßen Kultur für jene, welche die Kultur von sich stieß, Integration des gleichwohl weiter Nichtintegrierten. Halbbildung ist ihr Geist, der mißlungener Identifikation. Die bestialischen Witze über Emporkömmlinge, welche Fremdwörter verwechseln, sind darum so zählebig, weil sie mit dem Ausdruck jenes Mechanismus alle die, welche darüber lachen, im Glauben bestärken, die Identifikation wäre ihnen geglückt. Ihr Mißlingen ist aber so unvermeidlich wie der Versuch dazu. Denn die einmal erreichte Aufklärung, die wie sehr auch unbewusst in allen Individuen der durchkapitalisierten Länder wirksame Vorstellung, sie seien Freie, sich selbst Bestimmende, die sich nichts vormachen zu lassen brauchen, nötigt sie dazu, sich wenigstens so zu verhalten, als wären sie es wirklich. Das scheint ihnen nicht anders möglich als im Zeichen dessen, was ihnen als Geist begegnet, der objektiv zerfallenen Bildung. Die totalitäre Gestalt von Halbbildung ist nicht bloß zu erklären aus dem sozial und psychologisch Gegebenen, sondern ebenso aus dem besseren Potential: daß der in der bürgerlichen Gesellschaft einmal postulierte Bewußtseinsstand auf die Möglichkeit realer Autonomie des je eigenen Lebens vorverweist, die von dessen Einrichtung verweigert und auf die bloße Ideologie abgedrängt wird. Mißlingen aber muß jene Identifikation, weil der Einzelne von der durch die Allherrschaft des Tauschprinzips virtuell entqualifizierten Gesellschaft nichts an Formen und Strukturen empfängt, womit er, geschützt gleichsam, überhaupt sich identifizieren, woran er im wörtlichsten Verstand sich bilden könnte; während andererseits die Gewalt des Ganzen über das Individuum zu solcher Disproportion gediehen ist, daß das Individuum in sich das Entformte wiederholen muß. Was einmal selbst so gestaltet war, daß die Subjekte ihre wie immer problematische Gestalt daran gewinnen mochten, ist dahin; sie selber aber bleiben gleichwohl derart in Unfreiheit verhalten, daß ihr Miteinanderleben aus Eigenem sich erst recht nicht als wahrhaftes artikuliert. Das fatale Wort Leitbild, dem die Unmöglichkeit dessen einbeschrieben ist, was es meint, drückt das aus. [...] Zugleich aber bekundet jenes Wort die Gier, dies Substantielle aus Willkür [...] aufzurichten, und das sprachliche Sensorium ist bereits zu abgestumpft, um zu fühlen, daß eben der Gewaltakt, auf den das Verlangen nach Leitbildern hindrängt, genau die Substantialität Lügen straft, nach der man die Hände ausstreckt. Dieser Zug des Faschismus hat ihn überlebt. Er reicht aber in die Idee der Bildung selber zurück. Sie ist in sich antinomischen Wesens. Sie hat als ihre Bedingung Autonomie und Freiheit, verweist jedoch zugleich, bis heute, auf Strukturen einer dem je Einzelnen gegenüber vorgegebenen, in gewissem Sinn heteronomen und darum hinfälligen Ordnung, an der allein er sich zu bilden vermag. Daher gibt es in dem Augenblick, in dem es Bildung gibt, sie eigentlich schon nicht mehr. In ihrem Ursprung ist ihr Zerfall teleologisch bereits gesetzt.

Bildung

Die gegenwärtig in Wahrheit wirksamen Leitbilder sind das Konglomerat der ideologischen Vorstellungen, die in den Subjekten sich zwischen diese und die Realität schieben und die Realität filtern. Sie sind affektiv derart besetzt, daß sie nicht ohne weiteres von der ratio weggeräumt werden können. Halbbildung faßt sie zusammen. Unbildung, als bloße Naivetät, bloßes Nichtwissen, gestattete ein unmittelbares Verhältnis zu den Objekten und konnte zum kritischen Bewußtsein gesteigert werden kraft ihres Potentials von Skepsis, Witz und Ironie – Eigenschaften, die im nicht ganz Domestizierten gedeihen. Der Halbbildung will das nicht glücken. [...]

Zur Qualifikation gewordene Bildung

Das allbeliebte Desiderat einer Bildung, die durch Examina gewährleistet, womöglich getestet werden kann, ist bloß noch der Schatten jener Erwartung. Die sich selbst zur Norm, zur Qualifikation gewordene, kontrollierbare Bildung ist als solche so wenig mehr eine wie die zum Geschwätz des Verkäufers degenerierte Allgemeinbildung. Das Moment der Unwillkürlichkeit, wie es zuletzt in den Theorien Bergsons und dem Romanwerk Prousts glorifiziert ward, und wie es Bildung als ein von den Mechanismen gesellschaftlicher Naturbeherrschung Unterschiedenes bezeichnet, verdirbt im grellen Licht der Überprüfbarkeit. Bildung läßt sich, dem Spruch aus dem Faust entgegen, überhaupt nicht erwerben; Erwerb und schlechter Besitz wären eines. Eben dadurch aber, daß sie dem Willen sich versagt, ist sie in den Schuldzusammenhang des Privilegs verstrickt: nur der braucht sie nicht zu erwerben und nicht zu besitzen, der sie ohnehin schon besitzt. So fällt sie in die Dialektik von Freiheit und Unfreiheit. Als Erbschaft alter Unfreiheit mußte sie hinab; unmöglich aber ist sie unter bloßer subjektiver Freiheit, solange objektiv die Bedingungen der Unfreiheit fortdauern. [...]

Während die ursprünglich sozialen Differenzierungsmomente kassiert werden, in denen Bildung bestand – Bildung und Differenziertheit sind eigentlich dasselbe –, gedeiht an ihrer Stelle ein Surrogat. Die perennierende Statusgesellschaft saugt die Reste von Bildung auf und verwandelt sie in Embleme des Status. Das war der bürgerlichen Bildung nie fremd. Sie hat von je dazu sich erniedrigt, ihre sogenannten Träger, früher jene, die Latein konnten, vom Volk zu trennen, so wie es noch Schopenhauer in aller Naivetät aussprach. Nur konnten hinter den Mauern ihres Privilegs auch die humanen Kräfte sich regen, die, auf die Praxis zurückgewandt, einen privileglosen Zustand verhießen. Solche Dialektik der Bildung ist durch ihre gesellschaftliche Integration, dadurch also, daß sie unmittelbar in Regie genommen wird, stillgestellt. Halbbildung ist der vom Fetischcharakter der Ware ergriffene Geist. [...]

Ein großer Sektor der kulturindustriellen Produktion lebt davon und erzeugt selbst wiederum das halbgebildete Bedürfnis; die Romanbiographien, die über Bildungstatsachen berichten und gleichzeitig billige und nichtige Identifikationen bewirken; der Ausverkauf ganzer Wissenschaften wie der Archäologie oder Bakteriologie, der sie in grobe Reizmittel verfälscht und dem Leser einredet, er sei au courant. Die Dummheit, mit welcher der Kulturmarkt rechnet, wird durch diesen reproduziert und verstärkt. Frisch-fröhliche Verbreitung von Bildung unter den herrschenden Bedingungen ist unmittelbar eins mit ihrer Vernichtung. Kulturmarkt

Zweifel an dem unbedingt aufklärenden Wert der Popularisierung von Bildung unter den gegenwärtigen Bedingungen setzen dem Verdacht des Reaktionären sich aus. Man könne nicht etwa der Publikation bedeutender philosophischer Texte der Vergangenheit in Taschenbüchern mit dem Hinweis darauf opponieren, daß durch deren Form und Funktion die Sache beschädigt werde; sonst mache man sich zum lächerlichen Festredner einer geschichtlich verurteilten Bildungsidee, die nur noch dazu diene, einigen Dinosauriern ihre Größe und Herrlichkeit zu bestätigen. In der Tat wäre es unsinnig, jene Texte in kleinen und kostspieligen wissenschaftlichen Auflagen sekretieren zu wollen zu einer Zeit, da der Stand der Technik und das ökonomische Interesse in Massenproduktion konvergieren. Darum soll man aber nicht aus Angst vor dem Unausweichlichen sich gegen das verblenden, was es impliziert, und vor allem: wodurch es mit dem immanenten Anspruch der Demokratisierung von Bildung selbst in Widerspruch gerät. Denn das Verbreitete verändert durch seine Verbreitung vielfach eben jenen Sinn, den zu verbreiten man sich rühmt. Nur eine geradlinige und ungebrochene Vorstellung von geistigem Fortschritt gleitet über den qualitativen Gehalt der zur Halbbildung sozialisierten Bildung unbekümmert hinweg. [...]

Wie es in der Kunst keine Approximationswerte gibt; wie eine halbgute Aufführung eines musikalischen Werkes seinen Gehalt keineswegs zur Hälfte realisiert, sondern eine jegliche unsinnig ist außer der voll adäquaten, so steht es wohl um geistige Erfahrung insgesamt. Das Halbverstandene und Halberfahrene ist nicht die Vorstufe der Bildung sondern ihr Todfeind: Bildungselemente, die ins Bewußtsein geraten, ohne in dessen Kontinuität eingeschmolzen zu werden, verwandeln sich in böse Giftstoffe, tendenziell in Aberglauben, selbst wenn sie an sich den Aberglauben kritisieren – so wie jener Oberküfer, der im Drang nach Höherem zur Kritik der reinen Vernunft griff, bei der Astrologie endete, offenbar weil er einzig darin das Sittengesetz in uns mit dem gestirnten Himmel über uns zu vereinen vermochte. Unassimilierte Bildungselemente verstärken jene Verdinglichung des Bewußtseins, vor der Bildung bewahren soll. [...]

Die Attitüde, in der Halbbildung und kollektiver Narzißmus sich vereinen, ist die des Verfügens, Mitredens, als Fachmann sich Gebärdens, Dazu-Gehörens. Die Phänomenologie der Sprache in der verwalteten Welt, die Karl Korn jüngst entworfen hat, zumal die »Sprache des Angebers«, ist geradezu die Ontologie von Halbbildung, und die sprachlichen Monstrositäten, die er interpretierte, sind die Male der mißlungenen Identifikation mit dem objektiven Geist an diesem. Um überhaupt noch den Anforderungen zu genügen, welche die Gesellschaft an die Menschen richtet, reduziert Bildung sich auf die Kennmarke gesellschaftlicher Immanenz und Integriertheit und wird unverhohlen sich selber ein Tauschbares, Verwertbares. Die vergleichsweise unschuldige Lüge der Einheit von Bildung und Besitz, mit der man im Wilhelminischen Preußen das Klassenwahlrecht verteidigte, wurde zur aberwitzigen Wahrheit. Damit aber ist der Geist von Halbbildung auf den Konformismus vereidigt. Nicht nur sind ihr die Fermente der Kritik und der Opposition entzogen, die Bildung im achtzehnten Jahrhundert gegen die etablierten Mächte in sich trug, sondern die Bejahung und geistige Verdoppelung dessen, was ohnehin ist, wird zu ihrem eigenen Gehalt und Rechtsausweis. Kritik aber ist zur puren Schlauheit erniedrigt, die sich nichts vormachen läßt und den Kontrahenten drankriegt, ein Mittel des Vorwärtskommens.

Konformismus

Der Halbgebildete betreibt Selbsterhaltung ohne Selbst. Worin nach jeglicher bürgerlichen Theorie Subjektivität sich erfüllte, Erfahrung und Begriff, kann er sich nicht mehr leisten: das höhlt die Möglichkeit von Bildung subjektiv ebenso aus, wie ihr objektiv alles entgegen ist. Erfahrung, die Kontinuität des Bewußtseins, in der das Nichtgegenwärtige dauert, in der Übung und Assoziation im je Einzelnen Tradition stiften, wird ersetzt durch die punktuelle, unverbundene, auswechselbare und ephemere Informiertheit, der schon anzumerken ist, daß sie im nächsten Augenblick durch andere Informationen weggewischt wird. Anstelle des temps durée, des Zusammenhangs eines in sich relativ einstimmigen Lebens, das ins Urteil mündet, tritt ein urteilsloses »Das ist«, etwa so, wie im Schnellzug jene Fahrgäste reden, die bei jedem vorbeiflitzenden Ort die Kugellager- oder Zementfabrik oder die neue Kaserne nennen, bereit, jede ungefragte Frage konsequenzlos zu beantworten. Halbbildung ist eine Schwäche zur Zeit,[1] zur Erinnerung, durch welche allein jene Synthesis des Erfahrenen im Bewußtsein geriet, welche einmal Bildung meinte. Nicht umsonst rühmt sich der Halbgebildete seines schlechten Gedächtnisses, stolz auf seine Vielbeschäftigtheit und Überlastung. Vielleicht wird in der gegenwärtigen philosophischen Ideologie nur deshalb so viel Aufhebens von der Zeit gemacht, weil sie den Menschen verlorengeht und beschworen werden soll. Der viel bemerkte Konkretismus und der Abstraktismus aber, der das Einzelne überhaupt nur noch als Repräsentanten des Allgemeinen gelten läßt, mit dessen Namen es benannt wird, ergänzen sich. Der Begriff wird von der dekretorischen Subsumtion unter irgendwelche fertigen, der dialektischen Korrektur entzogenen Clichés abgelöst, die ihre verderbliche Gewalt unter totalitären Systemen enthüllen: auch ihre Form ist das isolierende, aufspießende, einspruchslose »Das ist«. Weil jedoch Halbbildung gleichwohl an die traditionellen Kategorien sich klammert, die sie nicht mehr erfüllt, so weiß die neue Gestalt des Bewußtseins unbewusst von ihrer eigenen Deformation. Darum ist Halbbildung gereizt und böse; das allseitige Bescheidwissen immer zugleich auch ein Besserwissen-Wollen. Ein halbgebildetes Slogan, das einmal bessere Tage gesehen hat, ist Ressentiment; Halbbildung selber aber ist die Sphäre des Ressentiments schlechthin, dessen sie jene zeiht, welche irgend noch einen Funken von Selbstbesinnung bewahren. Unverkennbar das destruktive Potential der Halbbildung unter der Oberfläche des herrschenden Konformismus. Während sie fetischistisch die Kulturgüter als Besitz beschlagnahmt, steht sie immerzu auf dem Sprung, sie zu zerschlagen. [...]

Bloßes Bescheidwissen

Eitel aber wäre auch die Einbildung, irgend jemand – und damit meint man immer sich selber – wäre von der Tendenz zur sozialisierten Halbbildung ausgenommen. Was mit Fug Fortschritt des Bewußtseins heißen darf, die illusionslos kritische Einsicht in das, was ist, geht mit Bildungsverlust zusammen; Nüchternheit und traditionelle Bildung sind unvereinbar. [...]

Insofern hat die Sorge um Bildung in der gegenwärtigen geschichtlichen Stunde ihr Recht. Daß der Geist von den realen Lebensverhältnissen sich trennte und ihnen gegenüber sich verselbständigte, ist nicht nur seine Unwahrheit, sondern auch seine Wahrheit; keine verbindliche Erkenntnis, kein geratenes Kunstwerk wäre durch den Hinweis auf seine soziale Genese zu widerlegen. Wenn die Menschen den Geist entwickelten, um sich am Leben zu erhalten, so sind die geistigen Gebilde, die sonst nicht existierten, doch keine Lebensmittel mehr. Die unwiderrufliche Verselbständigung des Geistes gegenüber der Gesellschaft, die Verheißung von Freiheit, ist selber so gut ein

Gesellschaftliches, wie die Einheit von beidem es ist. Wird jene Verselbständigung einfach verleugnet, so wird der Geist unterdrückt und macht dem, was ist, nicht weniger die Ideologie, als wo er ideologisch Absolutheit usurpiert. Was ohne Schande, jenseits des Kulturfetischismus, kulturell heißen darf, ist einzig das, was vermöge der Integrität der eigenen geistigen Gestalt sich realisiert und nur vermittelt, durch diese Integrität hindurch, in die Gesellschaft zurückwirkt, nicht durch unmittelbare Anpassung an ihre Gebote. Die Kraft dazu aber wächst dem Geist nirgendwoher zu als aus dem, was einmal Bildung war. Tut indessen der Geist nur dann das gesellschaftlich Rechte, solange er nicht in der differenzlosen Identität mit der Gesellschaft zergeht, so ist der Anachronismus an der Zeit: an Bildung festzuhalten, nachdem die Gesellschaft ihr die Basis entzog. Sie hat aber keine andere Möglichkeit des Überlebens als die kritische Selbstreflexion auf die Halbbildung, zu der sie notwendig wurde.

Anachronismus

Reflexionsfragen:

- Erläutern Sie das Kennzeichen der Halbbildung.
- In welcher Verbindung stehen Bildung und Kulturindustrie?
- Warum kann nach Adorno Bildung ihrem ursprünglichen Anspruch nicht gerecht werden?
- Erläutern Sie Gesellschaftskritik in der „Theorie der Halbbildung".
- Diskutieren Sie die Aktualität der Position Adornos.

5. Helmut Heid

Bildung als Gegenstand empirischer Forschung

Textauszug aus: Heid, H. (2004): Bildung als Gegenstand empirischer Forschung. In: Vierteljahresschrift für wissenschaftliche Pädagogik, 80(4), Wien, S. 456–477.

Im folgenden geht es nicht primär um die *Forschung*, die Bildung zu ihrem Gegenstand hat, sondern um die *Bildung* als einem Gegenstand dieser Forschung. Und auch dabei geht es nicht um eine Inhaltsbestimmung der Bildung, sondern um den Versuch, vor allem die methodologischen Voraussetzungen, lmplikationen und Konsequenzen der Identifizierung des Gegenstandes empirischer Bildungsforschung zu analysieren.

Was „ist" Bildung?

Mit der Formulierung meines Themas begünstige oder bekräftige ich den Eindruck, Bildung sei eine vorfindbare, empirisch (er-)faßbare Größe oder eine Sache (im weitesten Sinn dieses Wortes). Wenn das so wäre, dann müßte es (realtiv) leicht sein, die Frage zu beantworten, was Bildung „ist". […]

Schaut man sich die in der Literatur vorfindbaren Bestimmungen „der Bildung“ etwas genauer an, so lassen sich – von jeweiligen Inhaltsbestimmungen noch abgesehen – drei Grundorientierungen einer Kennzeichnung unterscheiden:

Grundorientierungen

1. Die einen behaupten oder suggerieren, daß es so etwas wie „das Wesen“ oder das „Urbild“ der Bildung[2] oder auch die „wahre“ oder die „eigentliche“ Bildung gebe. Im Extrem rekurrieren sie dabei auf etwas, das unabhängig von „äußerer“ Erfahrung „existiert“, das sich dem „reinen“ Nachdenken, der Intuition oder der Wesensschau erschließe […].
[…] Diese Praxis der Wesensgläubigkeit ändert nichts an der thematisch überaus wichtigen Feststellung, daß die Vertreter derartiger Wesensbestimmungen erstens weit davon entfernt sind, sich auf eine Wesenheit oder Wesensbestimmung zu verständigen und zweitens auch keine außerindividuelle Instanz „haben“ oder kennen, die man beanspruchen könnte, um Auffassungs- oder Überzeugungsdifferenzen zu entscheiden. Im besonderen bleibt häufig unklar, ob im „Wesen der Bildung“ ein (Bildungs-)*Ideal* oder eine (Bildungs-)*Wirklichkeit* angesprochen wird. […]
2. Eine zweite Gruppe von Antworten auf die Frage „Was ‚ist‘ Bildung?“ rekurriert dabei explizit oder implizit auf einen etablierten oder privilegierten Kanon (angeblich) unverzichtbaren Wissens oder auf ebenso unverzichtbare Merkmale menschlichen Verhaltens. Legitimiert werden diese (exemplarischen) Bestimmungen durch Rekurs auf jene bildungstheoretische und bildungspraktische Tradition, in der sich herausgebildet habe, was Bildung „sei“ oder was zur Bildung gehöre. Kennzeichnend dafür sind (symptomatischerweise oft politische) Kontroversen sowohl über die Unverzichtbarkeit als auch über die Inhaltsbestimmung eines (?) Kerncurriculums oder neuerdings über die Festlegung von Bildungs-„Standards“. Zwar gehen auch hierbei die Auffassungen auseinander. Aber es geht dabei nun doch um Größen, die Gegenstand menschlicher Wahrnehmung, systematischer Beobachtung oder empirischer Forschung zu sein vermögen. Sie haben nur einen „Schönheitsfehler“. Sie sind, was sie sind: nämlich privilegierte Wissensinhalte (beispielsweise Rechnen, Lesen, Argumentieren, Musizieren …) oder bestimmte Verhaltensausprägungen. Nur *eines* sind sie *nicht*: nämlich Bildung.
3. Damit komme ich zu einem dritten Typ von Antwort auf die Frage, „Was ‚ist‘ Bildung?“, die selten explizit vertreten oder reflektiert wird – weder von Empirikern (engen methodologischen Verständnisses) noch auch von Geisteswissenschaftlern (überaus grober und vager Klassifizierung). Danach „ist“ Bildung kein Objekt sinnlicher Wahrnehmung und auch keine extramental existierende Wesenheit, die sich einem eigenen Vergewisserungsorgan – etwa der Intuition – zu erschließen vermag, sondern eine Zuschreibung oder ein *Konstrukt*. […]

Konstrukt

Wodurch unterscheidet sich das Konstrukt vom Wesen?

- Das Konstrukt ist keine (Vor-)Gegebenheit (Entität), die extramental existiert, in welcher Konkretisierungsform auch immer, sondern Resultat eines diskontinuierlichen und kontroversen sozialen Bestimmungs-, Verständigungs- und also eines Entscheidungsprozesses.
- Als Konstrukt bezeichne ich die begriffliche (Zusammen-)Fassung unbeobachtbarer Bedingungen beobachtbarer Verhaltensweisen. [...] Die Konstruktbildung partizipiert an der Selektivität, Relativität und Kontextualität des erwähnten Bestimmungsprozesses. Konstrukte implizieren oder begründen keinen Anspruch auf privilegierte oder gar absolute Geltung. Sie erfüllen die Funktion von Kategorien, mit denen sich Diskurse darüber ordnen lassen, „was" als Bildung angesehen werden „soll".[3] Sie sind ungeeignet, diese Diskurse zu erübrigen.
- Nicht zuletzt dienen Konstrukte der Erklärung jener Verhaltensausprägung, die (entscheidungsabhängig) als bildungsbedeutsam und insofern als beobachtbarer Ausdruck oder als Indikator der unbeobachtbaren Bildung angesehen bzw. eingeschätzt werden kann.

Damit ist ziemlich genau der Punkt bezeichnet, an dem die Frage nach der Möglichkeit empirischer Vergewisserung ebenso unausweichlich wie schwierig wird.

Möglichkeiten empirischer Vergewisserung

Empirische pädagogische Forschung kann sich nicht damit begnügen festzustellen, daß es verschiedene bildungstheoretische (und bildungspraktische) Grundorientierungen gibt oder daß verschiedene Menschen (in verschiedenen Epochen und an verschiedenen sozialen Orten) Verschiedenes nennen, wenn man sie fragt, was Bildung sei. [...]

Problematik der Definition

Auf diese Feststellung stützen Bildungsforscher ihre Forderung, „Bildung" zu definieren. Denn „Bildung" ist ja zunächst einmal „nur" ein Wort. Aber was ist mit Definitionen gewonnen? Auffassungsdifferenzen lassen sich damit nicht aus der Welt schaffen; denn jeder kann [...] „Bildung" so definieren, wie er es für richtig oder zweckmäßig hält. Vor allem aber werden in Definitionen Wörter durch Wörter erläutert, die ihrerseits definiert, das heißt durch definitionsbedürftige Wörter erläutert sein oder werden müssen.[4] Damit kommt man nicht zur „Sache". Aber genau darum geht es in der empirischen Forschung.

Nun zeigt sich aber, daß es eine „Sache" Bildung überhaupt nicht gibt. Bildung ist kein beobachtbarer Sachverhalt, der außerhalb konkreten Denkens und Handelns sozusagen an sich oder für sich existiert, sondern „lediglich" das Resultat einer Sachverhaltsinterpretation, die eine Sachverhaltsbewertung voraussetzt oder impliziert, wenn und insoweit Bildung als etwas Erstrebenswertes gilt. „Bildung" – um das Argument zuzuspitzen – existiert nicht in der personalen oder sozialen Wirklichkeit, die Gegenstand empirischer Bildungsforschung ist, sondern „nur“ im „Kopf“ dessen, der diese Wirklichkeit höchst selektiv unter von ihm selbst definierten bildungsthematischen Gesichtspunkten[5] registriert, analysiert, interpretiert und kodiert. [...]

Diese Feststellung führt in eine nahezu paradoxe Situation: Dasjenige, was Bildung in einem empirisch-deskriptiven Sinn „ist“ (genauer: was als Bildung gilt) und das, was in einem normativen Sinn als Bildung gefordert wird, das wird auch von Essentialisten in der Regel mit explizitem oder implizitem Bezug auf beobachtbare Verhaltensweisen oder Persönlichkeitsmerkmale gedacht und bestimmt – *beispielsweise* durch den Hinweis darauf, daß jemand auf einem vergleichsweise hohen Verständnisniveau Lesen, Rechnen, Musizieren kann, daß er Fremdsprachen, tunlichst alte oder „tote“ Sprachen beherrscht [...]. Aber das solchermaßen beobachtbare Verhalten ist nicht „die Bildung“, sondern das, was es ist, nämlich das beispielhaft erwähnte Schreiben, Rechnen, Musizieren, Argumentieren oder auch das als „gesittet“ bewertete „Benehmen“ oder anderes. Wenn das alles nicht Bildung ist, was „ist“ dann Bildung?

Zur Meßbarkeit der Bildung

Messung von Bildung

Wenn dasjenige, was als Bildung gilt oder gelten soll, sich unmittelbarer Beobachtung entzieht und wenn außerdem die weit verbreitete Auffassung richtig ist: Bildung sei [...] unmeßbar [...], dann wird die Frage drängender, wie wir uns dessen zu vergewissern vermögen, über das wir reden und das wir fordern, wenn Bildung zur Diskussion steht.[6] Es kann doch nicht sinnvoll sein, von einer Bildung zu reden, eine Bildung zu fordern und eine Bildung fördern zu wollen, die man für unfaßbar hält. [...]

Wer Bildung empirisch erfassen, praktisch fördern oder kriterienbezogen beurteilen will, der ist auf Beobachtbares oder auch auf Meßbares [...] angewiesen. Nun ist aber das beobachtbare Verhalten nicht Bildung. Worauf es demgegenüber ankäme bzw. ankommt, sind *nicht* beobachtbare Verhaltensweisen, sondern die *internalen Bedingungen der Möglichkeit* zu einem bildungsprogrammatisch wünschenswertem Verhalten. Wichtig ist also nicht oder weniger die beobachtbare Performanz, sondern die unbeobachtbare Kompetenz – die auch „Bildung“ heißen könnte.

Kompetenz

Nun gibt es aber keine Kompetenz an sich, sondern nur eine Kompetenz *für* oder *zu* irgend etwas. Und damit gewinnen dieses *Wofür* und dieses *Wozu* – also doch das beobachtbare Verhalten – ihren *erkenntnistheoretischen*, ihren *bildungstheoretischen* und ihren *bildungspraktischen* Stellenwert.

*Erkenntnis*theoretisch interessiert das beobachtbare Verhalten bzw. die Performanz („nur“) als *Indikator* für Kompetenz (= Bildung als Zustand). [...] Es ist Sache forschungsmethodischer Exzellenz und bildungspraktischer Diagnostik, so gut wie eben möglich zu sichern, daß das Verhalten oder die Performanz sich als Ausdruck jener Kompetenz sichern läßt, die wir als „Bildung“ bezeichnen oder die uns als Bildung interessiert.[7, 8]

*Bildungs*theoretisch und bildungspraktisch interessiert die Kompetenz Lernender im Hinblick auf das Wie bzw. auf die Qualität wünschenswerten Verhaltens und als etwas, das durch bildungspraktisches Handeln ermöglicht und beeinflußt zu werden vermag. Deshalb ist das Verhalten selbst also doch nicht unwichtig. Denn konkretes Verhalten ist Ausgangspunkt oder Anknüpfungspunkt bildungspraktischen Planens und Handelns. Und wünschenswertes Verhalten ist auch Endpunkt eben dieses Planens und Handelns. [...]

Bildung als abhängige und als unabhängige Variable empirischer Vergewisserung

Wenn es in der Bildungspraxis auf das wünschenswerte Wie konkreten, beobachtbaren menschlichen Verhaltens ankommt, dann, so läßt sich zusammenfassend sagen, nur auf dasjenige, das

- der Kompetenz des Verhaltenssubjektes möglichst zuverlässig zurechenbar und insofern Ausdruck oder Kennzeichen von Bildung ist. Das ist die eine Seite des pädagogisch bedeutsamen Funktions- und Begründungszusammenhangs.
- Denn bildungspraktisch bedeutsam ist andererseits auch nur dasjenige Verhalten, dessen regelmäßige oder gesetzmäßige Erbringbarkeit von menschlichem, von bildungspraktischem Handeln abhängt oder beeinflußbar ist – oder noch etwas genauer: dessen Veränderung mit den darauf gerichteten Interventionen bzw. Einwirkungen in erfahrungswissenschaftlich kontrollierter Weise korreliert – soweit möglich: kausalanalytisch abgesichert.

Aufgaben empirischer Forschung

Daraus resultieren zwei Aufgaben und Felder empirischer Forschung:

1. die forschungsmethodisch kontrollierte Sicherung des Zusammenhangs von Verhalten und Verhaltensdisposition (= Bildung) bzw. von Performanz und Kompetenz [...] sowie
2. die forschungsmethodisch kontrollierte Sicherung des Zusammenhangs zwischen Kompetenz (= Bildung) als der abhängigen Variable und den Bedingungen der Kompetenzentwicklung (= bildungspraktische „Einwirkung") als der unabhängigen Variable.

(1.) Die wissenschaftliche Beschäftigung mit der zuerst genannten Thematik steht in einer international etablierten Forschungstradition und hat sich zu eigenen wissenschaftlichen Spezialdisziplinen entwickelt und ausdifferenziert (Differentielle Psychologie; Pädagogische Diagnostik). [...] Dabei geht es um die wissenschaftliche Fundierung der Fähigkeit Lehrender, sich der internalen (im Lernenden vorfindbaren) Bedingungen erfolgreichen Lernens[9] und auch der Ergebnisse erfolgsorientierten Lehrens methodisch kontrolliert vergewissern zu können. [...]

(2.) Die Erfüllung der zweiten Forschungsaufgabe ist Inhalt der Lehr-Lern-Forschung, der Unterrichtsforschung sowie der Theorie(n) pädagogischen Handelns. Dabei geht es um die Beantwortung der Frage, welche bildungspraktisch motivierten bzw. relevanten Handlungen auf Grund welchen wissenschaftlich bewährten Wissens geeignet erscheinen, die Verwirklichung bestimmter Zwecke (= Bildungsziele) unter gegebenen oder zu gestaltenden oder zu entwickelnden Bedingungen (dazu gehören auch die Befunde der Diagnostik) mit abschätzbarer Wahrscheinlichkeit zu gewährleisten oder zu ermöglichen. Dazu gehört die Entwicklung und Anwendung der Instrumente und Verfahren, die es erlauben, die Abhängigkeit des Lernerfolgs von Maßnahmen bildungspraktischen Handelns möglichst zuverlässig zu überprüfen. [...]

In dieser fragmentarischen und vor allem recht formalen Beschreibungen der Aufgabenfelder empirischer Bildungsforschung fehlt Entscheidendes: Welche beobachtbaren *Merkmale* oder welche Kombination von Merkmalen menschlichen Verhaltens „sind" *inhaltlich* Ausdruck jener Kompetenz (als Zustand), und jener Kompetenzentwicklung (als Prozeß), die „Bildung" genannt werden (sollen)? [...]

Bildungs-„Inhalte" als Resultat sozialer Definitions- und Entscheidungsprozesse

Definitionsmacht

Welches Verhalten bzw. welche Merkmale menschlichen Verhaltens als Ausdruck jener Kompetenz oder Kompetenzentwicklung angesehen werden (sollen), die zugleich „Bildung" genannt werden (können), das hängt von *Entscheidungen* in einem nicht naiv individualistisch-dezisionistischen Verständnis[10] ab. [...]

Maßgeblichen Anteil an der Entscheidung hatten und haben diejenigen, die sich selbst für gebildet halten und die mit Bezug auf eben diese Bildung nicht nur ihren Anspruch auf „entsprechenden" sozialen und ökonomischen Status, sondern auch ihre entsprechende Definitionsmacht rechtfertigen.[11] *Unmaßgeblichen*, aber gleichwohl aktiven Anteil an dieser Entscheidung haben aber auch diejenigen, die nicht zu den Gebildeten gerechnet werden, die vielleicht sogar aus der Gruppe der Gebildeten ausgegrenzt werden, die aber diejenige Bildung für erstrebenswert halten (müssen), die die als gebildet Anerkannten „personifizieren" und qualifizieren. [...]

Bildung – oder richtiger: dasjenige, was gesellschaftlich jeweils als Bildung anerkannt wird – hatte zu allen Zeiten (seit dem Altertum und noch einmal sehr pointiert seit Beginn des 19. Jahrhunderts) wohl niemals nur, aber *immer auch* die Funktion, eine legitime Kultur zu etablieren und ein kulturelle Hegemonie zu legitimieren. [...]

Zur Legitimation der Inhaltsbestimmung von Bildung

Freilich wurde zu allen Zeiten auch versucht, die Legitimität der Entscheidung sachlich bzw. objektiv zu begründen. Ich nenne beispielhaft drei einander überlagernde Begründungsperspektiven, (1.) eine *historische*, (2.) eine eher *bildungspolitisch* orientierte und (3.) eine eher *didaktisch-curriculare*.

(1.) Die einen sehen das Kriterium, das unentbehrlich ist, um die definitorische Entscheidung zu legitimieren, was warum Bildung „ist" in der *Tradition* bildungstheoretischen Denkens und bildungspraktischen Handelns begründet[12]. […]

(2.) Eher bildungspolitisch motivierte Beiträge berufen sich auf „die" Anforderungen „der" Gesellschaft an die Befähigung jedes Einzelnen, zur Erfüllung gesellschaftlicher oder kultureller (Arbeits-)Aufgaben beitragen zu können. […]

(3.) Schließlich könnte man – auf didaktisch-curricularer Ebene – geltend machen, daß es nicht nur aus guten Gründen etablierte Inhalte,[13] sondern auch vermeintlich evidente oder auch in der kulturellen Tradition begründete und legitimierte *Qualitätskriterien* gibt, die es nicht nur ermöglichen, sondern geradezu erfordern, beispielsweise „die Qualität" der Matthäus-Passion von Johann Sebastian Bach […] von „der Qualität" […] des „Musikantenstadls" zu unterscheiden und daß niemand als gebildet angesehen werden „könne", der unfähig sei, diesen (nur beispielhaft erwähnten) Qualitäts-Unterschied zu „sehen", zu beurteilen, zu begründen. […]

Konsequenzen für die Bildungsforschung

Bildungsforschung

[…] Auch dann, wenn Forscher sich entscheiden, die wie auch immer identifizierbare Bildungswirklichkeit „lediglich" zu beschreiben und zu erklären – etwa weil Forschung dafür zuständig sei, die Welt zu erklären und nicht, die Welt auch zu verändern –, so sind sie doch außerstande, sich aus der Mitwirkung an der Bestimmung dessen herauszuhalten, was als Bildung gilt bzw. anerkannt wird. Jede empirische Forschung hat die Bestimmung eines Kriteriums zur Voraussetzung, das unentbehrlich ist, um über die bildungstheoretische und bildungspraktische Relevanz des im Forschungsfeld Vorfindbaren entscheiden zu können. Die erwähnte Mitwirkung an der Definition dessen, was Bildung „ist", beginnt mit der Entwicklung grundlegender Kategorien, Begriffe, Konzepte und Forschungsstrategien. […]

Andererseits: Der Bildungsforscher mag Subjekt der Konstitution seines Gegenstandes sein. Aber das, was in einer Gesellschaft als Bildung gilt, ist doch auch eine von der wissenschaftlichen Aktivität des Bildungsforschers unabhängige soziale Tatsache, die im Wissen, Wollen und Tun der Angehörigen einer Kultur „existiert" und im Bildungswesen einer Gesellschaft institutionalisiert ist. Es gehört zu den wichtigsten Prinzipien jeder empirischen Forschung und also auch der Bildungsforschung, die im Forschungsgegenstand thematisierten Dinge so zu sehen, wie sie „wirklich" sind, das heißt: sie so objektiv[14] wie eben möglich zu erfassen. Diesem Ideal ist der riesige forschungsmethodische Aufwand gewidmet, aus dem Forschung wesentlich besteht. […]

Die Rezeption „der" wie oder wo auch immer konkretisierten sozialen Tatsache „Bildung" ist ein aktiver, selektiver und interpretativer Prozess, der von Kategorien, Relevanzkriterien, Konzeption und Theorien, kurz: der Kompetenz dessen bestimmt wird, der diese Tatsache wahrnimmt, beschreibt und erklärt.

Erziehungswissenschaft – eine normative Disziplin?

In der bildungstheoretischen Tradition und insbesondere im Kontext empirieskeptischer Orientierungen ist immer wieder die Befürchtung geäußert worden, daß die Empirie [...] den Mißbrauch erziehungswissenschaftlicher Forschungsergebnisse begünstige (Technokratievorwurf). Empirische Forschung liefere ihre Ergebnisse beliebiger praktischer Verwendung aus. [...]

Eine Bildungsforschung, die nicht gegen die in der Forschung bewährten und anerkannten Regeln verstößt[15] und die im besonderen den gesamten Prozess der Wissensgenerierung einer intersubjektiven Überprüfung zugänglich macht, ist geeignet, zur Klärung der Voraussetzungen und Konsequenzen selbstverantwortlichen bildungspraktischen Handelns einen wesentlichen Beitrag zu leisten. [...]

Alle Versuche engagierter Forscher, auf die praktische Verwendung erziehungswissenschaftlicher Erkenntnisse Einfluß zu nehmen, stoßen an die [...] Grenze der Autonomie kompetenter Praktiker. Der Einfluß, den Ergebnisse empirischer Bildungsforschung auf die Urteilsbildung und auf die Handlungskompetenz des Bildungspraktikers haben, hängt von der eigenverantwortlichen, unvermeidbar selektiven und interpretativen Rezeption, Interpretation und Umsetzung der Forschungsergebnisse durch den Praktiker ab. Auf diese Einsichten läßt sich die Empfehlung stützen, erziehungswissenschaftliche Forschung in ihren Begründungskontexten von Wertungen und Normen frei zu halten. Dieser Empfehlung wird besonders in der Erziehungswissenschaft mehr oder minder engagiert widersprochen. Den Einwänden gegen eine nicht normative Bildungsforschung (und -praxis) ist folgendes entgegenzuhalten:

Bildungsforscher und Bildungspraktiker

1. Der Bildungsforscher vermag weder in der deskriptiven noch in der präskriptiven Zweck- und Inhaltsbestimmung „der Bildung“ einen Prioritätsanspruch zu begründen [...].
2. Freilich kann der Bildungsforscher sich als jemand begreifen und betätigen, der sich in den Dienst der Bildungspraxis stellt. Aber bereits in Antworten auf die Frage, was getan (oder unterlassen) werden muß, wenn ein bestimmtes Ziel erreicht werden soll, nimmt der Bildungsforscher sich auf seine Zuständigkeit zurück. Denn das *Wenn* steht ausdrücklich zur Diskussion und zur Disposition des Adressaten der theoretisch begründeten und empirisch kontrollierten Zusammenhangsvermutung.
3. Normen sind *Aufforderungen*. Sie ermöglichen nicht nur, sondern *sie bezwecken* die Stellungnahme des Praktikers. Der Praktiker muß nicht nur über die an ihn adressierten Forderungen, sondern auch über die Zwecke seiner Arbeit selbst entscheiden und diese Entscheidung selbst verantworten.
4. Scheinwissenschaftlich begründete, um nicht zu sagen angemaßte Normgebung verletzt – auch *normativ*! – den Respekt vor der Autonomie, Kompetenz und Verantwortlichkeit des Praktikers. Sie begünstigt [...] die Entwicklung praktischer Verantwortungslosigkeit, die den Bildungspraktiker zu genau dem „macht“, was Kritiker einer nicht-normativen (Bildungs-) For-

schung dem Forscher vorwerfen: Der Praktiker wird zum Erfüllungsgehilfen externaler Maßgaben und möglicherweise unsensibel dafür, daß auch er die Adressaten seiner Arbeit – beispielsweise seine Schülerinnen und Schüler – so sieht und behandelt, wie er selbst gesehen und behandelt wird.

Qualitätssicherung der Bildungsarbeit

5. Zur Beantwortung der aktuellen Frage nach der Qualität und nach der Qualitätssicherung der Bildungsarbeit, kann der Bildungsforscher durchaus einen Beitrag leisten. Der kann aber nicht darin bestehen zu sagen oder zu bestimmen, was eine gute Bildung oder eine gute Schule „ist". Statt dessen kann der Bildungsforscher wesentlich zur Analyse der *Voraussetzungen* einer verantwortlichen Entscheidung dieser Frage beitragen, beispielsweise durch einen Beitrag zur (bislang vernachlässigten) Reflexion der Beurteilungs*kriterien*, durch Erörterung der Frage nach den *Subjekten* und nach der *Legitimation* der Kriterienbestimmung und -anwendung oder auch durch empirische überprüfte Beiträge zur Erfassung der Implikationen und der vielfältigen Konsequenzen möglicher Qualitätsbestimmungen und -beurteilungen für die in sehr unterschiedlicher Weise davon Betroffenen. [...] Jedoch alles, was Bildungsforscher zur Klärung der Voraussetzungen verantwortlicher Qualitätsbeurteilung beizutragen vermögen, entbindet den Adressaten dieser Beiträge nicht von der Notwendigkeit, diese Angebote in eigener professioneller Kompetenz zu interpretieren, zu beurteilen und praktisch umzusetzen.

Reflexionsfragen:

- Welchen Schwierigkeiten sieht sich die empirische Bildungsforschung ausgesetzt?
- Wie bzw. unter welchen Bedingungen ist Bildung messbar? Erläutern Sie die Grenzen der Messbarkeit von Bildung.
- Erläutern Sie den von Heid dargestellten Zusammenhang von Bildung und (Definitions-)Macht.
- Welche Konsequenzen ziehen Aussagen der empirischen Bildungsforschung nach sich?
- Diskutieren Sie die Handlungsmöglichkeiten des Bildungsforschers und des Praktikers.

6. Peter Bieri

Wie wäre es, gebildet zu sein?

Textauszug aus: Bieri, P. (2005): Wie wäre es, gebildet zu sein? Festrede, Freitag, 4. November.

Bildung ist nicht Ausbildung

Bildung ist etwas, das Menschen mit sich und für sich machen: Man bildet sich. Ausbilden können uns andere, bilden kann sich jeder nur selbst. Das ist kein blosses Wortspiel. Sich zu bilden, ist tatsächlich etwas ganz anderes, als ausgebildet zu werden. Eine Ausbildung durchlaufen wir mit dem Ziel, etwas zu können. Wenn wir uns dagegen bilden, arbeiten wir daran, etwas zu werden – wir streben danach, auf eine bestimmte Art und Weise in der Welt zu sein. Wie kann man sie beschreiben?

Bildung als Weltorientierung

Bildung beginnt mit Neugierde. Man töte in jemandem die Neugierde ab, und man stiehlt ihm die Chance, sich zu bilden. Neugierde ist der unersättliche Wunsch, zu erfahren, was es in der Welt alles gibt. [...] Neugierde

Die Menge von dem, was es zu wissen und zu verstehen gibt, ist gigantisch, und sie wächst mit jedem Tag. Sich zu bilden, kann nicht heissen, ausser Atem hinter allem herzulaufen. Die Lösung ist, sich eine grobe Landkarte des Wissbaren und Verstehbaren zurechtzulegen und zu lernen, wie man über die einzelnen Provinzen mehr lernen könnte. Bildung ist also ein doppeltes Lernen: Man lernt die Welt kennen, und man lernt das Lernen kennen.

Dabei entstehen zwei Dinge, die gleichermassen wichtig sind. Das eine ist ein Sinn für die Proportionen. Man braucht, um gebildet zu sein, nicht die genaue Anzahl der Sprachen zu kennen, die es auf der Erde gibt. Aber man sollte wissen, dass es eher 4000 sind als 40. [...]

Das Zweite, was im Zuge der Weltorientierung entsteht, ist ein Sinn für Genauigkeit: ein Verständnis davon, was es heisst, etwas genau zu kennen und zu verstehen: ein Gestein, ein Gedicht, eine Krankheit, eine Symphonie, ein Rechtssystem, eine politische Bewegung, ein Spiel. Es gibt niemanden, der mehr als nur einen winzigen Ausschnitt der Welt genau kennt. Doch das verlangt die Idee der Bildung auch nicht. Aber der Gebildete ist einer, der eine Vorstellung davon hat, was Genauigkeit ist und dass sie in verschiedenen Provinzen des Wissens ganz Unterschiedliches bedeutet.

Bildung als Aufklärung

Der Gebildete ist also einer, der sich in der Welt zu orientieren weiss. Was ist diese Orientierung wert? «Wissen ist Macht.» Was die Idee der Bildung anbelangt, kann das nicht heissen: mit seinem Wissen über andere zu herrschen. Die Macht des Wissens liegt woanders: Sie verhindert, dass man Opfer ist. Wer in der Welt Bescheid weiss, kann weniger leicht hinters Licht geführt werden und kann sich wehren, wenn andere ihn zum Spielball ihrer Interessen machen wollen, in Politik oder Werbung etwa. Orientierung in der Welt ist nicht die einzige Orientierung, auf die es ankommt. Gebildet zu sein, heisst auch, sich bei der Frage auszukennen, worin Wissen und Verstehen bestehen und was deren Grenzen sind. Es heisst, sich die Frage vorzulegen: Was weiss und verstehe ich wirklich? [...] Das Wissen, um das es hier geht, ist Wissen zweiter Ordnung. Es unterscheidet den naiven vom gebildeten Wissenschaftler und den ernstzunehmenden vom einfältigen Journalisten, der noch nie etwas von Quellenkritik gehört hat. Wissen zweiter Ordnung bewahrt uns davor, das Opfer von Aberglauben zu werden. Wann macht ein Ereignis ein anderes wahrscheinlich? Was ist ein Gesetz im Unterschied zu einer zufälligen Korrelation? Was unterscheidet eine echte Erklärung von einer Scheinerklärung? Das müssen wir wissen, wenn Orientierung wir ein Risiko abschätzen und uns ein Urteil über all die Vorhersagen bilden wollen, mit denen wir bombardiert werden. Jemand, der in diesen Dingen wach ist, wird skeptische Distanz wahren, nicht nur gegenüber esoterischer Literatur, sondern auch gegenüber wirtschaftlichen Prognosen, Wahlkampfargumenten, psychotherapeutischen Versprechungen und dreisten Anmassungen der Gehirnforschung. Und er wird gereizt, wenn er hört, wie andere Wissenschaftsformeln nur nachplappern. Der in diesem Sinne Gebildete weiss zwischen bloss rhetorischen Fassaden und richtigen Gedanken zu unterscheiden. Er kann das, weil ihm zwei Fragen zur zweiten Natur geworden sind: «Was genau heisst das?» und: «Woher wissen wir, dass es so ist?» Das immer wieder zu fragen, macht resistent gegenüber rhetorischem Drill, Gehirnwäsche und Sektenzugehörigkeit, und es schärft die Wahrnehmung gegenüber blinden Gewohnheiten des Denkens und Redens, gegenüber modischen Trends und jeder Form von Mitläufertum. Man kann nicht mehr geblufft und überrumpelt werden, Schwätzer, Gurus und anmassende Journalisten haben keine Chance. Das ist ein hohes Gut, und sein Name ist: gedankliche Unbestechlichkeit.

Bildung als historisches Bewusstsein

Aufgeklärtes Bewusstsein

Das aufgeklärte Bewusstsein des Gebildeten ist nicht nur kritisches Bewusstsein. Es ist auch geprägt von historischer Neugierde: Wie ist es dazu gekommen, dass wir so denken, fühlen, reden und leben? Und auf dem Grund dieser Neugierde liegt der Gedanke: Es hätte alles auch anders kommen können, es liegt in unserer Kultur keine metaphysische Zwangsläufigkeit. Das aufgeklärte Bewusstsein ist also ein Bewusstsein der historischen Zufälligkeit. Es drückt sich aus in der Fähigkeit, die eigene Kultur aus einer gewissen Distanz heraus zu betrachten und ihr gegenüber eine ironische und spielerische Einstellung einzunehmen. Das heisst nicht: sich nicht zu der eigenen Lebensform zu bekennen. Es heisst nur, von dem naiven und arroganten Gedanken abzurücken, die eigene Lebensform sei einem angeblichen Wesen des Menschen angemessener als jede andere. Solche Anmassung, die zur Essenz eines jeden Imperialismus und einer jeden Missionierung gehört, ist ein untrügliches Zeichen von Unbildung.

Das historische Bewusstsein führt zu dem Bedürfnis, sich die Kultur, in die man zufällig hineingewachsen ist, noch einmal neu anzueignen. Das hat viel mit Nachdenken über Sprache zu tun. [...]

Eine Kultur zu verstehen, heisst, sich mit ihren Vorstellungen von moralischer Integrität auszukennen. Wir wachsen mit bestimmten moralischen Geboten und Verboten auf, wir atmen sie ein mit der Luft des Elternhauses, der Strasse, der Filme und Bücher, die uns erschüttern und prägen – sie machen unsere moralische Identität aus und bestimmen unsere moralischen Empfindungen wie Entrüstung, Groll und schlechtes Gewissen. Zuerst – das gehört zur Ernsthaftigkeit der Moral – setzen wir diese Dinge absolut, wir lernen sie nicht als eine Möglichkeit unter anderen. Der Bildungsprozess dann besteht darin, zur Kenntnis zu nehmen, dass man in anderen Teilen der Erde, in anderen Gesellschaften und Lebensformen, über Gut und Böse anders denkt und empfindet; dass auch unsere moralische Identität kontingent ist, ein historischer Zufall; dass sich etwa die Vorstellungen von Sünde und Demut ausserhalb der monotheistischen Religionen so nicht finden lassen; dass Rache und Vergeltung nicht überall als verwerflich gelten; dass man über Leiden, Tod und Glück auch ganz anders denken kann; und dass man anderswo mit den physischen und moralischen Übeln in der Welt auch ohne den Gedanken fertig wird, dass sie nicht das letzte Wort sind und dass dereinst noch einmal abgerechnet wird.

Für den Gläubigen kann Bildung Erschütterung bedeuten. Zu erfahren, dass Milliarden von Menschen offenbar nicht den richtigen Glauben haben: Das muss ein Schock sein. Und entsprechend schwer ist die Anerkennung des Offensichtlichen: dass es geographischer und gesellschaftlicher Zufall ist, was ich glaube, welcher Liturgie ich folge – und eben auch, wie meine Moral aussieht. [...]

Auch hier heisst gebildet sein: Wissen um die Vielfalt, Respekt vor dem Fremden, Zurücknahme von anfänglicher Überheblichkeit.

Wenn ich in diesem Sinne gebildet bin, habe ich eine bestimmte Art von Neugierde: wissen zu wollen, wie es gewesen wäre, in einer anderen Sprache, Gegend und Zeit, auch in einem anderen Klima aufzuwachsen. Wie es wäre, in einem anderen Beruf, einer anderen sozialen Schicht zu Hause zu sein. Ich habe das Bedürfnis nach wachem Reisen, um meine inneren Grenzen zu erweitern. [...]

Bildung als Artikuliertheit

Veränderndes Lesen

Der Gebildete ist ein Leser. Doch es reicht nicht, ein Bücherwurm und Vielwisser zu sein. Es gibt – so paradox es klingt – den ungebildeten Gelehrten. Der Unterschied: Der Gebildete weiss Bücher so zu lesen, dass sie ihn verändern. «Schützt Humanismus denn vor gar nichts?», fragte Alfred Andersch mit Blick auf Heinrich Himmler, der aus einer Familie des humanistisch *gebildeten* Bürgertums stammte. Die Antwort ist: Er schützt nur denjenigen, der die humanistischen Schriften nicht bloss konsumiert, sondern sich auf sie einlässt; denjenigen, der nach dem Lesen ein anderer ist als vorher. Das ist ein untrügliches Kennzeichen von Bildung: dass einer Wissen nicht als blosse Ansammlung von Information, als vergnüglichen Zeitvertreib oder gesellschaftliches Dekor betrachtet, sondern als etwas, das innere Veränderung und Erweiterung bedeuten kann, die handlungswirksam wird. Das gilt nicht nur, wenn es um moralisch bedeutsame Dinge geht. Der Gebildete wird auch durch Poesie ein anderer. Das unterscheidet ihn vom Bildungsbürger und Bildungsspiesser. [...]

Bildung als Selbsterkenntnis

Es kennzeichnet Personen, dass sie sich, was ihre Meinungen, Wünsche und Emotionen anbelangt, zum Problem werden und sich um sich selbst kümmern können. Bildung ist etwas, das an diese Fähigkeit anknüpft. Es mag einer noch so gut ausgebildet sein und eine noch so grosse Orientierung haben, so dass er in der Welt erfolgreich navigieren kann – wenn er sich nicht auf diese Weise gegenüberzutreten und an sich zu arbeiten weiss, verfügt er nicht über Bildung in einem vollen, reichen Sinn des Ausdrucks.

Selbsterkenntnis

Es kann sich dabei um Bildung als Selbsterkenntnis handeln: Statt dass ich nur bestimmte Dinge glaube, wünsche und fühle, kann ich mich fragen, woher sie kommen: welchen Ursprung sie haben und auf welchen Gründen sie beruhen. Im Falle des Denkens und Meinens entsteht dadurch Wissen zweiter Ordnung, von dem schon die Rede war. Doch nun werde ich auch reflektierter, was meinen Willen und meine Emotionen betrifft: Wie bin ich zu ihnen gekommen? Was hat sie angeschoben, und wie gut sind sie begründet? Es geht darum, sich in seinem Denken, Fühlen und Wollen zu verstehen, statt diese Dinge nur geschehen zu lassen. Es geht um die Interpretation meiner Vergangenheit und das Durchleuchten meiner Entwürfe für die Zukunft, kurz: um das Schaffen und Fortschreiben von Selbstbildern. Und der Gebildete ist auch darin reflektiert, dass er Fragen wie diese stellt: Woher weiss ich, dass ein Selbstbild kein Trugbild ist? Haben wir einen privilegierten Zugang zu uns selbst? Sind Selbstbilder gefunden oder erfunden?

Der Gebildete – so lautet meine nächste Definition – ist einer, der über sich Bescheid weiss und Bescheid weiss über die Schwierigkeiten dieses Wissens. Er ist einer, dessen Selbstbild mit skeptischer Wachheit in der Schwebe gehalten werden kann. Einer, der um die brüchige Vielfalt in seinem Inneren weiss und keine soziale Identität für bare Münze nimmt.

Bildung als Selbstbestimmung

Im Prozess der Bildung geht es nicht nur darum, die Erkenntnis über sich selbst zu vergrössern. Es geht auch darum, sich in seinem Denken, Fühlen und Wollen zu bewerten, sich mit einem Teil zu identifizieren und sich vom Rest zu distanzieren. Darin besteht das Schaffen einer seelischen Identität. So meisseln wir eine seelische Skulptur für uns selbst.

Seelische Identität

Ich kann mit der Welt meines Wollens, meiner Gedanken und Gefühle aus verschiedenen Gründen unzufrieden sein: weil es an Übersicht und innerer Stimmigkeit fehlt; weil ich mir draussen ständig Beulen hole; weil ich mir darin fremd vorkomme. Dann brauche ich im weitesten Sinne des Worts eine éducation sentimentale, diejenige Art von Bildung also, die man einst mit gutem Grund Herzensbildung nannte: Gestützt auf wachsende Einsicht in die Logik und Dynamik meines seelischen Lebens, lerne ich, dass Gedanken, Wünsche und Gefühle kein unabwendbares Schicksal sind, sondern etwas, das man bearbeiten und verändern kann. Ich erfahre, was es heisst, nicht nur in meinem Tun, sondern auch in meinem Wollen und Erleben selbstbestimmt zu werden. Diese Selbstbestimmung kann nicht darin bestehen, dass ich mich in einer inneren Festung verbarrikadiere, um jeder Beeinflussung durch andere, die das Gift der Fremdbestimmung enthalten könnte, zu entfliehen. Was ich lerne, ist etwas anderes: zu unterscheiden zwischen einer Beeinflussung, die mich von mir selbst entfremdet, und einer anderen, die mich freier macht, indem sie mich näher an mich selbst heranführt. Jede Form von Psychotherapie, die über blosse Konditionierung und Dekonditionierung hinausgeht, trägt zu dieser Art von innerer Bildung bei.

Selbstbestimmung in diesem Sinne geschieht nicht von einem inneren Hochsitz herunter, von dem aus ich über mein seelisches Geschehen Regie führen könnte. Ich – das ist nichts anderes als dieses seelische Geschehen selbst. Dass ich über mich selbst bestimme, kann nur heissen: Es findet ein unaufhörliches Knüpfen, Auflösen und Neuknüpfen des Netzes aus seelischen Episoden, Zuständen und Dispositionen statt, das ich bin, ein Entwerfen, Verwerfen und Umbauen meines Selbstbilds, an dem ich messe, was mir innerlich zustösst. Der Gebildete ist einer, der über seine seelische Gestalt selbst bestimmt, indem er einen stetigen Prozess erneuter Selbstbewertung zulässt und die damit verbundene Unsicherheit aushält. Dadurch wird er im emphatischen Sinne ein Subjekt.

Bildung als moralische Sensibilität

Education sentimentale

Education sentimentale, Herzensbildung, kann noch etwas anderes bedeuten: Entwicklung von moralischer Sensibilität. Aus der Einsicht in die Kontingenz der eigenen kulturellen Identität entsteht Toleranz – kein förmliches Dulden des Fremden, sondern echter und selbstverständlicher Respekt vor anderen Arten, zu leben. Nicht, dass das immer leicht wäre. Besonders schwierig ist es dann, wenn das Fremde die eigenen moralischen Erwartungen verletzt. Was machen wir mit Grausamkeit, die uns in Rage versetzt, anderswo aber akzeptierter Bestandteil des Lebens ist? Bildung ist die schwer zu erlernende Kunst, die Balance zu halten zwischen dem Anerkennen des Fremden und dem Bestehen auf der eigenen moralischen Vision. Es gilt, diese Spannung auszuhalten: Bildung verlangt hier Furchtlosigkeit.

Wir hatten gesehen: Je besser jemand die Sprache des Erlebens beherrscht, desto differenzierter empfindet er. Das hat zur Folge, dass auch seine Beziehungen zu den anderen reicher werden. Das gilt vor allem für die Fähigkeit, die wir Einfühlungsvermögen nennen. Sie ist ein Gradmesser für Bildung: Je gebildeter jemand ist, desto besser ist er darin, sich in die Lage anderer zu versetzen. Bildung macht präzise soziale Phantasie möglich. Sie ist es, die verschleierte Formen der Unterdrückung sichtbar macht und Licht wirft auf Grausamkeiten, die man begangen hat, ohne es zu merken. In dieser Form ist Bildung tatsächlich ein Bollwerk gegen Grausamkeit. Um zu tun, was Himmler tat, muss man an unvorstellbarer Phantasielosigkeit leiden.

Bildung als poetische Erfahrung

Poesie

Ausbildung ist stets an einem Nutzen orientiert: Man erwirbt ein Know-how, um etwas zu erreichen. Dagegen ist die Bildung, von der hier die Rede ist, ein Wert in sich, wie die Liebe. Es wäre falsch, zu sagen, sie sei ein Mittel, um glücklich zu sein, denn Glück kann man nicht planvoll ansteuern. Und es ist natürlich auch nicht so, dass es ohne Bildung kein Glück gibt. Aber es gibt Erfahrungen des Glücks, die aufs Engste mit den besprochenen Facetten der Bildung verknüpft sind: die Freude, an der Welt etwas besser zu verstehen; die befreiende Erfahrung, einen Aberglauben abschütteln zu können; [...] die überraschende Erfahrung, dass sich mit dem Anwachsen der moralischen Sensibilität der innere Radius vergrössert.

Und Bildung schliesst eine weitere Dimension von Glück auf: die gesteigerte Erfahrung von Gegenwart beim Lesen von Poesie, beim Betrachten von Gemälden, beim Hören von Musik. Die Leuchtkraft von Worten, Bildern und Melodien erschliesst sich nur demjenigen ganz, der ihren Ort in dem vielschichtigen Gewebe aus menschlicher Aktivität kennt, das wir Kultur nennen. Niemand, der die Dichte solcher Augenblicke kennt, wird Bildung mit Ausbildung verwechseln und davon faseln, dass es bei Bildung darum gehe, uns «fit für die Zukunft» zu machen.

Leidenschaftliche Bildung

Leidenschaftlichkeit

Der Gebildete ist an seinen heftigen Reaktionen auf alles zu erkennen, was Bildung verhindert. Die Reaktionen sind heftig, denn es geht um alles: um Orientierung, Aufklärung und Selbsterkenntnis, um Phantasie, Selbstbestimmung und moralische Sensibilität, um Kunst und Glück. Gegenüber absichtlich errichteten Hindernissen und zynischer Vernachlässigung kann es keine Nachsicht geben und keine Gelassenheit.

Boulevardblätter, die aus purer Profitgier alles zerstören, wovon ich gesprochen habe, können nur den heftigsten Ekel hervorrufen. Überhaupt ist der Gebildete einer, der vor bestimmten Dingen Ekel empfindet: vor der Verlogenheit von Werbung und Wahlkampf; vor Phrasen, Klischees und allen Formen der Unaufrichtigkeit; vor den Euphemismen und der zynischen Informationspolitik des Militärs; vor allen Formen der Wichtigtuerei und des Mitläufertums, wie man sie auch in den Zeitungen des Bürgertums findet, die sich für den Ort der Bildung halten. Der Gebildete sieht jede Kleinigkeit als Beispiel für ein grosses Übel, und seine Heftigkeit steigert sich bei jedem Versuch der Verharmlosung. Denn wie gesagt: Es geht um alles.

Reflexionsfragen:

- Beschreiben Sie Bieris Bildungsverständnis. Lassen sich die von ihm angeführten Punkte gewichten?
- Zielt Bieris Konzeption eher auf die Vermittlung von Wissen (im Sinne einer materialen Bildung) oder auf die Vermittlung von Fähigkeiten (formale Bildung)? Erläutern Sie Ihre Einschätzung.
- Wie lassen sich Ihrer Ansicht nach Bildungsprozesse im Sinne Bieris initiieren?
- Diskutieren Sie die Bedeutung des „Fremden" in Bieris Ansatz.
- Welche Konsequenzen hätte dieses Bildungsverständnis für Schulen und Universitäten?

7. Andreas Dörpinghaus

Abschied vom Lebenslangen Lernen – Gedanken über ein komplexes anthropologisches Phänomen

Textauszug aus: Dörpinghaus, A. (2017): Abschied vom Lebenslangen Lernen. In: Forschung und Lehre, 24(8), S. 674–678.

Lebenslanges Lernen

Das Lebenslange Lernen hat bis heute eine kaum zu übertreffende Plausibilität. Wer wollte behaupten, man könne aufhören zu lernen oder lerne irgendwann einmal nicht mehr. Vielmehr wird zunehmend deutlich, dass das Lernen eine menschliche Fähigkeit ist, die uns in der Regel erhalten bleibt, die offensichtlich zu unserem Menschsein gehört und sich nicht mit dem Älterwerden verabschiedet, wohl aber verändert. Aber was das Lernen selbst eigentlich ist, von dem immerhin in solchen Zusammenhängen selbstexplikativ die Rede ist, was es für uns bedeutet zu lernen, ja, was es heißt, ein Leben lang lernen zu sollen, also stets quasi Bereitschaftsdienst zu haben, solche und weitere Fragen treten oft eher in den Hintergrund, wenn sie sich überhaupt stellen. Ich möchte zunächst dafür werben, die Rede vom Lebenslangen Lernen zu schonen, sie ruhen zu lassen und stattdessen zu fragen, was es mit dem Lernen auf sich haben könnte, das alle unsere Beziehungen, also unsere Selbst-, Sozial- und Weltverhältnisse derart fundamental berührt. Vieles, was wichtig ist, lernen wir nicht eigentlich, und lernen es dennoch. Im Grunde wissen wir bis heute nicht, was genau geschieht, wenn wir lernen. Neurophysiologische Beschreibungen erfassen nicht das Lernen, sondern physiologische Effekte. Wir lernen stets durch Erfahrungen, die wir machen, in denen jedes Lernen als Prozess des Verstehens seinen Ausgang nimmt. Am Ende ist ein reflexives Lernen Bestandteil einer Persönlichkeit, die ihre Freiheit in der Gestaltung der Wirklichkeit durch den Möglichkeitssinn und darin auch im Nein-Sagen-Können findet. Das Lernen selbst ist in dieser Anbindung nicht beobachtbar, es bleibt Gegenstand der reflexiven Forschung als ein Geschehen, das Sinn und Bedeutung generiert, das Horizonte gestaltet, Möglichkeiten schafft. Wir müssen in der Wissenschaft, an Schulen und Universitäten wieder begreifen, dass es Dinge gibt, denen man nur durch Nachdenken beikommen kann. Das Lernen gehört dazu.

Das Lernen des Lebenslangen Lernens

Deutscher Bildungsrat

[…] Seine Ausrichtung erhält das Lebenslange Lernen in den späten 1960/1970er Jahren und war mit der Sorge verbunden, das europäische Wirtschaftssystem sei nicht leistungsfähig genug. Der Deutsche Bildungsrat empfahl schließlich, das Lebenslange Lernen als eine Bereitschaft des Lernens bereits in der frühen Kindheit einzuüben und im Erwachsenenalter fortzuführen. Damit wurde zugleich die Erwachsenenbildung/Weiterbildung als quartärer Bildungssektor ausgebaut. Diese Empfehlung war vordergründig der scheinbaren Notwendigkeit geschuldet, dass Menschen in modernen Gesellschaften die

Disposition erwerben müssen, sich stets neuen Verhältnissen, Situationen oder auch Anforderungen unmittelbar anzupassen. Der flexible, biegsame Mensch, das Bedürfnissubjekt, das zugleich Unternehmer seiner selbst sein sollte, war also beim Lebenslangen Lernen stets mitgedacht.

Historisch betrachtet entstand die Dynamik dieses Wandels, die moderne Gesellschaften bis heute prägen sollte, bereits im 19. Jahrhundert. Viele Dinge blieben zunehmend nicht mehr, wie vordem, über Jahrhunderte konstant, alles schien sich beständig zu verändern, Verlässlichkeiten schrumpften, das Leben geriet unter Zeitdruck. [...] Die Zeit wird seit dem 19. Jahrhundert zum Akteur – so auch im Lebenslangen Lernen –, weniger die Menschen, die sie erfahren. Das Lebenslange Lernen wurde dabei zum einen ein Effekt dieser Beschleunigungserfahrung des Wandels, aber eben zum anderen – und das ist viel bedeutender – zugleich ihr Motor. Die beständige Angst, „abgehängt" zu werden, zu veralten, nicht „marktkonform" zu sein, ist konstitutiver Bestandteil, gehört zum Lebenslangen Lernen schlichtweg dazu. Ab dem 19. Jahrhundert öffnet sich die Fiktion der Zukunft zu Lasten der Faktizität der Gegenwart und erzeugt gerade in ihrer Ungewissheit eine tiefe Unsicherheit. Diese Unsicherheit wird in der Folge eine der wichtigsten Steuerungsgrößen von Gesellschaftsformationen im Bildungssektor. Das Lebenslange Lernen erschien als Versicherung gegen diese Unsicherheit. Daher nimmt es nicht wunder, dass es zur geheimen Formensprache und Programmierlogik der Bildungseinrichtungen – vor allem Schulen und Universitäten – spätestens seit den 1970er Jahren wurde und sich schließlich in die Modellierungen (Pisareform, Bolognareform) einschrieb. Zugleich korrelieren diese Vorstellungen mit einer nahezu schicksalhaften Eigenverantwortung des Einzelnen, bei gleichzeitig prinzipiell unterstellter Gleichheit aller. Die erwünschte Employability als generelles sowie unspezifisches Ziel des Bildungssystems führt, wenn sie in einem Nahverhältnis konkret auf Studiengänge, Lehrpläne oder auch auf den Einzelnen bezogen wird, zu einem Primat der bloßen Verwertung des Lernens.

Employability

Fragen wir im Anschluss der genealogischen Vergewisserung nach den maßgeblichen systematischen Gesichtspunkten eines Lebenslangen Lernens. Nun, der Sinn des Lebenslangen Lernens – ganz im Sinne geforderter Flexibilität – ist eine Anpassungsleistung. Aus dem Tierreich wissen wir, dass solche Anpassungsleistungen überlebenswichtig sind und in der Regel von der Natur gelenkt werden. In menschlichen Welten hingegen müssen wir solche Neujustierungen oft aufmerksam selbst vornehmen. Wir können dieses Anpassungslernen auch als ein reaktives (Reiz-Reaktions-)Lernen beschreiben, insofern es auf die Anforderungen und Problemkonstellationen, seien es gesellschaftliche, berufliche oder soziale, lediglich reagiert. Dass das Lernen in der Konzeption des derzeitigen Bildungssystems auf dieses Moment reduziert wird, ist kein Zeichen von vertrauenserweckender Komplexität, gleichwohl es genau darin Anziehungskraft entfaltet. Das gegenwärtige Bildungssystem konditioniert den Menschen als flexibles Bedürfnissubjekt, das nur noch zu wollen hat: Employability.

Mit der Vorstellung des Menschen als Lebenslang Lernendem ist zugleich die Gefahr verbunden, dass der Eindruck entstehen soll, dass wir nie mit etwas fertig werden. Ein additives, lineares, modularisiertes Lernmodell. Wir leben derzeit in einer Kontrollgesellschaft, die die Disziplinargesellschaft des 18. und 19. Jahrhunderts durch eine Reihe von Steuerungsmechanismen transformiert hat. Gilles Deleuze hat zu Recht darauf hingewiesen, dass der eingeübte Habitus des Nichtfertigwerdenden im Lebenslangen Lernen die Legitimation seiner permanenten prozessbegleitenden Kontrolle ist. Die Prüfungen werden auf Dauer gestellt. Und wer kein Ziel hat, außer reaktiver Flexibilität, haftet gefügig an den Dogmen der Anforderungen. Wir lernen so aber am wenigsten, Verantwortung zu übernehmen und einer ewigen, auch unmündigen Schülerschaft zu entfliehen. Erwarten wir nicht von Erwachsenen, dass es die sind, die mit irgendetwas fertig geworden sind und dann darin selbst Orientierung geben sollen? Unser Navigationssystem des Bildungssystems kennt nur noch Zwischenziele. Wir werden geführt, indem der weite Blick in die Zukunft die Gegenwart verbirgt und mit ihr diejenigen Dinge, die wir entscheiden sollten. Ziele – auch pädagogische – wurzeln in der Gegenwart, nicht in der Zukunft. Die Lebenszyklen von Kindheit, Jugend, Erwachsenenalter – eine einstmalige pädagogische Errungenschaft zum Schutz von Kindheit und Jugend – werden nivelliert zugunsten einer dauerhaften Schülerschaft, die die Mündigkeit einer politischen Aufklärung aufs Spiel setzt. Das lebenslange Lernen denkt insgeheim eine defizitorientierte Lernvorstellung mit. Also es gibt ein Defizit, und das Lernen behebt dieses Defizit. Mit anderen Worten: Der Mensch ist ein Mängelwesen, das sich lernend anpasst und die Mängel zu kompensieren sucht. Eine neue Erbsünde. Wichtig ist in diesem Kontext, dass Prozesse der Normalisierung mit Defizitzuschreibungen arbeiten und so normativ wirken. Ist es aber nicht viel wichtiger, das Lernen des Menschen in einem Bildungssystem von seinen Ressourcen, ja, von seinen Möglichkeiten und Gestaltungen her zu denken? Menschliches Lernen ist doch im Kern gerade keine Anpassung oder bloße Verhaltensänderung, sondern eine Gestaltung der Wirklichkeit in ihren Bezügen. Das Lebenslange Lernen erweckt den Eindruck, als sammelten wir Kompetenzen wie Briefmarken. Eine Addition von Gelerntem, eine Modularisierung unseres Lernens, von dem zu Recht behauptet werden kann, dass es ein wichtiger Teil unserer Existenz ist. Und lernen wir nicht immer etwas? Die so wichtige Frage nach den Inhalten des Lernens geht in einer Defizitorientierung verloren. Daher wird dann auch nur noch das Lernen gelernt und nicht etwas. Wir lernen nur noch das Lernen, und dann lernen wir das Lernen zu lernen, und dann lernen wir zu lernen, wie wir das Lernen lernen usw. Ist denn nicht das kluge Handeln die Basis des Gebrauchs der vielen Kompetenzen, die wir einüben, ist nicht die reflexive Aneignung und die Anwendung des Wissens das Entscheidende?

Defizitorientierte Lernvorstellung

Ich glaube, dass es wichtig ist, eine bildungspolitische Konzeption als Steuerungsmechanismus moderner Gesellschaften von der tatsächlichen Praxis des Lernens zu unterscheiden. Mir scheint dieser kritische Punkt deswegen

Kultur des Lernens

so wichtig, weil die allzu große Selbstverständlichkeit der Rede vom Lebenslangen Lernen in der Tat Momente verdeckt, die von grundlegender Bedeutung sind und gerade nichts damit zu tun haben, dass wir ein Leben lang lernen. Vielmehr verführt die Rede vom Lebenslangen Lernen dazu, das Lernen selbst als eigentliches Problem an Schulen und Universitäten aus dem Blick zu verlieren und es zum Zwang zu generieren, als müsse es verordnet werden. Verhindert wird so eine reiche Kultur des Lernens, die weder von der Logik der sich anpassenden Beiläufigkeit des Lernens ausgeht noch das Lernen lediglich reduziert auf fehlende Motivation oder Unwillen der Beteiligten, als sei der Mensch per se lernfaul – das mitnichten. Eine Kultur des Lernens muss vielmehr einen bedeutenden Beitrag darin sehen, Räume und Zeiten des Lernens von anderen Tätigkeiten des Menschen mit ganz eigenen Möglichkeiten und Chancen zu unterscheiden. Es verschwindet in der Rede vom Lebenslangen Lernen eine bedeutende Kultur des Lernens, die früher als Bildung bezeichnet wurde.

Bildendes Lernen – Vom Verlernen

Verlernen

Fragen wir nunmehr danach, was das menschliche Lernen ist und ausmacht, sollten wir nicht vorschnell nach einer Bestimmung suchen, die ein bestimmtes Verständnis des Lernens ein für alle Mal kategorisch festlegt. Es wird in unserer Lebenspraxis nicht das eine Lernen geben können. Lernen gibt es nur im Plural und in der Vielfalt, denn was unter Lernen zu verstehen ist, hängt davon ab, was und wie gelernt wird und von wem. Dennoch könnte es wichtig sein, übergreifende Momente und Strukturen zu verdeutlichen, quasi eine Art Grammatik des Lernens, die als Spezifika und Bedingungen einer Kultur des Lernens Sinn und Maß geben. Ein Bildungssystem ohne eine reflexive Kultur des Lernens verdiente auch den Namen nicht. Das menschliche Lernen ist – anders als ein Anpassungslernen oder eine schlichte Verhaltensänderung – eine Praxis als Performanz menschlicher Lebensführung.

Mit dieser Bestimmung sind systematisch zwei Ausschlüsse verbunden. Sie ist, erstens, kein bloßes Wissen, denn lediglich das Wissen reichte nicht aus, um etwas Gelerntes auch ausüben oder anwenden zu können. Man lernt vielmehr, indem man etwas tut. Die Praxis des Lernens ist, zweitens, nichts, was man einfach herstellen kann, wie ein Handwerker seine Produkte herstellt, so als könne man das Lernen Anderer oder das eigene herstellen. Gelegentlich grassieren bedauerlicherweise derartige Lernvisionen. Die menschliche Praxis des Lernens zeichnet sich vielmehr dadurch aus, dass sie ein weitgehend freiheitliches Tun, eine freiheitliche Aneignung innerhalb einer menschlichen Welt des Sinns und der Möglichkeiten in den Blick nimmt. Ein nicht reaktives Lernen kann nicht hergestellt werden, daher können wir uns im Lernprozess verirren und im Lernen auch scheitern oder gar verzweifeln. Lernen ist so betrachtet weder die Anpassung noch die unreflektierte Übernahme von Überzeugungen, Normen oder Wissensbeständen, vielmehr die reflexive Auseinandersetzung mit solcherlei Inhalten oder Gegenständen.

Menschliches Lernen

Fragen wir nun im Anschluss nach einer Beschreibung des Lernens: Das Lernen ist eine menschliche Praxis, in deren Vollzug wir nachhaltig Möglichkeiten für uns gewinnen. Lernen ist Aneignung von Möglichkeiten. Diese Möglichkeiten sind immer auch Gestaltungen unserer konkreten Wirklichkeit, unseres sozialen Miteinanders und des Bildes, das wir von uns haben. Das heißt aber auch – anders als bei einer Anpassungslogik –, dass sich unsere Wirklichkeit durch das Lernen verändert. Wir lernen, indem wir die Dinge anders sehen. Das ist der Unterschied zum reaktiven Lernen, das selbst das, worauf es reagiert, nicht zu ändern vermag.

Dieses spezifisch menschliche Lernen, das ich gerne als bildendes Lernen fassen möchte, erschließt neue Möglichkeiten für den Lernenden. Damit gehört es zu den wichtigsten Erfahrungen, die wir Menschen überhaupt machen. Und zwar zweifach: Zum einen ist der Lernprozess selbst als Tun und Tätigkeit eine konkrete Erfahrung. Vor allem aber machen wir die Erfahrung mit unserer Bildsamkeit. Es ist die Erfahrung, dass wir uns Möglichkeiten aneignen können, die wir vorher nicht hatten. Nur so leben wir nicht nur in einer faktischen Welt der Notwendigkeiten, sondern machen die Erfahrung unserer zwar beschränkten, aber tätigen Freiheit als Praxis, diese Wirklichkeit zu gestalten, ja, die Möglichkeiten selbst zum Bestandteil unserer Wirklichkeit werden zu lassen. Unsere Wirklichkeit ist immer auch die Welt unserer Möglichkeiten. Was sind aber nunmehr die Prozessbedingungen einer solchen Kultur des Lernens? Ich möchte als Antwort auf diese außerordentlich komplexe Frage die zentralen Merkmale ausführen.

Lernen und Verstehen

Lernen ist immer eine Anwendung des Gelernten auf unseren gesamten Lebenshorizont in seiner Ganzheit. Es ist dann ein Verstehen, und zwar ein Sich-Verstehen auf etwas, nämlich auf das Gelernte. Das, was man gelernt hat, darauf versteht man sich. Gerade in komplexen Handlungskontexten ist es unerlässlich, dass man sich auf etwas hin versteht. Was immer geschieht, wenn wir lernen (und damit ist mehr gemeint als die Feststellung, dass unser Gehirn nicht untätig ist), etwas, was wir vorher nicht konnten, wird gekonnt, indem es reflexiv in Teile gefasst wird, die in ihrer Summe ein neues Ganzes ergeben, das nicht bereits in den Entitäten der Teile vorhanden war. Anders ausgedrückt: Lernen erzeugt etwas Neues, das aber durch ein reflexives Spiel zwischen Wirklichkeit und Möglichkeit entsteht, es ist eine Dynamik, die selbst nach einer Möglichkeit, z.B. durch Neugier oder Interesse, drängt. Vielleicht lässt sich in Anlehnung an Foucault sagen, dass Lernen darin ein Begehren ist.

Doch Lernen bleibt in diesem Verstehen an ein Vorheriges gebunden. Es wird nicht einfach etwas Neues gelernt, hinzuaddiert, sondern ein Vorheriges wird verlernt oder umgelernt. Daher ist es auch interessant, dass Lernen seinen Anfang gerade in der Verzögerung eines selbstverständlichen Fortgangs von einer Gegenwart in die nächste unterbricht, wie Maurice Merleau-Ponty es einmal formulierte. Der Anfang liegt in einer sogenannten Negativität. Das Lernen als Form des Sich-auf-etwas-Verstehens hat darin stets einen negativen Charakter, weil ein Bedeutungshorizont scheitert. Mit anderen Worten: Das unbestimmte Mögliche, um das es im Lernen geht, ist in der und wird in der Negation wirklich, gestaltet so die Wirklichkeit des Lernens.

Sich-Fremdwerden

Ich hatte unterstrichen, dass menschliches Lernen keine bloße Anpassung sei. Wir reagieren in der Tat im Lernen nicht einfach auf etwas, sondern unser Lernen antwortet auf Situationen. Reagieren und Antworten sind sehr unterschiedliche Dinge. Wenn ich antworte, muss ich die Frage verstehen, auf die mein Lernen antwortet. Aber die Antwort gestaltet eben auch um, weil sie die Frage im Lichte der Antwort versteht. Lernen heißt dann auch, die Frage zu verstehen, auf die mein Lernen eine Antwort ist. Genauer: Der Prozess des Lernens ist genau dieses Sich-auf-etwas-Verstehen. Daher ist Lernen letztlich auch immer mit einem Sich-Fremdwerden verbunden. Wir lernen um, wir verlernen ja etwas, an dessen Stelle Neues entsteht, neue Möglichkeiten, neue Wirklichkeiten. Dafür müssen wir Altes, Selbstverständliches und auch manchmal Liebegewonnenes verlassen, um dem Neuen Raum zu geben.

Dieses Fremdwerden ist der Humus der Neugier, des Interesses, ohne die das Lernen nicht bewegt wird. Die Neugier und das Interesse am Lernen gehören zu den wichtigsten Dispositionen des Menschen. Nur durch das Lernen selbst bleiben sie uns erhalten. Das heißt aber auch, dass wir uns fragen müssen, wie Lernen beschaffen sein muss, damit Interesse und Neugier entstehen und wachbleiben kann. Nun, Neugier und Interesse entzünden sich an den Dingen, an Inhalten oder Fragestellungen. Sie sind die Leidenschaften und die Lust des Lernens und gehören unabdingbar zu einer Kultur des Lernens. Wir lernen immer etwas, daher ist das Lernen stets auf den Erwerb vielfältiger Modi des Wissens bezogen, das sich als Wissen gar nicht nur in der Verwertbarkeit erschöpfen kann und stets konstitutiver Bestandteil von Kultur und Gesellschaft ist.

Lernen und Persönlichkeit

Das bildende Lernen ist eine Praxis, die Möglichkeiten aneignet und verwirklicht. Voraussetzung dieser Aneignung ist eine dreifache Lernrelation, die das Feld des Lernens bestimmt. Es gibt also nicht das Lernen an sich, sondern Praxen des Lernens, die sich situativ im Feld der Relationen gestalten. Wenn man den Menschen von seinen Möglichkeiten und nicht von seinen Defiziten her denken will, braucht man schlichtweg eine andere Vorstellung vom Lernen, die spezifisch für den Menschen ist; man muss ihn aus seiner Fähigkeit heraus verstehen, in der Praxis des Lernens Möglichkeiten zu schaffen und so Wirklichkeit zu gestalten. Dieses spezifisch menschliche Lernen ist ein bildendes Lernen, da sich diese Lernprozesse in ihrer verstehenden Reflexivität nicht von der nachhaltigen Implementierung in die Armaturen unserer Persönlichkeit, unseres Wahrnehmens, Handelns und der Gestaltung unserer Sinnhorizonte lösen können. Ferner ist dieses Lernen – ganz im Sinne des Bildungsprozesses Wilhelm von Humboldts – die Verwirklichung der Möglichkeiten des Menschen, der sich auf sein Tun hin versteht.

Persönlichkeit

Ein bildendes Lernen lässt die Lernprozesse nicht außen vor, sondern macht sie zum konstitutiven Bestandteil der eigenen Persönlichkeit. Was immer auch die Persönlichkeit letztlich sein mag, so verwenden wir diesen Ausdruck zumeist, um zu betonen, dass Menschen in der Lage sind, eine Haltung zu zeigen oder Verhältnisse einzugehen, die wir als reflexiv beschreiben können und aufgrund derer mitunter überlegte Urteile gefällt werden. Es könnte doch in der Tat gute Gründe dafür geben, von Bildungseinrichtungen, wie z.B. Schule oder Universität, zu erwarten, auf dem beschwerlichen und anspruchsvollen Weg, auf dem junge Menschen eine Persönlichkeit werden sollen, also zunehmend gefordert sind, Stellung zu beziehen, selbst zu denken und eigene Urteile zu begründen, hilfreich zur Seite zu stehen. Die Begriffe der Persönlichkeit und der Persönlichkeitsbildung haben ihre Funktion darin, den Normen des Faktischen oder auch dem Druck der Verhältnisse etwas Widerständiges entgegensetzen zu können. Mit anderen Worten: Wir verbinden also gerade mit dem Begriff der Persönlichkeit keine psychischen, individuellen Dispositionen, sondern die Fähigkeit des Menschen, eine Welt der Bedeutung und des Sinns mit zu gestalten und Sich-auf-sich-zuverstehen. [...] Das heißt, das Lernen ist immer reflexiv auf die Persönlichkeit und ein Sich-Verstehen gewendet.

Seit der Antike ist die Frage, wie wir Menschen glücklich werden können, eine Frage, die uns Menschen beschäftigt. Die Antwort: Wir werden glücklich durch Bildung und Lernen, durch Arbeit an uns. Ziel war in der Antike vor allem die Arete, die Tugend. Damit war nichts anderes gemeint, als dass wir unser Glück finden, wenn wir unsere Möglichkeiten lernend verwirklichen, wenn wir lernen, kluge Entscheidungen zu treffen, uns eben auf unser Handeln gut verstehen. Jedes bildende Lernen kennt die Lust am Lernen, die Freude, wenn wir etwas verstanden haben und Dinge gestaltend umsetzen können. Kurzum: Wenn wir neue Möglichkeiten entdecken und Freude daran haben, diese Möglichkeiten zu Spielräumen unseres Tuns werden zu lassen.

Bildendes Lernen

So betrachtet ist das Lernen ein Lebenssinn, nämlich uns in unseren Möglichkeiten zu fördern und in dem Tun zu verwirklichen. Die Persönlichkeitsbildung sowie das bildende Lernen sind die wichtigste gesellschaftliche Ressource und weit mehr als Ausgleich von Defiziten. Die Persönlichkeit verbürgt, dass Menschen Nein-Sagen können als eines Aktes, in dem die Freiheit, nicht dermaßen regiert zu werden (M. Foucault), auf sich selbst insistiert. Schulen und Universitäten brauchen keine Bildung zur Anpassung und affirmativem Ja-Sagen, sie benötigen keine Leistungsingenieure (R. Musil), die das menschliche Lernen mit der Kumulation von Lern-Wissen verwechseln und das Verstehen als Kulturluxus begreifen. Vielmehr sollten sie – selbst in der Verwertungslogik – Persönlichkeiten fördern, die lernen, Nein-Sagen zu können, selbständig Sachverhalte oder Problemstellungen zu durchdenken, sich in Nachdenklichkeit verlieren, um sich in einem Sich-auf-sich-und-etwas-zu-verstehen finden, die Praxis als reflexive actio per distans begreifen.

Wir dürfen denen, die das Neue in unsere alte Welt mitbringen, nicht das Neue aus der Hand schlagen, so eine wichtige Forderung Hannah Arendts. Das wäre das Ende von Schule und Wissenschaft. Große, aber auch kleine Ideen, werden nicht von Ja-Sagern erfunden.

Reflexionsfragen:

- Wie kann man das bildende Lernen beschreiben?
- Was unterscheidet das bildende Lernen vom Anpassungslernen?
- Welche Gründe kann es geben, sich vom Lebenslangen Lernen zu verabschieden?
- Wie sieht der Autor den Zusammenhang von Lernen und Persönlichkeit?
- Welche Bedeutung haben Inhalte für das Lernen? Diskutieren Sie die möglichen Konsequenzen des Ansatzes.

C. Sozialisation

Ein Bestandteil pädagogischer Reflexionen ist das Phänomen Sozialisation. Bildungs- und Erziehungsprozesse unterliegen kontingenten gesellschaftlichen Einflüssen. Gleichzeitig wirken aber sozialisierende Momente auch implizit innerhalb von Bildungs- und Erziehungshandlungen. Mit der Gewichtung sozialisationsrelevanter Faktoren wird die Frage nach den pädagogischen Handlungsmöglichkeiten angesichts *nicht*-pädagogischer Einwirkungen und Einflussnahmen laut. So betrachtet ist Sozialisation keineswegs nur ein Thema moderner sozialwissenschaftlicher Theorien.

Der Begriff Sozialisation thematisiert, dass Menschen in und mit Kultur, Gesellschaft und Sprache aufwachsen, im sozialen Zusammenleben gesellschaftliche Gewohnheiten erwerben und normative Einstellungen übertragen. Er umfasst die Gesamtheit der Lernprozesse, die – ob bewusst oder unbewusst – durch gesellschaftliche Institutionen und in der Interaktion mit einer materiellen, kulturellen und sozialen Umwelt das menschliche Selbst prägen.

Der Sozialisationsbegriff wendet sich insbesondere gegen eine biologistische Auffassung, welche die persönliche Entwicklung, die individuellen Bedürfnisse, Fähigkeiten und Eigenschaften oder das eigene Selbstverständnis im Wesentlichen von Natur aus festgelegt, das heißt, ausschließlich durch Gene und Reifung bestimmt versteht. Stattdessen rückt er konkrete Lebensbedingungen und die damit einhergehende Einbindung in soziale Sinnzusammenhänge, Rollenerwartungen und Symbolsysteme in den Blickpunkt: Milieus und Positionen im sozialen Raum, die Wohnumgebung in einer Stadt oder auf dem Land, Freundschaftsgruppen und die Interaktion mit Gleichaltrigen, Vereine und die Einflüsse von Medien oder Alltags- und Konsumkultur, Schulbesuch und Spielmöglichkeiten, die Familie und das elterliche Sprachverhalten sowie berufliche Tätigkeiten und die Kommunikation am Arbeitsplatz. Sozialisation ist ein umfassender, lebenslanger Prozess in einer historisch sozial-kulturell vermittelten Lebenswelt. Leitende Fragen sind dabei: Wie werden Individuen zu Mitgliedern einer Gesellschaft oder sozialen Gruppe? Wie gelingt es, Regeln, Bräuche und Werte von Generation zu Generation weiterzugeben? Wie erlernt ein Individuum die Fähigkeiten, die zur Erfüllung von Normen und Rollenerwartungen erforderlich sind? Wie partizipieren Individuen an gesellschaftlichen Prozessen? Kurz: Wie gründet sich eine soziale Ordnung und ist ein Individuum angesichts von Gesellschaft möglich? Die Sozialisationstheorie fragt aber nicht nur nach dem Prozess, in dem der Mensch zu einem sozial handlungsfähigen und anerkannten *Mit*menschen wird; sie eröffnet zugleich eine potentiell kritische Perspektive auf Macht- und Herrschaftsverhältnisse sowie die ungleiche Verteilung von Chancen und Ressourcen zwischen Klassen, Geschlechtern oder ethnischen Gruppen.

Der im Vergleich zu Erziehung und Bildung jüngere Begriff der Sozialisation wird im wissenschaftlichen Kontext erstmals in der Zeit um 1900 verwendet. Was die Gegebenheiten und Problemstellungen des menschlichen Zusammenlebens, die durch ihn in den Blick geraten, der Sache nach betrifft, weist er jedoch eine lange Vorgeschichte auf. Betrachtungen und Beobachtungen zum Menschen als Sozialwesen gibt es seit Beginn der abendländischen Philosophie. Aristoteles kennzeichnet den Menschen als *zoon politikón*, als ein von Natur aus auf Gemeinschaft hin angelegtes und Gemeinschaft bildendes Wesen. In gewisser Weise nimmt der auch in der Antike bereits etablierte Begriff der *zweiten Natur* – eine durch soziale Praxis erworbene, also vom Menschen selbst geschaffene, aber nicht mehr hintergehbare ‚Natur' – den Sozialisationsgedanken vorweg. In den Erziehungs- und Sozialwissenschaften gewinnt der Sozialisationsbegriff vor allem in den 1960er-Jahren an Bedeutung und etabliert schnell ein breites, kontroverses Spektrum an theoretischen Ansätzen.

Kerngedanke ist, strukturell betrachtet, die dialektische Verschränkung und Vermittlung von Gesellschaft und Individuum. Zur Debatte steht jedoch die Ausrichtung dieses Verhältnisses. Ist der Mensch durchweg gesellschaftlich determiniert? Oder betrifft die gesellschaftliche Prägung lediglich das äußerliche Verhalten? Aber worin sollte das sozial unbeeinträchtigte Natürliche oder Individuelle bestehen? Im Wesentlichen lassen sich zwei Pole unterscheiden, welche das Feld aufspannen, in dem sich die Theoriestränge zur Sozialisation bewegen. Auf der einen Seite wird die verlässliche Integration des Menschen in eine soziale Ordnung und somit auch deren Reproduktion gewichtet: Das Individuum wird mit den gesellschaftlichen Normen und Werten vertraut gemacht und befähigt, mit anderen nach gegebenen Regeln zu handeln. Auf der anderen Seite wird das Individuum in die Lage versetzt, sich aktiv an der Gestaltung des Zusammenlebens und daher auch an seiner Sozialisation zu beteiligen, indem es durch seine Handlungen die sozialen Verhältnisse selbst schafft.

Émile Durkheim

In den Schriften des französischen Soziologen Émile Durkheim (1858–1917), Professor für Erziehungs- und Sozialwissenschaften und einer der Gründungsväter der modernen Soziologie, findet der Sozialisationsbegriff seine theoretische Fundierung. Dieser erste systematische Versuch, die Verbindung von Individuum und Gesellschaft zu beschreiben, markiert eine Diskussionslinie, der entlang die gesellschaftliche Prägung des Einzelnen gewichtet wird.

Im Rahmen seiner Untersuchung zum Wandel von segmentären hin zu industrialisierten, arbeitsteilig organisierten Gesellschaften fragt Durkheim nach gesellschaftsstabilisierenden Faktoren. Eine moderne Gesellschaft, so Durkheim, reproduziert sich in ihrer Struktur und Organisation über Sozialisationsprozesse. Die Aufgabe der Sozialisation ist, das Individuum auf die Gesellschaft – verstanden als Realität eigener Art und nicht als bloße Summe von Individuen – einzustellen. Dies macht er in seiner *Antrittsvorlesung* an der Sorbonne deutlich: Der Sozialisationsprozess der Gesellschaft schafft erzieherische Praktiken mit der Funktion, das Zusammenleben in einer arbeitsteiligen Gesellschaft auf dem Wege der Verinnerlichung von Normen und Zwangsmechanismen sowie der Ausbildung spezieller Qualitäten zu sichern. Durkheim sucht darüber die Soziologie als zentrale Bezugswissenschaft der Pädagogik zu etablieren – in Frankreich werden pädagogisch relevante Fragestellungen zu seiner Zeit vor allem innerhalb der Psychologie erörtert. Er wendet sich gegen einen Erziehungsbegriff, der seine teleologische Bestimmung darin findet, die individuellen Anlagen des Menschen aus diesem heraus zur Entfaltung zu bringen. Stattdessen setzt Durkheim den Fokus auf die *tatsächlichen* Anforderungen, die eine Gesellschaft an die Erziehung der Heranwachsenden richtet. Das pädagogische Ideal antwortet auf soziale Notwendigkeiten und ist daher alles andere als universal, wie der Blick in die Geschichte zeigt, sondern untrennbar mit der jeweils politischen wie moralischen Organisation des Gemeinwesens verbunden.

George Herbert Mead

George Herbert Meads (1863–1931) Erkenntnisinteresse richtet sich auf die wechselseitige Beziehung von Individuum und Gesellschaft im Begriff der Identität. Grundlage ist ihm der sogenannte *Symbolische Interaktionismus*. Sozialisation bringt der US-amerikanische Professor für Philosophie und Sozialpsychologie an der Universität Chicago in seinem posthum veröffentlichten Hauptwerk *Geist, Identität und Gesellschaft* damit auf individueller Ebene zum Ausdruck.

Sozialisation im Sinne von Identitätsentwicklung entspricht dem zweistufigen Prozess, in dem das Individuum lernt, sich mit den Augen seiner sozialen Umgebung zu betrachten. Diese Fähigkeit zum Perspektivenwechsel gründet auf der Übernahme von Rollen konkreter wie verallgemeinerter Anderer als Prozess symbolisch-sprachlich vermittelter Interaktionen. In die pädagogische Praxis fließt insbesondere mit ein, dass Mead das Spiel – das nachahmende Spiel (*play*) und den Wettkampf (*game*) – zum bedeutenden Medium der Rollenübernahme und -organisation erklärt. Das Kind übernimmt oder, wie Mead sagt, löst die (kollektive) Haltung anderer in sich aus und kann sein Handeln so im Lichte antizipierter Verhaltenserwartungen bewerten und ausrichten. Im Grunde erwächst die Identität eines Menschen daher nicht nur aus gesellschaftlichen Erfahrungen, sondern ist selbst eine gesellschaftliche Struktur und darin komplementär notwendig für den Bestand sozialer Verhältnisse. Dass ein Individuum die sozialen Erwartungen nicht einfach passiv übernimmt, sondern auch neu oder anders interpretieren kann, kennzeichnet Mead über die Zweigeteiltheit der menschlichen Identität. In struktureller wie in zeitlicher Hinsicht steht dem Konglomerat der im Laufe der Sozialisation durch Rollenübernahme verinnerlichten Werthaltungen und Normen – dem ICH (*me*) – die psychische Komponente und individuelle Reaktion auf diese Haltungen anderer – das Ich (*I*) – gegenüber. Durch dieses Wechselspiel von Ich und ICH hindurch konzipiert Mead die Vermittlung von Individuum und Gesellschaft im einzelnen Menschen und erklärt, anders als sein Zeitgenosse Durkheim, den aktiv gestalterischen Einfluss auf die soziale Welt zum Konstitutivum.

Michel Foucault

Die Frage nach gesellschaftlichen Machtverhältnissen und mithin auch der Blick auf Sozialisationsbedingungen aus einer machttheoretischen Perspektive sind vor allem mit den Analysen Michel Foucaults (1926–1984) verbunden. Michel Foucault, der 1970 einen Ruf an den Lehrstuhl *Geschichte der Denksysteme* am Collège de France bekommt, wird von vielen nicht nur als Philosoph und Soziologe, sondern auch als Historiker gesehen. Er selbst verweigert sich einer institutionellen Verankerung – diese Weigerung ist wesentlicher Teil seines Denkens außerhalb gängiger Wissensstrukturen.

Michel Foucault wendet sich in *Die Maschen der Macht* von einem rein repressiven – teilweise mit der Gesetzesmacht des Verbots in Verbindung stehenden – Machtbegriff ab und ergänzt diesen um ein produktives Verständnis. Für Foucault ist Macht eine soziale Struktur, die nicht nur äußerlich einschränkt, sondern vielmehr Gesellschaften und ihre Subjekte zuallererst konstituiert. So stellt er fest, dass die Technologien der Macht seit dem Ende des 18. Jahrhunderts sukzessive tiefer in den Gesellschaftskörper eindringen und – anders als vordem – bei dem einzelnen Individuum selbst ansetzen. Diese Machtformation bedient sich nicht nur der Techniken der Disziplinierung, sondern auch der Regulierung, um das Leben des Menschen zu optimieren und zu normalisieren. Der Mensch wird zum Objekt der Wissenschaften, deren Erkenntnisse genutzt werden, um ihn auszurichten, zu kontrollieren und einer Norm zu unterwerfen, die sich an empirisch-statistischen Verfahren ausrichtet. Mehr noch, der Mensch wird dahingehend sozialisiert, dass er sich in scheinbarer Freiheit selbst den Normen anpasst und sein Verhalten ihnen entsprechend steuert. Mit Foucaults Untersuchungen rückt Macht damit als gesellschaftliche und (selbst-)sozialisierende Wirkungskonstante nicht nur in den Fokus der Sozialwissenschaften. Der Pädagogik eröffnen seine Analysen mitunter einen kritischen Blick auf ihre Institutionen als Orte der Disziplinierung und Normalisierungsmacht.

Pierre Bourdieu

Der französische Philosoph, Ethnologe und Soziologie Pierre Bourdieu (1930–2002), der ab 1981 den Lehrstuhl für Soziologie am Collège de France innehat, gilt als einer der einflussreichsten Sozialwissenschaftler der Gegenwart. Mit gesellschafts- und ideologiekritischem Anspruch entschlüsselt er in seinen empirischen und deskriptiven Analysen die Ursachen und Mechanismen der Reproduktion sozialer Macht und Ungleichheit. Diese werden über die habituelle Passung von Individuum und sozialer Struktur zum nahezu unausweichlichen Programm. Deshalb schreibt die Gesellschafts- und Sozialisationstheorie Bourdieus der Pädagogik weit weniger Einfluss zu, als diese beansprucht. Der Einzelne *ist* immer schon Mitglied einer Gruppe und *wird* es nicht erst noch. Bourdieu zufolge stehen sich Individuum und Gesellschaft nicht gegenüber, sondern auch in seinem Inneren ist das Individuum ein vergesellschaftetes.

In *Ökonomisches Kapital – Kulturelles Kapital – Soziales Kapital* erweitert Bourdieu den in der marxschen Tradition stehenden Kapitalbegriff – über seine ökonomische Konnotation hinaus – um eine kulturelle und soziale Dimension. Hinter dieser Theorie der Kapitalformen steht seine Annahme, dass die Gesellschaft eine Klassengesellschaft ist und die verschiedenen sozialen Klassen sich hinsichtlich ihrer Ausstattung mit diesen drei Kapitalformen unterscheiden. Insbesondere die Erscheinungsformen und die Funktionen des kulturellen Kapitals sind für Bourdieu von Interesse. Das kulturelle Kapital stellt das für die soziale Reproduktion wichtigste Kapital dar und ist damit auch Kern seiner Bildungssoziologie, da es klassenspezifische Denk- und Handlungsschemata erzeugt. Es ist Teil des Habitus, Bestandteil des Akteurs und setzt die Einschreibung des Sozialen in Form eines sowohl kognitiven *wie* leiblichen Inkorporierungsprozesses voraus. Durch diese zirkuläre Reproduktion des kulturellen Kapitals wird auch die soziale Ungleichheit verfestigt. Mit dem Habitus erklärt Bourdieu die Sozialisation zum Ausdruck verinnerlichter Strukturen, die unabhängig von der Kapitalausstattung und der entsprechenden Positionierung im sozialen Raum nicht zu denken sind.

Die Zusammenhänge von Kapitalausstattung, Habitus und Positionierung im sozialen Raum arbeitet Bourdieu in seinem Hauptwerk *Die feinen Unterschiede* heraus. Er legt dar, wie die Summe und die Zusammensetzung des verfügbaren Kapitals über die Position eines Akteurs im sozialen Raum entscheiden und sich diese wiederum im Lebensstil ausdrückt. Lebensgewohnheiten, Freizeitaktivitäten, Sportarten oder Kleidungsstile sind weniger Produkt freier Entscheidungen, Vorlieben oder Anstrengungen als vielmehr eine Konsequenz aus einer Position im sozialen Raum und daher Folge von sozialer Vererbung. Als Mittel der Distinktion bringt der Geschmack solche klassifizierbaren Praktiken hervor. Vermittelnde Instanz zwischen objektiven Strukturbedingungen, welche die Position innerhalb der Sozialstruktur und die ökonomischen wie kulturellen Lebensbedingungen umfassen, und der konkreten Praxis, die ihren Ausdruck in einem bestimmten Lebensstil findet, ist der Habitus. Der Habitus – verstanden als die Grundstruktur des vergesellschafteten Menschen – fungiert somit als strukturierte und strukturierende Struktur (*opus operatum* & *modus operandi*). Strukturiert ist der Habitus, weil er größtenteils unbewusst durch eine klassenspezifische Sozialisation einverleibt ist. Strukturierend ist er, da er nicht nur aus der sozialen Praxis hervorgeht, sondern auch strukturell angepasste Praxisformen erzeugt und so einen Lebensstil formt. Es werden darüber nicht nur stilistisch ähnliche Handlungen generiert, sondern zugleich auch die Lebensbedingungen reproduziert. Mit diesem Verständnis von Sozialisation als Habitualisierung wird die Regelhaftigkeit des Handelns im Spielraum sozialisationsbedingter Grenzen verstehbar.

Judith Butler

Wie wir werden, wofür wir gehalten werden; dies aufzudecken, ist zentrales Anliegen der US-Amerikanerin Judith Butler (*1956), Professorin für Rhetorik, Vergleichende Literaturwissenschaft und Kritische Theorie an der University of California, Berkeley. Aus ihrer subjektivations- und anerkennungstheoretischen Perspektive werden Normen nicht einfach nachgeahmt oder verinnerlicht durch ein Subjekt, das schon konstituiert ist. Aufgerufen, wiederholt, aber möglicherweise auch destabilisiert werden (Geschlechter-)Normen vielmehr in Praktiken der positionierenden Anrufung und Anerkennung. In den Schriften Butlers kann Sozialisation als ein sich in dieser Weise vollziehendes Subjektivationsgeschehen gelesen werden.

Internationale Aufmerksamkeit erfahren ihre Arbeiten vor allem im Bereich der Feminismus- und Genderforschung seit Ende der 1980er-Jahre. Butler kritisiert, dass die in der feministischen Emanzipationsbewegung aufgerufene Identitätskategorie ›Frau‹ genau jene normativen Strukturen der Geschlechterdifferenz (re)produziere, die sie doch verändern will. Bereits das biologische Geschlecht ist keine naturgegebene Tatsache oder anatomische Gegebenheit, sondern eine soziale und sprachliche Konstruktion. In *Körper von Gewicht*, das als Fortführung von *Das Unbehagen der Geschlechter* gelesen werden kann, verteidigt sie diesen Standpunkt gegen die Kritik, die Relevanz des Biologischen gänzlich zu verneinen. Butler geht vielmehr von der materialisierenden und naturalisierenden Wirkung kultureller Normen aus: Sie versteht das (biologische) Geschlecht als Norm, die dem Körper durch seine kulturelle Sozialisation in Form von diskursiven Praxen und wiederholten Zuweisungen eingeschrieben wird. So wird der als natürlich erlebte Geschlechtskörper performativ gewissermaßen erst erzeugt. Die Ableitung eines biologischen Geschlechts aus einem gegebenen Körper ist daher bereits eine Machtprojektion der heterosexuellen Matrix. Sie übersieht, dass die Natur immer nur in kulturellen Kategorien und Definitionen erfasst werden kann. Die in Rekurs auf Simone de Beauvoir getroffene Unterscheidung zwischen biologischem (*sex*) und sozialem Geschlecht (*gender*) wird deshalb nicht nur hinfällig, sondern selbst als kulturell konstruierte Ideologie entlarvt. Der Natur/Kultur-Dualismus gerät ebenso ins Wanken wie die Zuordnungen von Weiblichkeit und Männlichkeit.

In ihrer Adorno-Vorlesung an der Goethe-Universität Frankfurt *Zur Kritik der ethischen Gewalt* weitet Butler ihren Blickwinkel auf allgemein ethische Fragestellungen aus. Angelehnt an Adornos Probleme der Moralphilosophie geht Butler Machtzusammenhängen nach, die mit gesellschaftlichen Normen der Anerkennbarkeit einhergehen. Das Subjekt wird nicht anerkannt, ohne sich den Bedingungen der (Selbst-)Anerkennung zu unterwerfen. Der Entstehung und Begegnung von Subjekten liegt ein durch vorgängige Normen eröffneter Rahmen voraus, der festlegt, wer als Subjekt Geltung beanspruchen kann. Die daraus resultierende Intransparenz des Subjekts und dessen Unvermögen zu einer vollständigen Rechenschaft von sich – als Form des Sich-anerkennbar-Machens – vernichtet die Möglichkeit einer Ethik jedoch nicht. Butler erklärt diese Unverfügbarkeit vielmehr zur Bedingung der Möglichkeit einer ethischen Disposition, die nicht auf das Fällen und Rechtfertigen von Urteilen reduziert ist, sondern den anderen ‚leben' lässt. Indem sie Foucaults Gesellschaftsanalysen mit einer an Lévinas orientierten Ethik zusammenführt, zeigt sie, dass sich eine kritische Beziehung zu den eigenen Normen vor allem auch dann gewinnen lässt, wenn der Andere im Rahmen dieser Normen nicht anerkannt werden kann. Innerhalb der Pädagogik werfen ihre Schriften raumgreifende Veränderung im Diskurs über Identifikations- wie Homogenisierungsprozesse und hiermit zusammenhängende Gerechtigkeitsfragen auf.

Michael Tomasello

Ist der Mensch ein genuin soziales Wesen? Die Frage des US-amerikanischen Psychologen Michael Tomasello (*1950) gilt den kognitiven Fähigkeiten, welche die kulturelle Lebensform des Menschen ermöglichen, aber auch der Wirkung kultureller Prozesse auf die menschliche Kognition. Um die menschliche Kultur und kulturelles Lernen erklären zu können, führt der Kodirektor des Max-Planck-Instituts für evolutionäre Anthropologie in Leipzig vergleichende experimentalpsychologische Studien von Kleinkindern und Primaten durch. Die Kennzeichnung des Menschen als kulturelles und soziales Wesen im Unterschied zum Tier blickt auf eine lange Tradition zurück. In einer phylogenetischen wie ontogenetischen Hinsicht begründet Tomasello diese Unterscheidung mit der menschlichen Kooperationsfähigkeit.

In seinem Buch *Warum wir kooperieren*, das seine Vorlesung 2008 an der Stanford University in Kalifornien mit den Ergebnissen der Leipziger Studien zusammenbindet, zeigt er, dass die Besonderheiten der menschlichen Kultur – eine kumulative kulturelle Evolution und die Schaffung sozialer Institutionen mit ihren wechselseitig anerkannten Regeln und Normen – auf die artspezifische Fähigkeit und Motivation zur Kooperation zurückgehen. Diese sozial-kognitive Fähigkeit, mit anderen zusammen in kooperativen Aktivitäten gemeinsame Absichten zu verfolgen und Verpflichtungen einzugehen, nennt Tomasello geteilte oder Wir-Intentionalität. Sie formiert einen kollektiven Erfahrungsraum und ein übergeordnetes Wir-Gefühl. Was sich als evolutionärer Vorteil herausstellt, entdeckt Tomasello in der Ontogenese als natürliche Ausstattung: Kinder sind biologisch daran angepasst, in einem kulturellen Kontext heranzuwachsen. Sie sind von Geburt an kooperativ und sehr früh für soziale Normen empfänglich und zu Konventionen in der Lage. Von der Sozialisation, in welcher die Kinder ihr Verhalten an jeweils bestehende Normen und Urteile anpassen, werden diese Bereitschaft und Neigung entweder stabilisiert oder aber überlagert. Tomasello führt damit biologische Befunde und gesellschaftliche Prozesse zum Verständnis sozialisierender Effekte und pädagogischer Grundlagen zusammen.

Byung-Chul Han

In welcher Gesellschaft leben wir eigentlich? Wie leben wir gegenwärtig? Mit dem seit 2012 in Berlin lehrenden Professor für Kulturwissenschaft und Philosophie Byung-Chul Han (*1959) kommt abschließend ein bekannter Vertreter solcher Gegenwartsdiagnostik und Kulturkritik zu Wort.

In *Transparenzgesellschaft* eröffnet Byung-Chul Han Perspektiven auf die soziale Lebenswelt unter dem Einfluss der entgrenzten Informationsfreiheit und Digitalisierung. Transparenz wird zur zentralen Leitfigur, die sich nicht nur auf die Diskurse der Politik und Wirtschaft beschränkt. Auch soziale Beziehungen und die Kommunikation, die Erotik, Bilder und die Zeit sowie das seelische Erleben des Einzelnen unterliegen dem systemischen Zwang zur Transparenz, der letztlich neoliberale Normen stärkt. Han führt die Forderung nach Transparenz auf einen allgemeinen Paradigmenwechsel zurück, der die sozialisierenden Lebensbedingungen, die Strukturen der Aneignung von Welt und Selbst umprogrammiert. Er verortet diesen im Übergang von einer Privatgesellschaft der Negativität in eine Gesellschaft, die das Resultat eines allumfassenden Positivismus ist. So werden gesellschaftliche Prozesse operationalisiert. Das Widerständige, nicht Darstellbare, Abweichende oder nur mit Mühe zu Deutende wird zum Verschwinden gebracht und der Einzelne seiner Freiheit zur Andersheit sowie der Fähigkeit zum (kritischen) Denken beraubt. Zwar verspricht die Transparenzgesellschaft Aufklärung, am Ende führt die Hyperinformation – die positivierte, operationalisierte Sprache – aber aufgrund ihrer immanenten Komplexitätsreduktion zur Unschärfe. Die Transparenz beseitigt jede Form der Distanz, wie Han anhand der neuen Medien, insbesondere des Internets und den sozialen Netzwerken zeigt. Zulasten sozialer Werte wie Vertrauen oder Scham führt sie zu einem totalitären System der Offenheit und Sichtbarkeit, in dem Aufmerksamkeit das neue Kapital und die Selbstausbeutung an der Tagesordnung ist. Eine emanzipative Pädagogik, die zum selbstbestimmten Handeln befähigen will, hat daher stets im Blick zu behalten, dass eine Sozialisation *durch* die Medien immer auch eine Sozialisation *zum* Medium ist.

1. Émile Durkheim

Antrittsvorlesung

Textauszug aus: Durkheim, É. (1902/1973): Antrittsvorlesung. In: Ders.: Erziehung, Moral und Gesellschaft. Vorlesungen an der Sorbonne 1902/1903. Frankfurt/Main, S. 37–56.

Erziehung als soziale Angelegenheit

[…] Da ich Soziologe bin, werde ich als Soziologe von der Erziehung sprechen. Das bedeutet übrigens keineswegs, die Dinge aus einem schiefen Winkel zu sehen und zu behaupten, sie seien verzerrt. Ich bin im Gegenteil davon überzeugt, daß es keine geeignetere Methode gibt, ihre wahre Natur zum Vorschein zu bringen. Ich stelle nämlich als Postulat einer jeden pädagogischen Theorie auf, daß die Erziehung eine eminent soziale Angelegenheit ist, und zwar durch ihren Ursprung wie durch ihre Funktionen, und daß folglich die Pädagogik stärker von der Soziologie abhängt als jede andere Wissenschaft. […]

Erziehung als individuelle Angelegenheit

Es ist umso notwendiger, Ihre Aufmerksamkeit auf dieses Grundaxiom zu lenken, als es allgemein unbekannt ist. Bis in die letzten Jahre – und die Ausnahmen können heute noch gezählt werden […] – stimmten die modernen Pädagogen fast einmütig darin überein, in der Erziehung eine rein individuelle Angelegenheit zu sehen, folglich die Pädagogik unmittelbar und direkt allein aus der Psychologie folgen zu lassen. Für Kant wie für Mill, für Herbart wie für Spencer hat die Erziehung vor allem den Zweck, in jedem Individuum (und zwar bis zur höchstmöglichen Vollendung) die für wesentlich gehaltenen Eigenschaften der menschlichen Gattung schlechthin zur Vollendung zu bringen. Man setzte als unbestreitbare Wahrheit voraus, daß es nur eine einzige Erziehung gäbe, die unter Ausschluß einer jeden anderen, unterschiedslos allen Menschen entspricht, wie immer auch die historischen und sozialen Bedingungen sein mögen, von denen sie abhängen. Dieses abstrakte und einzige Ideal zu bestimmen, nahmen sich die Erziehungstheoretiker vor. Man nahm an daß es *eine* menschliche Natur gibt, deren Formen und Eigenschaften ein für allemal bestimmbar wären. Das pädagogische Problem bestand darin, zu erforschen, auf welche Weise die erzieherische Tätigkeit auf diese derart definierte menschliche Natur zu wirken habe. Kein Zweifel, niemand hat je angenommen, daß der Mensch von vornherein, sobald er ins Leben tritt, all das ist, was er sein kann und sein soll. Es ist nur zu offensichtlich, daß sich der Mensch nur allmählich bildet, im Laufe eines langsamen Werdens, das mit der Geburt beginnt und sich mit der Reife vollendet. Aber man nahm an, daß dieses Werden nur solche Wirkkräfte verwirklicht, d. h. latente Energien ans Licht bringt, die schon vorgeformt im physischen und geistigen Organismus des Kindes existieren. Der Erzieher hätte also nichts Wesentliches zum Werk der Natur beizutragen. Er schafft nichts Neues. Seine Rolle würde sich darauf beschränken zu verhindern, daß diese bestehenden Wirkkräfte nicht durch Nichtstun verkümmern oder von ihrer normalen Richtung abgelenkt werden oder sich zu langsam entwickeln. Damit verlieren die Bedingungen der Zeit und des Ortes, die Zustände, in denen sich die soziale Umwelt befindet, jedes Interesse für die Pädagogik. Da der Mensch in sich selbst alle Keime seiner Entwicklung trägt, muß man einzig und allein ihn beobachten, wenn man zu bestimmen versucht, in welchem Sinn und auf welche Weise diese Entwicklung gelenkt werden soll. Wichtig ist nur, zu wissen, welches seine eingeborenen Fähigkeiten sind und welcher Art ihre Natur ist. Die Wissenschaft aber, die den individuellen Menschen zu beschreiben und zu erklären strebt, ist die Psychologie. Es scheint also, als ob sie allein für alle Bedürfnisse der Pädagogik aufkommen könnte.

Anlage-Umwelt-Frage

Spezialerziehung

Leider steht diese Auffassung der Erziehung in direktem Widerspruch zu allem, was uns die Geschichte lehrt: Es gibt kein Volk, wo sie jemals praktiziert wurde. Es gibt auch keine allgemeingültige Erziehung für das ganze Menschengeschlecht; ja, es gibt sozusagen keine Gesellschaft, in der nicht verschiedene pädagogische Systeme nebeneinander existieren und parallel funktionieren. Ist die Gesellschaft aus Kasten gebildet, so unterscheidet sich die Erziehung von Kaste zu Kaste: Die Erziehung der Patrizier ist nicht die Erziehung der Plebejer; die Erziehung der Brahmanen ist nicht die Erziehung des Sudra. [...] Um eine völlig gleichartige und gleichwertige Erziehung zu finden, müßte man bis in die prähistorische Gesellschaft vordringen, in deren Schoß es keine Abstufungen gibt; aber selbst diese Art von Gesellschaften stellt nur einen logischen Augenblick in der Geschichte der Menschheit dar.

Nun ist es offensichtlich, daß diese Spezialerziehungen nicht im Hinblick auf individuelle Ziele organisiert sind. Zweifellos kommt es manchmal vor, daß sie in einem Einzelnen besondere Fähigkeiten entwickeln, die bereits in ihm lagen und nur verlangten, hervorgerufen zu werden. In diesem Sinn kann man sagen, daß sie ihm helfen, seine Natur zu verwirklichen. Aber wir wissen,

Plastizität des Menschen

wie selten diese eng definierten Berufungen sind. Im allgemeinen sind wir nicht durch unsere intellektuelle oder soziale Veranlagung für eine bestimmte Funktion prädestiniert. Der Durchschnittsmensch ist außerordentlich plastisch. Er kann in sehr verschiedenen Berufen eingesetzt werden. Wenn er sich also spezialisiert, und wenn er sich eher unter dieser als unter jener Form spezialisiert, so nicht aus Gründen, die ihm innewohnen; Notwendigkeiten seiner Natur zwingen ihn nicht dazu. Um sich erhalten zu können, braucht er aber die Gesellschaft, die die Arbeit zwischen ihren Mitgliedern, und eher in dieser Form als in jener, aufteilt. Darum bereitet sie selber über die Erziehung die Spezialarbeiter vor, deren sie bedarf. Für sie und durch sie ist die Erziehung so vielfältig. [...]

Gemeinsame Erziehung

Welches auch die Bedeutung dieser speziellen Erziehungen sei, so sind sie unstreitig nicht die ganze Erziehung. Man kann sogar sagen, daß sie sich nicht einmal selbst genügen. Überall, wo man ihnen begegnet, unterscheiden sie sich voneinander nur von einem gewissen Punkt ab, innerhalb dessen sie sich vermischen. Alle ruhen sie auf einer gemeinsamen Basis. Es gibt kein Volk, in dem nicht eine gewisse Anzahl von Ideen, von Gefühlen und von Praktiken existiert, die die Erziehung unterschiedlos allen Kindern beibringen muß, welcher sozialen Kategorie sie auch angehören. Diese gemeinsame Erziehung wird im allgemeinen sogar als die einzig wahre Erziehung angesehen. Sie scheint voll und ganz zu verdienen, daß man sie mit diesem Namen nennt. Man gewährt ihr auch vor allen anderen einen Vortritt. Von ihr also müssen wir wissen, ob sie, wie man behauptet, ganz im Begriff des Menschen enthalten ist und ob sie davon abgeleitet werden kann. [...]

Moderne Gesellschaft

[S]eit Ende des letzten Jahrhunderts kann man nicht nur in Frankreich, sondern in ganz Europa feststellen, daß sie sich immer direkter unter die Kontrolle und die Leitung des Staates zu stellen strebt. Die Ziele, die sie verfolgt, lösen sich zweifellos mit jedem Tag mehr von den lokalen und ethnischen Bindungen, die sie früher charakterisierten; sie werden allgemeiner und abstrakter. Trotzdem sind sie wesentlich kollektiv. Denn ist es nicht die Kollektivität, die sie uns aufzwingt? Befiehlt sie uns nicht, vor allem beim Kind die Eigenschaften zu entwickeln, die es mit allen Menschen gemeinsam hat? Mehr noch: Sie übt nicht nur auf uns mittels der öffentlichen Meinung einen moralischen Druck aus, damit wir über unsere erziehlichen Pflichten einig sind, sie legt auch einen derartigen Wert darauf, daß sie sich, wie ich soeben sagte, selber der Aufgabe unterzieht. Es ist leicht vorauszusehen, daß sie, wenn sie an diesem Punkt derart festhält, dies tut, weil sie daran interessiert ist. In der Tat kann nur eine weitgehend humane Bildung den modernen Gesellschaften die Menschen geben, die sie braucht. Weil jedes der großen europäischen Völker einen ungeheuren Wohnraum einnimmt, sich aus den verschiedensten Rassen zusammensetzt und die Arbeit ins Unendliche geteilt hat, sind die Individuen dieser Völker untereinander so verschieden, daß sie fast nichts mehr gemeinsam haben außer ihrer Eigenschaft als Mensch im allgemeinen. Sie können also die für jeden sozialen *consensus* nötige Homogeneität nur unter der Bedingung bewahren, daß sie in der einzigen Hinsicht so ähnlich wie möglich sind, in der sie sich alle gleichen, d.h. insofern sie alle menschliche Wesen sind. Mit anderen Worten, in derart differenzierten Gesellschaften kann es keinen anderen Kollektivtypus geben als den Gattungstypus des Menschen. Verlöre er auch nur etwas von dieser seiner Allgemeinheit, ließe er sich auch nur ein wenig zu seinem alten Partikularismus verleiten, unsere großen Staaten lösten sich in das Gebrösel kleiner Einzelgruppen auf und zerfielen. [...]

Ökonomie der Gesellschaft

Der Mensch, den die Erziehung in uns verwirklichen muß, ist nicht der Mensch, den die Natur gemacht hat, sondern der Mensch, wie ihn die Gesellschaft haben will; und sie will ihn so haben, wie ihn ihre innere Ökonomie braucht. Der Beweis liegt in der Art, wie sich unser Begriff des Menschen je nach den Gesellschaften geändert hat. [...] Unser pädagogisches Ideal ist, jetzt wie in der Vergangenheit, bis in die Einzelheiten das Werk der Gesellschaft. Sie zeichnet uns das Porträt des Menschen vor, das wir sein müssen, und in diesem Porträt spiegeln sich dann alle Besonderheiten ihrer Organisation. [...]

Methodische Sozialisation

Statt daß die Erziehung das Individuum und sein Interesse als einziges und hauptsächliches Ziel hat, ist sie vor allem das Mittel, mit dem die Gesellschaft immer wieder die Bedingungen ihrer eigenen Existenz erneuert. Die Gesellschaft kann nur leben, wenn unter ihren Mitgliedern ein genügender Zusammenhalt besteht. Die Erziehung erhält und verstärkt diesen Zusammenhalt, indem sie von vornherein in der Seele des Kindes die wesentlichen Ähnlichkeiten fixiert, die das gesellschaftliche Leben voraussetzt. Aber ohne eine gewisse Vielfalt wäre andererseits jede Zusammenarbeit unmöglich. Die Erziehung sichert die Fortdauer dieser notwendigen Vielfalt, indem sie sich selbst vervielfältigt und spezialisiert. Sie besteht also unter der einen wie der anderen Ansicht aus einer methodischen Sozialisierung der jungen Generation. Man kann sagen, daß in jedem von uns zwei Wesen existieren, die zwar nur durch Abstraktion trennbar, trotzdem aber deutlich unterscheidbar sind. Das eine besteht aus allen Geisteszuständen, die sich nur auf uns selbst und auf die Ereignisse unseres persönlichen Lebens beziehen. Man könnte dies das individuelle Wesen nennen. Das andere ist ein System von Ideen, von Gefühlen und Gewohnheiten, die in uns nicht unsere Persönlichkeit, dafür aber die Gruppe oder die verschiedenen Gruppen ausdrücken, denen wir angehören. Das sind die religiösen Überzeugungen, die moralischen Ansichten und die Gewohnheiten, die nationalen und professionellen Traditionen, die kollektiven Meinungen aller Art. Ihre Summe bildet das soziale Wesen. Dieses Wesen in uns zu bilden, ist die Aufgabe der Erziehung. [...]

Zwei Wesen

Wenn man die vagen und ungewissen Neigungen abzieht, die vielleicht vererbt sind, dann bringt das Kind bei seiner Geburt nichts mit außer seiner Natur als Individuum. Die Gesellschaft muß mit jeder neuen Generation sozusagen wieder von vorne anfangen. Sie muß auf dem raschesten Weg dem eben geborenen egoistischen und asozialen Wesen ein anderes Wesen hinzufügen, das imstande ist, ein soziales und moralisches Leben zu führen. Das ist die Aufgabe der Erziehung und Sie können ihre ganze Tragweite ermessen. [...]

Erschaffung eines neuen Menschen

Sie erschafft im Menschen einen neuen Menschen, und dieser Mensch besteht aus allem, was gut in uns ist, aus allem, was dem Leben Wert und Würde gibt. Diese schöpferische Kraft ist im Übrigen ein spezielles Privileg der menschlichen Erziehung. Die Erziehung, die die Tiere erhalten, ist ganz anders, wenn man überhaupt mit diesem Namen das fortschreitende Training bezeichnen kann, dem sie von ihren Eltern unterworfen sind. Sie kann wohl die Entwicklung gewisser Instinkte, die im Tier schlummern, vorantreiben; aber sie führt sie nicht in ein neues Leben ein. [...] Die Tiere leben eben entweder isoliert oder sie bilden ziemlich einfache Gesellschaften, die dank einem Triebmechanismus funktionieren, den jedes einzelne Tier von Geburt an in sich trägt. Die Erziehung kann also der Natur nichts Wesentliches hinzufügen, da die Natur allein genügt, für das Leben der Gruppe so gut wie für das Leben des Individuums. Beim Menschen dagegen sind die verschiedenartigen Fähigkeiten, die das soziale Leben voraussetzt, viel zu kompliziert, als daß sie sich gewissermaßen in unserem Gewebe verkörpern und sich unter der Form von organischen Veranlagungen materialisieren könnten. Daraus folgt, daß sie sich nicht von einer Generation zur anderen vererben können. Die Übertragung erfolgt durch die Erziehung. [...]

Soziale Ziele und Mittel

Selbst wenn das menschliche Bewußtsein kein Geheimnis mehr für uns enthielte, selbst wenn die Psychologie eine vollausgebaute Wissenschaft wäre, könnte sie den Erzieher doch nicht über das Ziel belehren, das er zu verfolgen hat. Nur die Soziologie kann uns helfen, dieses Ziel zu verstehen, indem sie es an die sozialen Zustände knüpft, von denen es abhängt und die es ausdrückt, oder aber sie kann uns helfen, dieses Ziel zu entdecken, wenn das getrübte und schwankende öffentliche Bewußtsein nicht mehr weiß, was es sein soll. [...]

Die Ziele der Erziehung sind soziale Ziele; die Mittel, mit denen diese Ziele erreicht werden können, müssen also notwendigerweise soziale Mittel sein. In der Tat gibt es unter allen pädagogischen Einrichtungen vielleicht keine einzige, die nicht die Analogie einer sozialen Institution ist, die sie nicht unter einer verkürzten und verkleinerten Form in ihren Hauptzügen wiederholt. In der Schule gibt es eine Disziplin wie im Staat. Die Regeln, die dem Schüler seine Pflichten vorschreiben, sind denen vergleichbar, die dem Erwachsenen sein Verhalten vorschreiben. [...]

Aufgabe der Soziologie

Man kann also erwarten, daß die Soziologie, die Wissenschaft von den sozialen Institutionen, uns zu verstehen hilft, was die pädagogischen Institutionen sind, oder wenigstens mutmaßen läßt, was sie sein sollten. Je besser wir die Gesellschaft kennen, umso besser können wir uns über alles Rechenschaft geben, was im sozialen Mikrokosmos der Schule passiert. Im Gegensatz dazu sehen wir, mit welcher Vorsicht und mit welcher Zurückhaltung, selbst wenn es sich um die Festlegung der Methoden handelt, man die Angaben der Psychologie verwenden muß. Sie allein könnte uns nicht die notwendigen Elemente für die Errichtung einer Kunstlehre liefern, die, ihrem Begriffe nach, ihren Prototyp nicht im Individuum, sondern in der Kollektivität hat. [...]

Reflexionsfragen:

- Aus welchen Gründen ist die individual-psychologische Sicht auf Erziehung unzureichend?
- Inwiefern ist die Pädagogik von der Soziologie abhängig?
- Erläutern Sie, warum eine Gesellschaft die methodische Sozialisation der jungen Generation braucht.
- Welches Bild vom Menschen liegt den Ausführungen Durkheims zugrunde?
- Erklären Sie die Ursachen für die Entstehung jenes Kollektivtypus, den Durkheim in modernen arbeitsteiligen Gesellschaften vorfindet.

2. George Herbert Mead

Identität

Textauszüge aus: Mead, G.-H. ([2]1975): Geist, Identität und Gesellschaft. Aus der Sicht des Sozialbehaviorismus. Frankfurt/Main, S. 177–271.

Nachahmendes Spiel

Bei Kindern finden wir […] die unsichtbaren, durch die Phantasie geschaffenen Spielgefährten, die sehr viele Kinder in ihrer eigenen Erfahrung erzeugen. Auf diese Weise organisieren sie Reaktionen, die sie bei anderen Personen, aber auch in sich selbst hervorrufen. […] Spiel in diesem Sinne, insbesondere in dem Stadium, das den organisierten Wettkämpfen vorausgeht, ist nachahmendes Spiel. Ein Kind spielt »Mutter«, »Lehrer«, »Polizist«; wir sagen, daß es verschiedene Rollen einnimmt. […] Wir nützen diese Tendenz der Kinder bei unserer Arbeit im Kindergarten, wo die von den Kindern eingenommenen Rollen die Grundlage für ihre Ausbildung darstellen. Wenn ein Kind eine Rolle einnimmt, hat es in sich selbst den Reiz, der diese bestimmte Reaktion oder Gruppe von Reaktionen auslöst. […] Kinder rotten sich zusammen, um »Indianer« zu spielen. Das bedeutet, daß das Kind eine ganze Gruppe von Reizen in sich hat, die in ihm selbst die gleichen Reaktionen wie in anderen auslösen und die einem Indianer entsprechen. Während der Spielperiode nützt das Kind seine eigenen Reaktionen auf diese Reize, um eine Identität zu entwickeln. Die Reaktion, zu der es neigt, organisiert diese Reize, auf die es reagiert. Es spielt zum Beispiel, daß es sich etwas anbietet, und kauft es; es gibt sich selbst einen Brief und trägt ihn fort; es spricht sich selbst an – als Elternteil, als Lehrer; es verhaftet sich selbst – als Polizist. Es hat in sich Reize, die in ihm selbst die gleiche Reaktion auslösen wie in anderen. Es nimmt diese Reaktionen und organisiert sie zu einem Ganzen. Das ist die einfachste Art und Weise, wie man sich selbst gegenüber ein anderer sein kann. […]

Rollenübernahme

Wettkampf

Wenn wir ein solches Spiel mit der Situation in einem organisierten Spiel, einem Wettkampf vergleichen, erkennen wir den entscheidenden Unterschied: Das spielende Kind muß hier bereit sein, die Haltung aller in das

Spiel eingeschalteten Personen zu übernehmen, und diese verschiedenen Rollen müssen eine definitive Beziehung zueinander haben. [...] Es muß wissen, was alle anderen tun werden, um sein eigenes Spiel erfolgreich spielen zu können. [...]

Regeln

Diese Organisation ist in der Form von Spielregeln niedergelegt. [...] Ein Teil der Freude am Wettspiel besteht darin, diese Regeln zu begreifen. Die Regeln sind also eine Gruppe von Reaktionen, die eine bestimmte Haltung auslösen. Man kann eine bestimmte Reaktion von anderen fordern, wenn man selbst eine bestimmte Haltung einnimmt. Alle diese Reaktionen sind auch in einem selbst. Hier haben wir also eine organisierte Gruppe von Reaktionen, die komplizierter ist als die Rollen des einfachen Spiels, wo es nur eine Folge von Reaktionen gibt, die nacheinander ablaufen. In diesem frühen Stadium hat das Kind noch keine voll entwickelte Identität. Es reagiert zwar recht intelligent auf die unmittelbar einwirkenden Reize, sie sind aber nicht organisiert. Es organisiert sein Leben noch nicht auf die von uns gewünschte Weise, nämlich als ein Ganzes. [...] Im Wettspiel muß es diese Rollen organisieren, sonst kann es nicht daran teilnehmen. Das Wettspiel repräsentiert im Leben des Kindes den Übergang von der spielerischen Übernahme der Rolle anderer zur organisierten Rolle, die für das Identitätsbewußtsein im vollen Wortsinn entscheidend ist. [...]

Organisation der Rollen

Jede seiner eigenen Handlungen wird von den Annahmen über die voraussichtlichen Handlungen der anderen Spieler bestimmt. Sein Tun und Lassen wird durch den Umstand kontrolliert, daß er gleichzeitig auch jedes andere Mitglied der Mannschaft ist, zumindest insoweit, als diese Haltungen seine eigenen spezifischen Haltungen beeinflussen. Wir stoßen somit auf ein »anderes«, das eine Organisation der Haltungen all jener Personen ist, die in den gleichen Prozeß eingeschaltet sind.

Verallgemeinerter Anderer

Die organisierte Gemeinschaft oder gesellschaftliche Gruppe, die dem Einzelnen seine einheitliche Identität gibt, kann »der (das) verallgemeinerte Andere« genannt werden. Die Haltung dieses verallgemeinerten Anderen ist die der ganzen Gemeinschaft.[1] [...] So ist zum Beispiel bei einer gesellschaftlichen Gruppe wie einer Spielmannschaft eben dieses Team der verallgemeinerte Andere, insoweit es – als organisierter Prozeß oder gesellschaftliche Tätigkeit – in die Erfahrung jedes einzelnen Mitgliedes eintritt.

Damit ein menschliches Wesen eine Identität im vollen Sinn des Wortes entwickelt, genügt es nicht, daß es einfach die Haltungen anderer Menschen gegenüber sich selbst und untereinander innerhalb des menschlichen gesellschaftlichen Prozesses einnimmt und diesen Prozeß als Ganzen nur in dieser Hinsicht in seine individuelle Erfahrung hereinbringt: es muß ebenso, wie es die Haltungen anderer Individuen zu sich selbst und untereinander einnimmt, auch ihre Haltungen gegenüber den verschiedenen Phasen oder Aspekten der gemeinsamen gesellschaftlichen Tätigkeit oder der gesellschaftlichen Aufgaben übernehmen, in die sie, als Mitglieder einer organisierten Gesellschaft oder gesellschaftlichen Gruppe, alle einbezogen sind; und es muß dann, indem es diese individuellen Haltungen der organisierten Gesellschaft oder gesellschaftlichen Gruppe als Ganzer verallgemeinert, im Hinblick auf verschiedene gesellschaftliche Projekte, die es zum jeweiligen Zeitpunkt verwirklicht, oder auf die verschiedenen längeren Phasen des allgemeinen gesellschaftlichen Prozesses handeln, die sein Leben ausmachen und dessen spezifische Manifestationen diese Projekte sind. [...]

Stadien der Identitätsentwicklung

Ich verwies bereits darauf, daß es bei der vollständigen Entwicklung der Identität zwei allgemeine Stadien gibt. Im ersten bildet sich die Identität des Einzelnen einfach durch eine Organisation der besonderen Haltungen der anderen ihm selbst gegenüber und zueinander in den spezifischen gesellschaftlichen Handlungen, an denen er mit diesen teilhat. Im zweiten Stadium dagegen wird die Identität des Einzelnen nicht nur durch eine Organisation dieser besonderen individuellen Haltungen gebildet, sondern auch durch eine Organisation der gesellschaftlichen Haltungen des verallgemeinerten Anderen oder der gesellschaftlichen Gruppe als Ganzer. Diese gesellschaftlichen oder Gruppenhaltungen werden in den direkten Erfahrungsbereich des Einzelnen gebracht und als Elemente in die Struktur der eigenen Identität ebenso eingefügt wie die Haltungen der anderen. Der Einzelne erarbeitet sie sich, indem er die Haltungen bestimmter anderer Individuen im Hinblick auf ihre organisierten gesellschaftlichen Auswirkungen und Implikationen weiter organisiert und dann verallgemeinert. So entwickelt sich die Identität, indem sie diese individuellen Haltungen anderer in die organisierte gesellschaftliche oder Gruppenhaltung hereinbringt und damit zu einer individuellen Spiegelung der allgemeinen, systematischen Muster des gesellschaftlichen oder Gruppenverhaltens wird, in die sie und die anderen Identitäten eingeschlossen sind – ein Muster, das als Ganzes in die Erfahrung des Einzelnen eintritt nach Maßgabe dieser organisierten Gruppenhaltungen, die er [...] genauso gegenüber sich selbst einnimmt, wie er die individuellen Haltungen anderer einnimmt. [...]

Was sich im Wettkampf abspielt, spielt sich im Leben des Kindes ständig ab. [...] Es gibt alle möglichen gesellschaftlichen Organisationen, einige von ihnen ziemlich dauerhaft, andere kurzfristig, in die das Kind eintritt und in denen es eine Art gesellschaftlichen Wettkampf mitmacht. [...] Es wird Jemand, der in einem organisierten Ganzen funktionieren kann, und neigt daher dazu, sich in seiner Beziehung zu der Gruppe, der es angehört, zu bestimmen. [...]

Bedeutung der Sprache

Das ist der Prozeß, durch den sich eine Persönlichkeit entwickelt. Ich sprach von ihm als einem Prozeß, in dem das Kind die Rolle der anderen einnimmt, und behauptete, daß er im Grunde mittels der Sprache abläuft. Sprache beruht hauptsächlich auf vokalen Gesten, durch deren Hilfe kooperative Tätigkeiten in einer Gemeinschaft ausgeführt werden. Sinnvolle Sprache besteht aus jenen vokalen Gesten, die dazu neigen, im Einzelnen die auch beim anderen ausgelösten Haltungen hervorzurufen. Diese Vervollkommnung der Identität durch die Geste, die die gesellschaftliche Tätigkeit übermittelt, löst jenen Prozeß aus, in dem die Rolle des anderen übernommen wird. [...]

Die organisierte Identität ist die Organisation der Haltungen, die einer Gruppe gemeinsam sind. Ein Mensch hat eine Persönlichkeit, weil er einer Gemeinschaft angehört, weil er die Institutionen dieser Gemeinschaft in sein eigenes Verhalten hereinnimmt. Er nimmt ihre Sprache als Medium, mit dessen Hilfe er seine Persönlichkeit entwickelt, und kommt dann dadurch, daß er die verschiedenen Rollen der anderen Mitglieder einnimmt, zur Haltung der Mitglieder dieser Gemeinschaft. Das macht in gewissem Sinn die Struktur der menschlichen Persönlichkeit aus. Es gibt bestimmte gemeinsame Reaktionen, die jedes Individuum gegenüber bestimmten gemeinsamen Dingen hat, und insoweit diese gemeinsamen Reaktionen im Einzelnen ausgelöst werden, wenn er auf andere Personen einwirkt, entfaltet er seine eigene Identität. Die Struktur der Identität ist also eine allen gemeinsame Reaktion, da man Mitglied einer Gemeinschaft sein muß, um eine Identität zu haben. Solche Reaktionen sind abstrakte Haltungen, doch formen sie den Charakter des Menschen. Sie geben ihm seine Prinzipien, die anerkannte Haltung aller Mitglieder der Gemeinschaft gegenüber den Werten eben dieser Gemeinschaft. Er versetzt sich an die Stelle des verallgemeinerten Anderen, der die organisierten Reaktionen aller Mitglieder der Gruppe repräsentiert. So wird durch Prinzipien kontrolliertes Verhalten gelenkt. […]

Struktur der Identität

Natürlich sind wir nicht nur das, was uns allen gemeinsam ist: jede Identität ist von jeder anderen verschieden; doch muß es solche gemeinsamen Strukturen wie die von mir dargestellten geben, damit wir überhaupt Mitglieder einer Gemeinschaft sein können. Wir können nicht wir selbst sein, solange wir nicht auch an gemeinsamen Haltungen Anteil haben, durch die die Haltungen aller Mitglieder kontrolliert werden. […] Der Einzelne hat eine Identität nur im Bezug zu den Identitäten anderer Mitglieder seiner gesellschaftlichen Gruppe. Die Struktur seiner Identität drückt die allgemeinen Verhaltensmuster seiner gesellschaftlichen Gruppe aus, genauso wie sie die Struktur der Identität jedes anderen Mitgliedes dieser gesellschaftlichen Gruppe ausdrückt. […]

Wir haben ausführlich die gesellschaftlichen Grundlagen der Identität diskutiert und dabei angedeutet, daß die Identität nicht nur in der Organisation gesellschaftlicher Haltungen existiert. Wir können nun direkt die Frage anschneiden, wie das »Ich« beschaffen ist, das sich eines gesellschaftlichen »ICH« bewußt ist. […]

Verhältnis von Ich und ICH

Am einfachsten kann man dieses Problem in Verbindung mit dem Erinnerungsvermögen erfassen. Ich spreche zu mir selbst und erinnere mich an meine Worte und vielleicht auch an den damit verbundenen emotionellen Inhalt. Das »Ich« dieses Moments ist im »ICH« des nächsten Moments präsent. Auch hier wieder kann ich mich nicht schnell genug umdrehen, um mich noch selbst zu erfassen. Ich werde insofern zu einem »ICH«, als ich mich an meine Worte erinnere. […] Auf das »Ich« ist es zurückzuführen, daß wir uns niemals ganz unserer selbst bewußt sind, daß wir uns durch unsere eigenen Aktionen überraschen. Nur während wir handeln, sind wir uns unserer selbst bewußt. In der Erinnerung dagegen ist das »Ich« ständig in unserer Erfahrung präsent. [...] Somit ist das »Ich« der Erinnerung der Sprecher für die Identität, wie sie vor einer Sekunde, einer Minute oder einem Tag existierte. Als einmal gegebene, ist sie ein »ICH«, aber ein »ICH«, das früher mal ein »Ich« war. Wenn man also fragt, wo das »Ich« in der eigenen Erfahrung direkt auftritt, lautet die Antwort: als historische Figur. [...]

Das »Ich« ist die Reaktion des Organismus auf die Haltungen anderer[2]; das »ICH« ist die organisierte Gruppe von Haltungen anderer, die man selbst einnimmt. Die Haltungen der anderen bilden das organisierte »ICH«, und man reagiert darauf als ein »Ich«. [...]

Die Übernahme aller dieser organisierten Haltungen gibt ihm sein »ICH«, das heißt die Identität, deren er sich bewußt wird. [...] Er hat ihre Haltungen in sich, weiß über ihre Wünsche und über die Folgen jeder seiner Handlungen Bescheid. Er hat die Verantwortung für die Situation übernommen. Die Existenz dieser organisierten Gruppen von Haltungen ist es nun, die das »ICH« ausmacht, auf das er als ein »Ich« reagiert. Wie aber diese Reaktion beschaffen sein wird, weiß er nicht und auch kein anderer. [...] Die Reaktion auf diese Situation, so wie sie in seiner unmittelbaren Erfahrung aufscheint, ist unbestimmt – und das macht das »Ich« aus.

Unbestimmtheit des Ich

Das »Ich« ist seine Aktion gegenüber dieser gesellschaftlichen Situation innerhalb seines eigenen Verhaltens, und es tritt in seine Erfahrung erst ein, nachdem die Handlung verwirklicht wurde. Dann ist er sich ihrer bewußt. Das mußte er tun, und er tat es. [...]. Das »ICH« tritt auf, um diese Pflicht zu erfüllen – so tritt es in seiner Erfahrung auf. Er hatte in sich alle Haltungen der anderen, die nach einer bestimmten Reaktion verlangten; das war das »ICH« dieser Situation, seine Reaktion aber ist das »Ich«. [...]

Das »Ich«, in dieser Beziehung zwischen »Ich« und »ICH«, ist also etwas, das sozusagen auf eine gesellschaftliche Situation reagiert, die innerhalb der Erfahrung des Einzelnen liegt. Es ist die Antwort des Einzelnen auf die Haltung der anderen ihm gegenüber, wenn er eine Haltung ihnen gegenüber einnimmt. Nun sind zwar die von ihm ihnen gegenüber eingenommenen Haltungen in seiner eigenen Erfahrung präsent, doch wird seine Reaktion ein neues Element enthalten. Das »Ich« liefert das Gefühl der Freiheit, der Initiative. [...]

So erklärt sich die Tatsache, daß das »Ich« in der Erfahrung nicht ebenso wie das »ICH« auftritt. Das »ICH« steht für eine bestimmte Organisation der Gemeinschaft, die in unseren Haltungen präsent ist, und verlangt nach einer Reaktion, aber die Reaktion selbst läuft einfach ab. Im Hinblick auf sie ist nichts sicher. Es besteht zwar eine moralische, nicht aber eine mechanische Notwendigkeit, eine bestimmte Handlung zu setzen. Erst wenn sie abgelaufen ist, erkennen wir, was tatsächlich geschah. [...] Die Trennung von »Ich« und »ICH« ist keine Fiktion. Sie sind nicht identisch, da das »Ich« niemals ganz berechenbar ist. Das »ICH« verlangt nach einem bestimmten »Ich«, insoweit wir die Verpflichtungen erfüllen, die im Verhalten selbst auftreten, doch ist das »Ich« immer ein wenig verschieden von dem, was die Situation selbst verlangt. So gibt es also immer den Unterschied zwischen »Ich« und »ICH«. Das »Ich« ruft das »ICH« nicht nur hervor, es reagiert auch darauf. Zusammen bilden sie eine Persönlichkeit, wie sie in der gesellschaftlichen Erfahrung erscheint. Die Identität ist im wesentlichen ein gesellschaftlicher Prozeß, der aus diesen beiden unterscheidbaren Phasen besteht. Gäbe es diese beiden Phasen nicht, so gäbe es keine bewußte Verantwortung und auch keine neuen Erfahrungen.

Reflexionsfragen:

- Wodurch zeichnet sich das nachahmende Spiel des Kindes als Beitrag zur frühkindlichen Sozialisation aus?
- Erklären Sie die Logik des Wettkampfs, welche eine Organisation der Identität ermöglicht.
- In welcher Form beeinflusst ein gesellschaftlicher Prozess oder eine Gemeinschaft das Verhalten und Denken des Einzelnen?
- Welche Rolle spielt Sprache beim Erwerb von Identität?
- Erläutern Sie das wechselseitige Verhältnis von »Ich« und »ICH«. Warum ist Sozialisation auf Basis dieser Beziehung nie abgeschlossen?

3. Michel Foucault

Die Maschen der Macht

Textauszug aus: Foucault, M. (1981/2005): Die Maschen der Macht. In: Defert, D./Ewald, F. (Hrsg.): Michel Foucault. Analytik der Macht. Frankfurt/Main, S. 220–239.

Wir wollen versuchen, den Begriff der Macht zu analysieren. […] Ich werde zu zeigen versuchen, in welche Richtung eine Analyse der Macht gehen könnte, die sich nicht auf einen juristischen, rein negativen Machtbegriff beschränkt, sondern den Gedanken einer Technologie der Macht entwickelt.

Negativ-repressive Macht

Bei Psychoanalytikern, Psychologen und Soziologen ist die Vorstellung verbreitet, wonach Macht in erster Linie Regel, Gesetz oder Verbot ist und die Grenze zwischen Erlaubtem und Verbotenem markiert. […]

Wie kommt es, dass unsere Gesellschaft und die westliche Gesellschaft schlechthin Macht so restriktiv, so arm, so negativ versteht? Warum denken wir bei Macht immer an Gesetz und Verbot? Warum diese Privilegierung? […]

Ich glaube, wir können die Gründe in groben Zügen folgendermaßen analysieren: Die großen Systeme, die seit dem Mittelalter in Europa entstanden, entwickelten sich weitgehend über eine Zunahme der monarchischen Macht auf Kosten der feudalen Macht oder besser gesagt, der feudalen Mächte. Bei diesem Kampf zwischen den Feudalmächten und der monarchischen Macht diente das Recht stets als Instrument der monarchischen Macht gegen die Institutionen, Sitten, Regelungen, Bindungen und Zugehörigkeiten, die für die Feudalgesellschaft typisch waren. […]

Juristischer Diskurs

Es zeigte sich nun, dass die Bourgeoisie, die großen Nutzen aus der Stärkung der königlichen Macht oder der Schwächung und dem Rückgang der feudalen Macht zog, gleichfalls Interesse an der Entwicklung dieses Rechtssystems hatte, weil sie damit dem ökonomischen Austausch, auf dem ihre eigene gesellschaftliche Entwicklung beruhte, Form verleihen konnte. Darum waren Sprache und Form des Rechts das der Bourgeoisie und der Monarchie gemeinsame System zur Repräsentation von Macht. Vom Ende des Mittelalters bis zum 18. Jahrhundert gelang es der Bourgeoisie und der Monarchie nach und nach, eine Form von Macht zu etablieren, die sich als Recht darstellte und sich als Sprache oder Diskurs den Wortschatz des Rechts gab. Als die Bourgeoisie sich schließlich der monarchischen Macht entledigte, tat sie das wiederum mit Hilfe dieses juristischen Diskurses, der doch eigentlich der Diskurs der Monarchie war und den sie nun gegen die Monarchie selbst wendete. […]

Wie könnten wir nun versuchen, Macht in ihren positiven Mechanismen zu analysieren? […]

Unterschiedliche Mächte

Eine Gesellschaft ist kein einheitliches Gebilde, in dem nur eine einzige Macht herrschte, sondern ein Nebeneinander, eine Verbindung, eine Koordination und auch eine Hierarchie verschiedener Mächte, die dennoch ihre Besonderheit behalten. […] Es gibt also regionale Formen von Macht. Die Gesellschaft ist ein Archipel aus verschiedenen Mächten.

Zweitens können und dürfen diese Mächte nicht einfach als Ableitung oder Folge einer als ursprünglich zu denkenden zentralen Macht verstanden werden. Nach dem Schema der Juristen, ob Grotius, Pufendorf oder Rousseau, gab es zunächst keine Gesellschaft. Sie entstand erst mit einer zentralen souveränen Macht, die den Gesellschaftskörper organisierte und in der Folge eine Reihe lokaler und regionaler Mächte möglich machte. Marx verwirft dieses Schema ausdrücklich. Er zeigt stattdessen, wie aus diesen kleinen ursprünglichen und primitiven Machtregionen – wie dem Eigentum, der Sklaverei, der Fabrik, aber auch der Armee – nach und nach große Staatsapparate entstehen konnten. Die staatliche Einheit ist letztlich sekundär gegenüber diesen regionalen und besonderen Mächten, die am Anfang stehen.

Drittens ist es keineswegs die Hauptfunktion dieser besonderen, regionalen Mächte, zu verbieten, zu verhindern oder „Du darfst nicht" zu sagen. Die ursprüngliche, wesentliche und dauerhafte Funktion dieser lokalen und regionalen Mächte liegt in Wirklichkeit in der Herstellung von Effizienz, von Fähigkeiten, von Produzenten eines Produkts. […]

Technologie der Macht

Und noch ein vierter wichtiger Gedanke: Diese Machtmechanismen und Machtverfahren müssen wir als Techniken verstehen, also als Verfahren, die erfunden und verbessert und ständig weiterentwickelt werden. Es gibt tatsächlich eine Technologie der Macht oder besser der Mächte, die ihre eigene Geschichte hat. […]

Geschichte der Machtmechanismen

Wie können wir nun auf der Basis dieses methodologischen Prinzips die Geschichte der Machtmechanismen im Bereich der Sexualität erforschen? Ich denke, ganz schematisch könnte man sagen, das von der Monarchie seit dem Mittelalter aufgebaute Machtsystem legte der Entwicklung des Kapitalismus zwei größere Hindernisse in den Weg. Erstens war die im Gesellschaftskörper ausgeübte politische Macht sehr diskontinuierlich. Die Maschen des Netzes waren zu groß, so dass zahllose Dinge, Elemente, Verhaltensweisen und Prozesse der Kontrolle durch die Macht entgingen. Wenn wir uns etwa ansehen, welche Bedeutung der Schleichhandel Ende des 18. Jahrhunderts in ganz Europa erlangte, stellen wir fest, dass diese Wirtschaftsströme, die der Macht vollständig entgingen, fast denselben Umfang hatten wie die offiziellen Ströme. Und er bildete die Existenzgrundlage für zahlreiche Menschen. Ohne Piraterie hätte der Handel gar nicht funktioniert und die Menschen hätten nicht leben können. Anders ausgedrückt, die Gesetzlosigkeit war Voraussetzung des Lebens. Das bedeutete aber zugleich, dass manches dem Zugriff der Macht entging und nicht von der Macht kontrolliert werden konnte. Ökonomische Prozesse und diverse Mechanismen, die jenseits jeglicher Kontrolle lagen, erforderten daher die Schaffung einer kontinuierlichen, präzisen, gleichsam atomaren Macht, den Übergang von einer lückenhaft globalen zu einer stetigen, atomaren, individualisierenden Macht. Statt einer globalen, auf die Masse zielenden Kontrolle bedurfte es einer Kontrolle jedes Einzelnen in seiner Leiblichkeit und seinem gesamten Tun.

Der zweite große Nachteil der in der Monarchie entwickelten Machtmechanismen bestand darin, dass sie extrem aufwendig waren. Und sie waren deshalb so aufwendig, weil die Funktion der Macht – also das, was sie ausmachte – vornehmlich in der Erhebung von Abgaben auf die Ernte lag: von Steuern oder im Fall der Kirche des Zehnten. Sie hatte das Recht und die Macht, einen gewissen Prozentsatz für die Herren, die königliche Macht oder Kirche einzufordern. Macht nahm etwas weg und war daher im Wesentlichen räuberisch. Sie bewirkte stets einen ökonomischen Abzug. Sie förderte und stimulierte nicht die Wirtschaftsströme, sondern behinderte und bremste sie ständig. Daher das zweite Erfordernis, einen Machtmechanismus zu finden, der Dinge und Menschen bis ins kleinste Detail kontrolliert und die Gesellschaft weder belastet noch gar ausraubt, sondern in dieselbe Richtung arbeitet wie der ökonomische Prozess.

Ich denke, mit diesen beiden Zielen können wir die große technologische Veränderung im Westen weitgehend verstehen. [...]

Disziplin

Disziplin ist im Grunde der Machtmechanismus, über den wir den Gesellschaftskörper bis hin zum kleinsten Element, bis hin zu den sozialen Atomen, also den Individuen, zu kontrollieren vermögen. Es handelt sich um Techniken der Individualisierung von Macht. Wie kann man jemanden überwachen, sein Verhalten und seine Eignung kontrollieren, seine Leistung steigern, seine Fähigkeiten verbessern? Wie kann man ihn an den Platz stellen, an dem er am nützlichsten ist? Darum geht es bei der Disziplin.

Ich habe eben von der Disziplin in der Armee gesprochen. Die Armee ist deshalb ein wichtiges Beispiel, weil dort die Disziplin im Grunde entdeckt und auch in erster Linie entwickelt wurde. In Verbindung mit jener anderen technisch-industriellen Erfindung, dem relativ schnell feuernden Gewehr. Von da an können wir sagen, was nun folgt: Der Soldat war nicht länger austauschbar, war kein bloßes Kanonenfutter und kein bloßes Individuum mehr, das zuschlagen konnte. Um ein guter Soldat zu sein, musste er schießen können, also einen Ausbildungsprozess durchlaufen haben. Der Soldat musste auch wissen, wo er Stellung beziehen sollte und wie er sein Tun mit dem der anderen Soldaten abstimmen konnte. Der Soldat erwarb also gewisse Fähigkeiten und wurde dadurch kostbar. [...]

Disziplinaranstalt Schule

Ein weiterer Ort, an dem wir die neue Disziplinartechnik entstehen sehen, ist die Schule. Zunächst in den höheren Schulen und dann auch in der Grundschule kommen Disziplinarmethoden auf, die eine Individualisierung in der Vielfalt ermöglichen. In den höheren Schulen sind Dutzende, Hunderte und manchmal sogar Tausende von Schülern versammelt, über die es nun eine weit weniger kostspielige Macht auszuüben gilt, als es bei der Macht des Hauslehrers der Fall war, die nur im Verhältnis zwischen Schüler und Meister bestehen kann. [...] Und es entsteht die quantitative Benotung, das Prüfungswesen, also die Möglichkeit, die Einzelnen so einzuordnen, dass jeder seinen Platz hat: unter den Augen des Lehrers oder in der Qualifikation und der Beurteilung jedes Einzelnen. [...]

Körperdisziplinierung

Heute sitzen die Schüler in Reihen, und der Lehrer kann sie individuell ins Auge fassen, kann sie einzeln aufrufen, um ihre Anwesenheit zu prüfen, kann sehen, was sie tun, ob sie träumen oder gähnen... Das sind Kleinigkeiten, aber sie sind dennoch sehr wichtig, denn in Verbindung mit einer ganzen Reihe weiterer Formen der Machtausübung sorgen erst diese kleinen Techniken dafür, dass die neuen Mechanismen auch funktionieren. Was in der Armee und in den Schulen geschah, kann man auch während des ganzen 19. Jahrhunderts in den Fabriken beobachten. Ich spreche hier von einer individualisierenden Machttechnologie, weil sie letztlich auf den Einzelnen bis in seine Körperlichkeit und sein Verhalten hinein zielt. Es handelt sich *grosso modo* um eine politische Anatomie, eine anatomische Politik, eine Anatomie, die auf den Einzelnen zielt und ihn dabei gleichsam in seine anatomischen Bestandteile zerlegt. [...]

All das begann man im 18. Jahrhundert zu entdecken. Man bemerkte, dass die Beziehung zwischen der Macht und dem Untertan oder besser dem Einzelnen sich nicht auf jene Form von Unterwerfung beschränken darf, die es der Macht gestattet, dem Untertan Güter, Reichtümer und möglicherweise sogar Blut und Leben wegzunehmen, sondern dass sie sich auf das Individuum als biologisches Wesen beziehen sollte, das in Betracht gezogen werden muss, wenn man die Bevölkerung als Produktionsmaschine zur Erzeugung von Reichtum, Gütern und weiteren Individuen nutzen will. Die Entdeckung der Bevölkerung ist zugleich die Entdeckung des Einzelnen und des dressier-

Biopolitik

baren Körpers, die zweite große Kerntechnologie, um die herum sich die politischen Praktiken des Westens veränderten. Damals erfand man etwas, das ich im Unterschied zu der eben erwähnten anatomischen Politik als Biopolitik bezeichne. Zu dieser Zeit kamen Probleme auf wie das der Wohnverhältnisse, der städtischen Lebensbedingungen, der öffentlichen Hygiene oder der Veränderung des Verhältnisses zwischen Geburtenrate und Sterblichkeit. Damals begann man sich auch zu fragen, wie man die Menschen veranlassen konnte, mehr Kinder zu bekommen, oder jedenfalls, wie sich die Entwicklung der Bevölkerung, ihr Wachstum und ihre Wanderungsbewegungen steuern ließ. Eine ganze Reihe von Beobachtungstechniken, darunter natürlich die Statistik, aber auch große administrative, ökonomische und politische Körperschaften übernehmen von nun an die Aufgabe einer Regulierung der Bevölkerung. Es gibt zwei große Revolutionen in der Technologie der Macht: die Entdeckung der Disziplin und die Entdeckung der Regulierung, die Perfektionierung einer anatomischen Politik und die Perfektionierung einer Biopolitik.

Regulierung der Bevölkerung

Leben als Objekt der Macht

Mit dem 18. Jahrhundert wird das Leben zu einem Objekt der Macht. Das Leben und der Körper. Bis dahin gab es nur Untertanen, nur Rechtssubjekte, denen man Güter und auch das Leben wegnehmen konnte. Nun gibt es Körper und Bevölkerungen. Die Macht ist materialistisch geworden. [...] Das Leben gelangt in den Einflussbereich der Macht – eine überaus wichtige Veränderung und ohne Zweifel eine der wichtigsten in der Geschichte der menschlichen Gesellschaften. Und natürlich kann man leicht sehen, wie es möglich war, dass die Sexualität von da an, das heißt seit dem 18. Jahrhundert, auch hier erstrangige Bedeutung erlangte. Denn die Sexualität liegt letztlich genau an der Verbindungsstelle zwischen der individuellen Disziplinierung des Körpers und der Regulierung der Bevölkerung. Die Sexualität ist von nun an der Bereich, von dem aus man die Überwachung des Einzelnen sicherstellen kann. So wird auch verständlich, warum seit dem 18. Jahrhundert und vor allem in den höheren Schulen die Sexualität der Heranwachsenden zu einem medizinischen, einem moralischen und fast schon zu einem politischen Problem ersten Ranges wird, denn über die Kontrolle der Sexualität – und unter dem Vorwand dieser Kontrolle – konnte man die Schüler, die Heranwachsenden, ihr Leben lang überwachen, in jedem Augenblick und selbst noch im Schlaf. Die Sexualität wird also zu einem Instrument der Disziplinierung. Und schon bald ist sie eines der wichtigsten Elemente der anatomischen Politik, von der ich eben gesprochen habe. Auf der anderen Seite sichert die Sexualität die Reproduktion der Bevölkerung. Über die Sexualität, über eine Sexualpolitik, können wir das Verhältnis zwischen Geburten- und Sterberate verändern. [...] Die Sexualität ist das Bindeglied zwischen anatomischer Politik und Biopolitik; sie liegt am Kreuzungspunkt der Disziplinierungs- und Regulierungsformen, und in dieser Funktion wird sie Ende des 19. Jahrhunderts zu einem erstrangigen politischen Instrument, das es ermöglicht, die Gesellschaft in eine Produktionsmaschine umzuwandeln.

Sexualität

Reflexionsfragen:

- Worin unterscheiden sich der repressive und der produktive Machtbegriff?
- Skizzieren Sie, warum die monarchistische Macht von Techniken der individualisierenden Macht abgelöst wird.
- Beschreiben Sie, welche Bedeutung Disziplin für den foucaultschen Machtbegriff hat.
- Wie trägt die Institution Schule zur Disziplinierung der Gesellschaft bei?
- Wodurch zeichnet sich die Biopolitik aus? Welche aktuellen Beispiele von Biopolitik kennen Sie?

4. Pierre Bourdieu

Ökonomisches Kapital – Kulturelles Kapital – Soziales Kapital

Textauszug aus: Bourdieu, P. (1992): Ökonomisches Kapital – Kulturelles Kapital – Soziales Kapital. In: Ders: Die verborgenen Mechanismen der Macht. Schriften zu Politik und Kultur I. Hamburg, S. 49–79.

Kapitalbegriff

Die gesellschaftliche Welt ist akkumulierte Geschichte. Sie darf deshalb nicht auf eine Aneinanderreihung von kurzlebigen und mechanischen Gleichgewichtszuständen reduziert werden, in denen die Menschen die Rolle von austauschbaren Teilchen spielen. Um einer derartigen Reduktion zu entgehen, ist es wichtig, den Kapitalbegriff wieder einzuführen, und mit ihm das Konzept der Kapitalakkumulation mit allen seinen Implikationen. Kapital ist akkumulierte Arbeit, entweder in Form von Material oder in verinnerlichter, »inkorporierter« Form. Wird Kapital von einzelnen Aktoren oder Gruppen privat und exklusiv angeeignet, so wird dadurch auch die Aneigung sozialer Energie in Form von verdinglichter oder lebendiger Arbeit möglich. Als *vis insita* ist Kapital eine Kraft, die den objektiven und subjektiven Strukturen innewohnt; gleichzeitig ist das Kapital – als *lex insita* – auch grundlegendes Prinzip der inneren Regelmäßigkeiten der sozialen Welt. Auf das Kapital ist es zurückzuführen, daß die Wechselspiele des gesellschaftlichen Lebens, insbesondere des Wirtschaftslebens, nicht wie einfache Glückspiele verlaufen, in denen jederzeit eine Überraschung möglich ist [...]. Dem Kapital wohnt eine Überlebenstendenz inne; es kann ebenso Profite produzieren wie sich selbst reproduzieren oder auch wachsen. Das Kapital ist eine der Objektivität der Dinge innewohnende Kraft, die dafür sorgt, daß nicht alles gleich möglich oder gleich unmöglich ist.[3] Die zu einem bestimmten Zeitpunkt gegebene Verteilungsstruktur verschiedener Arten und Unterarten von Kapital entspricht der immanenten Struktur der gesellschaftlichen Welt, d.h. der Gesamtheit der ihr innewohnenden Zwänge, durch die das dauerhafte Funktionieren der gesellschaftlichen Wirklichkeit bestimmt und über die Erfolgschancen der Praxis[4] entschieden wird.

Erweiterung des Kapitalbegriffs

Es ist nur möglich, der Struktur und dem Funktionieren der gesellschaftlichen Welt gerecht zu werden, wenn man den Begriff des *Kapitals in allen seinen Erscheinungsformen* einführt, nicht nur in der aus der Wirtschaftstheorie bekannten Form. [...] Dieser wirtschaftswissenschaftliche Kapitalbegriff reduziert die Gesamtheit der gesellschaftlichen Austauschverhältnisse auf den bloßen Warenaustausch, der objektiv und subjektiv auf Profitmaximierung ausgerichtet und vom (ökonomischen) *Eigennutz* geleitet ist. Damit erklärt die Wirtschaftstheorie implizit alle anderen Formen sozialen Austausches zu nicht-ökonomischen, *uneigennützigen* Beziehungen. [...]

Wie aber jedermann weiß, haben auch scheinbar unverkäufliche Dinge ihren Preis. Sie lassen sich nur deshalb so schwer in Geld umsetzen, weil sie mit der Absicht einer ausdrücklichen *Verneinung des Ökonomischen* hergestellt werden. Man sieht also, eine wirklich allgemeine Wissenschaft von der ökonomischen Praxis muß in der Lage sein, auch alle die Praxisformen miteinzubeziehen, die zwar objektiv ökonomischen Charakter tragen, aber als solche im gesellschaftlichen Leben nicht erkannt werden und auch nicht erkennbar sind. Sie verwirklichen sich nur aufgrund eines erheblichen Aufwandes an Verschleierung oder, besser, *Euphemisierung*. Eine allgemeine ökonomische Praxiswissenschaft muß sich deshalb bemühen, das Kapital und den Profit in allen ihren Erscheinungsformen zu erfassen und die Gesetze zu bestimmen, nach denen die verschiedenen Arten von Kapital (oder, was auf dasselbe herauskommt, die verschiedenen Arten von Macht) gegenseitig ineinander transformiert werden.

Arten von Kapital

Das Kapital kann auf drei grundlegende Arten auftreten. [...] Das *ökonomische Kapital* ist unmittelbar und direkt in Geld konvertierbar und eignet sich besonders zur Institutionalisierung in der Form des Eigentumsrechts; das *kulturelle Kapital* ist unter bestimmten Voraussetzungen in ökonomisches Kapital konvertierbar und eignet sich besonders zur Institutionalisierung in Form von schulischen Titeln; das *soziale Kapital,* das Kapital an sozialen Verpflichtungen oder »Beziehungen«, ist unter bestimmten Voraussetzungen ebenfalls in ökonomisches Kapital konvertierbar und eignet sich besonders zur Institutionalisierung in Form von Adelstiteln. [...]

Kulturelles Kapital

Das kulturelle Kapital kann in drei Formen existieren: (1.) in verinnerlichtem, *inkorporiertem Zustand,* in Form von dauerhaften Dispositionen des Organismus, (2.) in *objektiviertem Zustand,* in Form von kulturellen Gütern, Bildern, Büchern, Lexika, Instrumenten oder Maschinen, in denen bestimmte Theorien und deren Kritiken, Problematiken usw. Spuren hinterlassen oder sich verwirklicht haben, und schließlich (3.) in *institutionalisiertem Zustand,* einer Form von Objektivation, die deswegen gesondert behandelt werden muß, weil sie – wie man beim schulischen Titel sieht – dem kulturellen Kapital, das sie ja garantieren soll, ganz einmalige Eigenschaften verleiht. [...]

Der Begriff des kulturellen Kapitals hat sich mir bei der Forschungsarbeit als theoretische Hypothese angeboten, die es gestattete, die Ungleichheit der schulischen Leistungen von Kindern aus verschiedenen sozialen Klassen zu begreifen. Dabei wurde der »Schulerfolg«, d.h. der spezifische Profit, den die

Kinder aus verschiedenen sozialen Klassen und Klassenfraktionen auf dem schulischen Markt erlangen können, auf die Verteilung des kulturellen Kapitals zwischen den Klassen und Klassenfraktionen bezogen. Dieser Ausgangspunkt impliziert einen Bruch mit den Prämissen, die sowohl der landläufigen Betrachtungsweise, derzufolge schulischer Erfolg oder Mißerfolg auf die Wirkung natürlicher »Fähigkeiten« zurückgeführt wird, als auch den Theorien vom »Humankapital« zugrundeliegen. [...]

Inkorporiertes Kulturkapital

Die meisten Eigenschaften des kulturellen Kapitals lassen sich aus der Tatsache herleiten, daß es grundsätzlich *körpergebunden* ist und Verinnerlichung (incorporation) voraussetzt. Die Akkumulation von Kultur in korporiertem Zustand – also in der Form, die man auf französisch »culture«, auf deutsch »Bildung«, auf englisch »cultivation« nennt – setzt einen *Verinnerlichungsprozeß* voraus, der in dem Maße, wie er Unterrichts- und Lernzeit erfordert, *Zeit kostet.* Die Zeit muß vom Investor *persönlich* investiert werden: Genau wie wenn man sich eine sichtbare Muskulatur oder eine gebräunte Haut zulegt, so läßt sich auch die Inkorporation von Bildungskapital nicht durch eine fremde Person vollziehen. Das *Delegationsprinzip* ist hier ausgeschlossen.

Habitus

Wer am Erwerb von Bildung arbeitet, arbeitet an sich selbst, er »bildet sich«. [...]

Inkorporiertes Kapital ist ein Besitztum, das zu einem festen Bestandteil der »Person«, zum Habitus geworden ist; aus »Haben« ist »Sein« geworden. Inkorporiertes und damit verinnerlichtes Kapital kann deshalb (im Unterschied zu Geld, Besitz- oder sogar Adelstiteln) nicht durch Schenkung, Vererbung, Kauf oder Tausch *kurzfristig* weitergegeben werden. Daraus folgt, daß die Nutzung oder Ausbeutung kulturellen Kapitals sich für die Eigner ökonomischen oder sozialen Kapitals als besonders problematisch erweist. [...]

Verschleierte Übertragung

Die stärkste Grundlage für die symbolische Wirksamkeit von kulturellem Kapital ergibt sich [...] zweifellos aus der Logik seiner Übertragung. Einerseits ist der Prozeß der Aneignung von objektiviertem kulturellem Kapital (also: die dafür erforderliche Zeit) bekanntlich in erster Linie von dem in der gesamten Familie verkörperten kulturellen Kapital abhängig; andererseits ist aber auch bekannt, daß die Akkumulation kulturellen Kapitals von frühester Kindheit an – die Voraussetzung zur schnellen und mühelosen Aneignung jeglicher Art von nützlichen Fähigkeiten – ohne Verzögerung und Zeitverlust nur in Familien stattfindet, die über ein so starkes Kulturkapital verfügen, daß die gesamte Zeit der Sozialisation zugleich eine Zeit der Akkumulation ist. Daraus folgt, daß die Übertragung von Kulturkapital zweifellos die am besten verschleierte Form erblicher Übertragung von Kapital ist. Deshalb gewinnt sie in dem System der Reproduktionsstrategien von Kapital um so mehr an Gewicht, je mehr die direkten und sichtbaren Formen der Übertragung sozial mißbilligt und kontrolliert werden. [...]

Objektiviertes Kulturkapital

Das objektivierte Kulturkapital hat eine Reihe von Eigenschaften, die sich nur durch seine Beziehung zum inkorporierten, verinnerlichten Kulturkapital bestimmen lassen. Kulturelles Kapital ist materiell übertragbar, auf dem Wege über seine materiellen Träger (z. B. Schriften, Gemälde, Denkmäler, Instrumente usw.). Eine Gemäldesammlung etwa läßt sich ebensogut übertragen wie ökonomisches Kapital – wenn nicht sogar besser, weil sie sich leichter verbergen läßt. Übertragbar ist allerdings nur das juristische Eigentum. Dagegen ist dasjenige Merkmal, das die eigentliche Aneignung erst ermöglicht, nicht (oder nicht notwendigerweise) übertragbar: nämlich die Verfügung über kulturelle Fähigkeiten, die den Genuß eines Gemäldes oder den Gebrauch einer Maschine erst ermöglichen; diese kulturellen Fähigkeiten sind nichts anderes als inkorporiertes Kulturkapital, für das die zuvor dargestellten Übertragungsregeln gelten. [...]

Institutionalisiertes Kulturkapital

Durch den schulischen oder akademischen Titel wird dem von einer bestimmten Person besessenen Kulturkapital institutionelle Anerkennung verliehen. Damit wird es u. a. möglich, die Besitzer derartiger Titel zu vergleichen und sogar auszutauschen, indem sie füreinander die *Nachfolge* antreten. Durch die Bestimung [sic!] des Geldwertes, der für den Erwerb eines bestimmten schulischen Titels erforderlich ist, läßt sich sogar ein »Wechselkurs« ermitteln, der die *Konvertibilität* zwischen kulturellem und ökonomischem Kapital garantiert. Weil der Titel das Produkt einer Umwandlung von ökonomischem in kulturelles Kapital ist, ist die Bestimmung des kulturellen Wertes eines Titelinhabers im Vergleich zu anderen unauflöslich mit dem Geldwert verbunden, für den er auf dem Arbeitsmarkt getauscht werden kann; denn die Bildungsinvestition hat nur Sinn, wenn die Umkehrbarkeit der ursprünglichen Umwandlung von ökonomischem in kulturelles Kapital zumindest teilweise objektiv garantiert ist. [...]

Soziales Kapital

Das Sozialkapital ist die Gesamtheit der aktuellen und potentiellen Ressourcen, die mit dem Besitz eines dauerhaften Netzes von mehr oder weniger institutionalisierten *Beziehungen* gegenseitigen Kennens oder Anerkennens verbunden sind; oder, anders ausgedrückt, es handelt sich dabei um Ressourcen, die auf der *Zugehörigkeit zu einer Gruppe* beruhen.[5] Das Gesamt-Kapital, das die einzelnen Gruppenmitglieder besitzen, dient ihnen allen gemeinsam als Sicherheit und verleiht ihnen – im weitesten Sinne des Wortes – *Kreditwürdigkeit.* Sozialkapitalbeziehungen können nur in der Praxis auf der Grundlage von materiellen und/oder symbolischen Tauschbeziehungen existieren, zu deren Aufrechterhaltung sie beitragen. Sie können auch gesellschaftlich institutionalisiert und garantiert werden, und zwar sowohl durch die Übernahme eines gemeinsamen Namens, der die Zugehörigkeit zu einer Familie, einer Klasse, einem Stamm oder auch einer Schule, einer Partei usw. kennzeichnet, als auch durch eine Vielzahl anderer *Institutionalisierungsakte,* die die davon Betroffenen gleichzeitig prägen und über das Vorliegen eines Sozialkapitalverhältnisses informieren. [...]

Kapitalumwandlung

Die anderen Kapitalarten können mit Hilfe von ökonomischem Kapital erworben werden, aber nur um den Preis eines mehr oder weniger großen Aufwandes an *Transformationsarbeit,* die notwendig ist, um die in dem jeweiligen Bereich wirksame Form der Macht zu produzieren. So gibt es z. B. bestimmte Güter und Dienstleistungen, die mit Hilfe von ökonomischem Kapital ohne Verzögerung und sekundäre Kosten erworben werden können. Es gibt aber auch solche, die nur aufgrund eines sozialen Beziehungs- oder Verpflichtungskapitals erworben werden können. Derartige Beziehungen oder Verpflichtungen können nur dann kurzfristig, zum richtigen Zeitpunkt, eingesetzt werden, wenn sie bereits seit langem etabliert und lebendig gehalten worden sind, als seien sie ein Selbstzweck. Dies muß außerhalb der Zeit ihrer Nutzung geschehen sein, also um den Preis einer Investition von Beziehungsarbeit, die notwendigerweise langfristig angelegt sein muß [...].

[...] Gleiches gilt bei der Umwandlung von ökonomischem in kulturelles Kapital. [...] [D]as kulturelle Kapital, das in Wirklichkeit ja in der Familie weitergegeben wird, hängt nicht nur von der Bedeutung des in der häuslichen Gemeinschaft verfügbaren kulturellen Kapitals ab, das nur um den Preis der Verausgabung von Zeit akkumuliert werden konnte, es hängt vielmehr auch davon ab, wieviel nutzbare Zeit (vor allem in Form von freier Zeit der Mutter) in der Familie zur Verfügung steht, um die Weitergabe des Kulturkapitals zu ermöglichen und einen verzögerten Eintritt in den Arbeitsmarkt zu gestatten. Das in der Familie verfügbare ökonomische Kapital spielt dabei eine entscheidende Rolle. Der so ermöglichte spätere Eintritt in den Arbeitsmarkt gestattet den Erwerb von schulischer Bildung und Ausbildung – ein Kredit, dessen Ertrag nicht, oder jedenfalls nur auf lange Frist garantiert ist.[6]

Kapitalreproduktion

Die Tatsache der gegenseitigen Konvertierbarkeit der verschiedenen Kapitalarten ist der Ausgangspunkt für Strategien, die die Reproduktion des Kapitals (und der Position im sozialen Raum) mit Hilfe möglichst geringer Kapitalumwandlungskosten (Umwandlungsarbeit und inhärente Umwandlungsverluste) erreichen möchten. Die unterschiedlichen Kapitalarten unterscheiden sich nach ihrer Reproduzierbarkeit, also danach, wie leicht sie sich übertragen lassen. Dabei geht es zum einen um das Ausmaß der bei der Kapitalübertragung auftretenden Schwundquote, zum anderen darum, in welchem Maße sich die Kapitalübertragung verschleiern läßt; das Schwundrisiko und die Verschleierungskosten haben die Tendenz, mit entgegengesetzten Vorzeichen zu variieren. Alles, was zur Verschleierung des Ökonomischen beiträgt, trägt auch zur Erhöhung des Schwundrisikos bei, insbesondere bei der Kapitalübertragung zwischen den Generationen. [...]

Reflexionsfragen:

- Warum reaktiviert Bourdieu einen gesellschaftstheoretisch erweiterten Kapitalbegriff?
- Beschreiben Sie die von Bourdieu genannten Arten von Kapital.
- Welche Schwierigkeiten sind mit der Übertragung von inkorporiertem kulturellem Kapital verbunden?
- In welchem Maße lässt sich das ökonomische Kapital in kulturelles Kapital und soziales Kapital umwandeln?
- Erklären Sie, inwiefern Bourdieu die schulischen Auslesekriterien „natürliche Begabung" und „individuelle Leistung" als Ideologien entlarvt.

Der Habitus und der Raum der Lebensstile

Textauszüge aus: Bourdieu, P. (1979/1987): Die feinen Unterschiede. Kritik der gesellschaftlichen Urteilskraft. Frankfurt/Main, S. 277–354.

[...] Die wissenschaftliche Einteilung in Klassen führt zur gemeinsamen Wurzel der von den Akteuren geschaffenen klassifizierbaren Praxisformen und ihren klassifizierenden Urteilen über die eigene Praxis so gut wie die der anderen: der Habitus ist *Erzeugungsprinzip* objektiv klassifizierbarer Formen von Praxis und *Klassifikationssystem* (principium divisionis) dieser Formen. In der Beziehung dieser beiden den Habitus definierenden Leistungen: der Hervorbringung klassifizierbarer Praxisformen und Werke zum einen, der Unterscheidung und Bewertung der Formen und Produkte (Geschmack) zum anderen, konstituiert sich die *repräsentierte soziale Welt*, mit anderen Worten der *Raum der Lebensstile.*

Raum der Lebensstile

Zu einer intelligiblen wird die Beziehung zwischen den relevanten Merkmalen der sozio-ökonomischen Lage (Umfang und Struktur des Kapitals jeweils in synchronischer wie diachronischer Dimension) und den mit der entsprechenden Position im Raum der Lebensstile verbundenen Unterscheidungsmerkmalen allein durch die Konstruktion des Habitus im Sinne einer Erzeugungsformel, mit der sich zugleich die klassifizierbaren Formen der Praxis und Produkte wie die diese Formen und Produkte zu einem System *distinktiver Zeichen* konstituierenden Urteile und Bewertungen erklären lassen. Wenn hier vom »aristokratischen« Ästhetizismus der höheren Lehrer und Professoren oder von der »Prätention« des Kleinbürgers die Rede ist, dann sollen damit der Professor und der Kleinbürger nicht nur durch diese oder jene Eigenschaft, wie relevant auch immer, beschrieben werden; vielmehr wird auf diese Art versucht, das Erzeugungsprinzip aller ihrer Eigenschaften wie ihrer Werturteile über die eigenen so gut wie die Eigenschaften der anderen begrifflich zu fassen. Mit dem Habitus als inkorporierter Notwendigkeit, verwandelt in eine allgemeine und transponierbare, sinnvolle Praxis und sinnstiftende Wahrnehmung hervorbringende Disposition, erfährt die den jeweiligen Lernsituationen imanente [sic!] Notwendigkeit über die Grenzen des direkt Gelernten hinaus systematische Anwendung: Der Habitus bewirkt, daß die Gesamtheit der Praxisformen eines Akteurs (oder einer Gruppe von aus ähnlichen Soziallagen hervorgegangenen Akteuren) als Produkt der Anwendung identischer (oder wechselseitig austauschbarer) Schemata zugleich systematischen Charakter tragen und systematisch unterschieden sind von den konstitutiven Praxisformen eines anderen Lebensstils.

Habitus

Erzeugte Praxisformen

Insofern unterschiedliche Existenzbedingungen unterschiedliche Formen des Habitus hervorbringen, d.h. Systeme von Erzeugungsmustern, die kraft einfacher Übertragungen auf die unterschiedlichsten Bereiche der Praxis anwendbar sind, erweisen sich die von den jeweiligen Habitus erzeugten Praxisformen als systematische Konfigurationen von Eigenschaften und Merkmalen und darin als Ausdruck der Unterschiede, die, den Existenzbedingungen in Form von Systemen differenzieller Abstände eingegraben und von den Akteuren mit den erforderlichen Wahrnehmungs- und Beurteilungsschemata zum Erkennen, Interpretieren und Bewerten der relevanten Merkmale *wahrgenommen*, als Lebensstile fungieren.[7]

Strukturierte Struktur

Der Habitus ist nicht nur strukturierende, die Praxis wie deren Wahrnehmung organisierende Struktur, sondern auch strukturierte Struktur: das Prinzip der Teilung in logische Klassen, das der Wahrnehmung der sozialen Welt zugrunde liegt, ist seinerseits Produkt der Verinnerlichung der Teilung in soziale Klassen. Jede spezifische soziale Lage ist gleichermaßen definiert durch ihre inneren Eigenschaften oder Merkmale wie ihre relationalen, die sich aus ihrer spezifischen Stellung im System der Existenzbedingungen herleiten, das zugleich ein *System von Differenzen*, von unterschiedlichen Positionen darstellt. Eine jede soziale Lage ist mithin bestimmt durch die Gesamtheit dessen, was sie nicht ist, insbesondere jedoch durch das ihr Gegensätzliche: soziale Identität gewinnt Kontur und bestätigt sich in der Differenz. In den Dispositionen des Habitus ist somit die gesamte Struktur des Systems der Existenzbedingungen angelegt, so wie diese sich in der Erfahrung einer besonderen sozialen Lage mit einer bestimmten Position innerhalb dieser Struktur niederschlägt. Die fundamentalen Gegensatzpaare der Struktur der Existenzbedingungen (oben/unten, reich/arm, etc.) setzen sich tendenziell als grundlegende Strukturierungsprinzipien der Praxisformen wie deren Wahrnehmung durch. Als System generativer Schemata von Praxis, das auf systematische Weise die einer Klassenlage inhärenten Zwänge und Freiräume wie auch die konstitutive Differenz der Position wiedergibt, erfaßt der Habitus die lagespezifischen Differenzen in Gestalt von Unterschieden zwischen klassifizierten und klassifizierenden Praxisformen (als Produkte des Habitus), unter Zugrundelegung von Unterscheidungsprinzipien, die ihrerseits Produkt jener Differenzen, diesen objektiv angeglichen sind und sie deshalb auch tendenziell als natürliche auffassen.[8] Muß gegenüber jeder Form mechanistischen Denkens erneut darauf insistiert werden, daß die Alltagserfahrung von sozialer Welt durchaus Erkennen darstellt, so ist gegen die Illusion spontaner Erzeugung durch das Bewußtsein, der nicht wenige Theorien der »Bewußtwerdung« aufsitzen, im Blick zu behalten, daß es sich beim primären Erkennen um Verkennen wie Anerkennen einer auch in den Köpfen festsitzenden Ordnung handelt. Die Lebensstile bilden also systematische Produkte des Habitus, die in ihren Wechselbeziehungen entsprechend den Schemata des Habitus wahrgenommen, Systeme gesellschaftlich qualifizierter Merkmale (wie »distinguiert«, »vulgär«, etc.) konstituieren. Grundlage jenes alchemistischen Prozesses, worin die Verteilungsstruktur des Kapitals, Bilanz eines Kräfteverhältnisses, in ein System wahrgenommener Differenzen, distinktiver Eigenschaften, anders gesagt, in die Verteilungsstruktur des in seiner objektiven Wahrheit verkannten symbolischen und legitimen Kapitals verwandelt wird, ist die Dialektik von sozialer Lage und Habitus.

System von Differenzen

Dialektik von sozialer Lage und Habitus

Da strukturierte Produkte (*opus operatum*) derselben strukturierenden Struktur (*modus operandi*), von dieser hervorgebracht durch *Rückübersetzungen* entsprechend der spezifischen Logik eines Feldes, sind die Praxisformen und Werke eines Akteurs fern jedes absichtlichen Bemühens um Kohärenz in objektivem Einklang miteinander und fern jeder bewußten Abstimmung auch auf die Praxisformen aller übrigen Angehörigen derselben Klasse objektiv abgestimmt. Der Habitus erzeugt fortwährend praktische Metaphern, bzw., in einer anderen Sprache, Übertragungen (worunter die Übertragung motorischer Gewohnheiten nur einen Sonderfall darstellt) oder besser, durch die spezifischen Bedingungen seiner praktischen Umsetzung erzwungene systematische Transpositionen – so kann sich etwa der asketische Ethos, von dem zu erwarten wäre, daß er sich immer im Sparverhalten äußert, durchaus einmal unter veränderten Umständen in der Aufnahme von Kredit zeigen.

Stilistische Affinität

Die *stilistische Affinität* der Praxisformen eines Akteurs oder aller Akteure einer Klasse, die jede Einzelpraxis zu einer »Metapher« einer beliebig anderen werden läßt, leitet sich daraus ab, daß sie alle aus Übertragungen derselben Handlungsschemata auf die verschiedenen Felder hervorgehen. Ein vertrautes Paradigma für diesen Analogie stiftenden und auf Analogien basierenden Operator, eben den Habitus, liegt im »Schreiben« vor: kraft dieser Disposition, d.h. dieser besonderen Art und Weise des Zeichnens von Buchstaben, wird stets die gleiche Schrift erzeugt, d.h. graphische Linien, die ungeachtet aller Unterschiede in Größe, Stoff und Farbe der Schreibunterlage (Blatt Papier oder Schiefertafel), oder des Schreibmaterials (Füller oder Kreide), ungeachtet also der Unterschiede des jeweils aufgewendeten motorischen Gesamtkomplexes, auf Anhieb eine Art Familienähnlichkeit sichtbar werden lassen, ähnlich wie die stilistischen Merkmale oder die Manier, an denen man einen Maler oder Schriftsteller ebenso unfehlbar erkennt wie einen Menschen an seiner Gangart.[9]

Einheitsstiftendes Erzeugungsprinzip

Das *opus operatum* weist systematischen Charakter auf, weil dieser bereits im *modus operandi* steckt[10]: in den »Eigenschaften« (und Objektivationen von »Eigentum«), mit denen sich die Einzelnen wie die Gruppen umgeben – Häuser, Möbel, Gemälde, Bücher, Autos, Spirituosen, Zigaretten, Parfumes, Kleidung – und in den Praktiken, mit denen sie ihr Anderssein dokumentieren – in sportlichen Betätigungen, den Spielen, den kulturellen Ablenkungen – ist Systematik nur, weil sie in der ursprünglichen synthetischen Einheit des Habitus vorliegt, dem einheitsstiftenden Erzeugungsprinzip aller Formen von Praxis.

Geschmack

Der Geschmack, die Neigung und Fähigkeit zur (materiellen und/oder symbolischen) Aneignung einer bestimmten Klasse klassifizierter und klassifizierender Gegenstände und Praktiken, ist die Erzeugungsformel, die dem Lebensstil zugrunde liegt, anders gesagt, dem einheitlichen Gesamtkomplex distinktiver Präferenzen, in dem sich in der jeweiligen Logik eines spezifischen symbolischen Teil-Raums – des Mobiliars und der Kleidung so gut wie der Sprache oder der körperlichen Hexis – ein und dieselbe Ausdrucksintention niederschlägt. Die Dimensionen eines Lebensstils »bilden mit« den anderen, wie Leibniz sagt, »ein Sinnbild« und versinnbildlichen sie. In der Arbeitsmoral des alten Kunsttischlers, dem skrupulöse und einwandfreie Arbeit, Gepflegtes, Ausgefeiltes und Feines alles ist, nicht minder wie in seiner Ästhetik der Arbeit um ihrer selbst willen, die ihn Schönheit an der aufgewendeten Pflege und Geduld messen läßt, steckt alles: sein Weltbild wie seine Art und Weise, mit seinen Finanzen, seiner Zeit und seinem Körper zu wirtschaften, seine Verwendung der Sprache wie seine Kleidervorliebe.

Das System der *aufeinander abgestimmten* Eigenschaften, darunter auch Personen – sagen Freunde doch gerne von sich, denselben Geschmack zu besitzen – gründet im Geschmack, in jenem System von Klassifikationsschemata, die nur höchst bruchstückhaft dem Bewußtsein zugänglich sind, obwohl der Lebensstil mit steigender sozialer Stufenleiter immer entschiedener durch die von Max Weber so genannte »Stilisierung« des Lebens charakterisiert wird. Auch jene wechselseitige Angleichung aller Merkmalszüge einer Person, die die traditionelle Ästhetik der dabei erfolgten *wechselseitigen Verstärkung* wegen anempfahl, leistet der Geschmack: indem die von einem Individuum bewußt oder unbewußt gelieferten mannigfachen Informationen sich ins Endlose hinein bestätigen und verstärken, spenden sie dem erfahrenen Beobachter jenes Vergnügen, wie es auch dem Kunstliebhaber durch die Symmetrie und Entsprechung, d.h. die in sich stimmige Verteilung der Redundanzen, gewährt wird. [...]

wechselseitige Angleichung

Der Geschmack bildet mithin den praktischen Operator für die Umwandlung der Dinge in distinkte und distinktive Zeichen, der kontinuierlichen Verteilungen in diskontinuierliche Gegensätze: durch ihn geraten die Unterschiede aus der *physischen Ordnung* der Dinge in die *symbolische Ordnung* signifikanter Unterscheidungen. Er verwandelt objektiv klassifizierte Praxisformen, worin eine soziale Lage sich (über seine Vermittlung) selbst Bedeutung gibt, in klassifizierende, d.h. in einen symbolischen Ausdruck der Klassenstellung dadurch, daß er sie in ihren wechselseitigen Beziehungen und unter sozialen Klassifikationsschemata sieht. Somit liegt er dem System der Unterscheidungsmerkmale zugrunde, das zwangsläufig als ein systematischer Ausdruck einer besonderen Klasse von sozialen Lagen, d.h. als ein klar abgehobener Lebensstil von jedem wahrgenommen werden muß, der über die Beziehung zwischen den Unterscheidungszeichen und den Positionen innerhalb der Verteilungen, zwischen dem Raum der objektiven Eigenschaften, der in der wissenschaftlichen Konstruktion zum Vorschein tritt, und dem gleichermaßen objektiven Raum der Lebensstile, der als solcher für und durch die Alltagserfahrung besteht, praktisch Bescheid weiß. Resultat der Inkorporierung der Struktur des sozialen Raumes in der Gestalt, in der diese sich vermittels der Erfahrung einer bestimmten Position innerhalb dieses Raumes aufdrängt, stellt dieses Klassifikationssystem in den Grenzen des ökonomisch Möglichen und des Unmöglichen (deren Logik es tendenziell reproduziert) die Grundlage der den immanenten Regelmäßigkeiten einer Soziallage angepaßten Praxisformen dar. Auf dieses System geht die fortlaufende Umwandlung der Notwendigkeit in Strategien, der Zwänge in Präferenzen zurück wie auch die von mechanischer Determinierung freie Erzeugung aller für

Symbolische Ordnung

Umwandlung der Zwänge in Präferenzen

die klassifizierenden und klassifizierten *Lebensstile* konstitutiven »Entscheidungen«, deren Sinn bzw. Wert sich aus ihrer spezifischen Position im Rahmen eines Systems von Gegensätzen und Wechselbeziehungen herleitet.[11] Da selbst nur zur Tugend erhobene Not, will es fortwährend aus der Not eine Tugend machen und drängt zu »Entscheidungen«, die der gegebenen sozialen Lage, aus der es hervorgegangen ist, im vorhinein angepaßt sind. Wie in all den Fällen hinlänglich sichtbar wird, wo es in der Folge einer veränderten gesellschaftlichen Position auch zu einem grundlegenden Wandel in den Lebensverhältnissen kommt, die, aus denen der Habitus erwachsen ist, sich mit denjenigen nicht mehr decken, innerhalb deren er funktioniert und seine eigentümliche Wirksamkeit gesondert aufgewiesen werden kann, ist es der Geschmack – der »Luxusgeschmack« so gut wie der »Notwendigkeitsgeschmack« oder die Entscheidung für das Unvermeidliche, und kein üppiges oder mäßiges Einkommen –, der die objektiv an diese Finanzmittel angepaßten Praktiken bestimmt. Der Geschmack bewirkt, daß man hat, was man mag, weil man mag, was man hat, nämlich die Eigenschaften und Merkmale, die einem de facto zugeteilt und durch Klassifikation de jure zugewiesen werden.[12] [...]

Stilistische Möglichkeiten

Aus dem bisher Ausgeführten wird klar, daß der Aufbau der verschiedenen Präferenz-Räume in bezug auf Nahrung, Kleidung und Kosmetik derselben Grundstruktur folgt – der des von Umfang und Struktur des Kapitals determinierten Sozialraums. Zur umfassenden Konstruktion des Raumes der Lebensstile, innerhalb derer sich kultureller Konsum definiert, wäre für jede Klasse und Klassenfraktion, d.h. für jede Kapitalkonfiguration, die *generative Formel* des Habitus zu ermitteln, die die für eine jeweilige Klasse (relativ homogener) Lebensbedingungen charakteristischen Zwänge und Freiheitsräume in einen spezifischen *Lebensstil* umsetzt. Es wäre daran anschließend im einzelnen auszumachen, auf welche Weise sich die Dispositionen des Habitus im Rahmen jedes größeren Bereichs der Praxis derart spezifizieren, daß sie bestimmte, *von jedem einzelnen Feld* – Sport wie Musik, Nahrung wie Inneneinrichtung, Politik wie Sprache, etc. – *angebotene stilistische Möglichkeiten verwirklichen*. [...]

Reflexionsfragen:

- Worin äußert sich der Habitus einer Person?
- Wie vermittelt der Habitus zwischen der sozialen Position und dem Lebensstil einer Person?
- Erläutern Sie das dialektische Verhältnis von *opus operatum* und *modus operandi* im Habituskonzept.
- Definieren Sie den Begriff „Geschmack". Inwiefern ist der Rahmen des ökonomisch Möglichen bestimmend für die geschmacklichen Präferenzen?
- Nehmen Sie auf Basis von Bourdieus Ausführungen Stellung zu der Behauptung, über Geschmack ließe sich streiten.

5. Judith Butler

Körper von Gewicht

Textauszug aus: Butler, J. (1997): Körper von Gewicht. Frankfurt/Main, S. 19–49.

Besteht eine Möglichkeit, die Frage nach der Materialität des Körpers mit der Performativität der sozialen Geschlechtsidentität zu verknüpfen? Und welche Rolle spielt die Kategorie des »biologischen Geschlechts« [*sex*] in einer solchen Beziehung? Zuerst müssen wir uns klarmachen, daß die sexuelle Differenz häufig als eine Sache materieller Unterschiede angeführt wird. Die sexuelle Differenz ist aber nie einfach nur eine Funktion materieller Unterschiede, die nicht in irgendeiner Weise von diskursiven Praktiken markiert und geformt wären. [...] Die Kategorie des »*sex*« ist von Anfang an normativ; sie ist, was Foucault ein »regulierendes Ideal« genannt hat. In diesem Sinne fungiert das »biologische Geschlecht« demnach nicht nur als eine Norm, sondern ist Teil einer regulierenden Praxis, die die Körper herstellt, die sie beherrscht [...].

Regulierendes Ideal

[...] Das »soziale Geschlecht« [*gender*] läßt sich danach keineswegs weiterhin als kulturelles Konstrukt verstehen, das der Oberfläche der Materie, und zwar aufgefaßt als »der Körper« oder als dessen gegebenes biologisches Geschlecht, auferlegt wird. Vielmehr läßt sich, sobald das »biologische Geschlecht« selbst in seiner Normativität verstanden wird, die Materialität des Körpers nicht länger unabhängig von der Materialisierung jener regulierenden Norm denken. Das »biologische Geschlecht« ist demnach nicht einfach etwas, was man hat, oder eine statische Beschreibung dessen, was man ist: Es wird eine derjenigen Normen sein, durch die »man« überhaupt erst lebensfähig wird, dasjenige, was einen Körper für ein Leben im Bereich kultureller Intelligibilität qualifiziert.[13] [...]

Normativität

Sosehr auch die radikale Unterscheidung zwischen biologischem und sozialem Geschlecht für den Feminismus Beauvoirscher Prägung von zentraler Bedeutung war, ist sie doch in den letzten Jahren kritisiert worden, weil sie das Natürliche zu dem herabstuft, was »vor« der Intelligibilität liegt und des Kennzeichens, wenn nicht der Verunstaltung durch das Soziale bedarf, um Bedeutung zu tragen, wißbar zu sein und Wert zu erlangen. [...] Nach dieser Sichtweise setzt also die soziale Konstruktion des Natürlichen voraus, daß das Natürliche vom Sozialen ausgestrichen wird. Insoweit die Unterscheidung biologisches Geschlecht/soziales Geschlecht auf diese Auslegung des Natürlichen zurückgeht, wird sie auch nach gleichem Muster hinfällig; wenn das soziale Geschlecht die soziale Bedeutung ist, die das biologische Geschlecht in einer gegebenen Kultur annimmt – und wir wollen es hier um des Arguments willen einmal bei der unguten Austauschbarkeit des »Sozialen« und »Kulturellen« belassen –, was bleibt dann, falls überhaupt etwas bleibt, vom »biologischen Geschlecht« übrig, sobald es erst einmal seinen Charakter als soziales Geschlecht angenommen [*assume*] hat? [...]

Sex-Gender-Unterscheidung

Radikaler linguistischer Konstruktivismus

Wenn die Unterscheidung biologisches Geschlecht/soziales Geschlecht mit einem Begriff des radikalen linguistischen Konstruktivismus verbunden wird, verschärft sich das Problem nur noch. […]

Was dann folgt, ist eine gereizte Debatte, die viele von uns schon nicht mehr hören können: Entweder wird 1. der Konstruktivismus auf eine Position des linguistischen Monismus verkürzt, wobei die linguistische Konstruktion als generative und deterministische gedeutet wird. Von Kritikern, die diese Annahme machen, kommt dann die Frage: »Wenn alles Diskurs ist, wie steht es dann mit dem Körper?« Oder wenn 2. die Konstruktion bildlich auf ein verbales Handeln reduziert wird, das ein Subjekt vorauszusetzen scheint, hört man die Kritiker, die sich auf eine solche Vermutung stützen, fragen, »wenn das soziale Geschlecht etwas Konstruiertes ist, wer ist es denn dann, der konstruiert?«; die einschlägigste Formulierung dieser Frage ist 3. freilich die folgende: »Wenn das Subjekt konstruiert ist, wer konstruiert dann das Subjekt?« […]

Es bedarf eines gewissen Mißtrauens der Grammatik gegenüber, um die Sache in einem anderen Licht zu sehen. Wenn das Geschlecht konstruiert ist, dann ist es nicht von einem »Ich« oder »Wir« konstruiert, das in irgendeinem räumlichen oder zeitlichen Sinne »vor« jener Konstruktion liegt. Es ist nicht einmal klar, ob es ein »Ich« oder ein »Wir« geben kann, das nicht dem sozialen Geschlecht ausgesetzt und unterworfen wäre, wo doch ein Geschlechtlich-Werden [*gendering*] unter anderem auch in den differenzierenden Beziehungen besteht, mit denen sprechende Subjekte erst entstehen. Dem sozialen Geschlecht unterworfen, durch das soziale Geschlecht aber auch zum Subjekt gemacht, geht das »Ich« diesem Prozeß der Entstehung von Geschlechtsidentität weder voraus, noch folgt es ihm nach, sondern entsteht nur innerhalb der Matrix geschlechtsspezifischer Beziehungen und als diese Matrix selbst. […]

Geschlechtsspezifische Matrix

Wenn behauptet wird, das Subjekt werde selbst in einer und als eine geschlechtsspezifische Matrix von Beziehungen erzeugt, so heißt das nicht, daß das Subjekt abgeschafft wird, sondern nur, daß man nach den Bedingungen seiner Entstehung und seines Wirkens fragt. Die »Aktivität« dieses Geschlechtlich-Werdens kann strenggenommen kein menschliches Handeln oder menschlicher Ausdruck sein, keine willentliche Aneignung, und ganz sicher ist sie *keine* Frage einer Maskierung; sie ist die Matrix, durch die alles Wollen erst möglich wird, sie ist die kulturelle Bedingung seiner Möglichkeit. Die Matrix der geschlechtsspezifischen Beziehungen geht dem Zum-Vorschein-Kommen des »Menschen« voraus. Und in der Tat, mit der ärztlichen Interpellation (ungeachtet der in den letzten Jahren aufgekommenen Ultraschallaufnahme) wechselt das Kleinkind von einem »es« zu einer »sie« oder einem »er«; und mit dieser Benennung wird das Mädchen »mädchenhaft gemacht«, es gelangt durch die Anrufung des sozialen Geschlechts in den Bereich von Sprache und Verwandtschaft. Damit aber endet das »Zum-Mädchen-Machen« des Mädchens noch nicht, sondern jene begründende Anrufung wird von den verschiedensten Autoritäten und über diverse Zeitabschnitte hinweg immer aufs neue wiederholt, um die naturalisierte Wirkung zu verstärken oder anzufech-

Anrufung

ten. Das Benennen setzt zugleich eine Grenze und wiederholt einschärfend eine Norm.

Ausschluss-operationen

Solche Zuschreibungen oder Anrufungen tragen zu jenem Feld des Diskurses und der Macht bei, welches dasjenige orchestriert, abgrenzt und trägt, was als »das Menschliche« qualifiziert. Am deutlichsten wird dies an den Beispielen der verworfenen Wesen, die geschlechtlich nicht richtig identifiziert zu sein scheinen; es ist ihr Menschsein selbst, das damit fraglich wird. Die Konstruktion des Geschlechts arbeitet mit den Mitteln des *Ausschlusses*, und zwar so, daß das Menschliche nicht nur in Absetzung gegenüber dem Unmenschlichen produziert wird, sondern durch eine Reihe von Verwerfungen, radikalen Auslöschungen, denen die Möglichkeit kultureller Artikulation regelrecht verwehrt wird. Daher reicht es auch nicht aus, zu behaupten, daß menschliche Subjekte konstruiert seien, denn die Konstruktion des Menschlichen ist ein differentieller Vorgang, der das mehr und das weniger »Menschliche«, das Unmenschliche und das menschlich Undenkbare erzeugt. [...]

Materialisierung

Was ich an Stelle dieser Konzeptionen von Konstruktion vorschlagen möchte, ist eine Rückkehr zum Begriff der Materie, jedoch nicht als Ort oder Oberfläche vorgestellt, sondern als *ein Prozeß der Materialisierung, der im Laufe der Zeit stabil wird, so daß sich die Wirkung von Begrenzung, Festigkeit und Oberfläche herstellt, den wir Materie nennen.* Daß Materie immer etwas zu Materie Gewordenes ist, muß meiner Meinung nach mit Bezug auf die produktiven und eben auch materialisierenden Effekte von regulierender Macht im Foucaultschen Sinne gedacht werden.[14] [...]

Wiederholende Praxis

Von entscheidender Bedeutung ist demnach, daß die Konstruktion weder ein einzelner Akt noch ein kausaler Prozeß ist, der von einem Subjekt ausgeht und in einer Anzahl festgelegter Wirkungen endet. Konstruktion findet nicht nur *in* der Zeit statt, sondern ist selbst ein zeitlicher Prozeß, der mit der laufenden Wiederholung von Normen operiert; im Verlauf dieser unentwegten Wiederholung wird das biologische Geschlecht sowohl hervorgebracht als auch destabilisiert.[15] Als die sedimentierte Wirkung eine andauernd wiederholenden oder rituellen Praxis erlangt das biologische Geschlecht seinen Effekt des Naturalisierten; und doch tun sich in diesen ständigen Wiederholungen auch Brüche und feine Risse auf als die konstitutiven Instabilitäten in solchen Konstruktionen, dasjenige, was der Norm entgeht oder über sie hinausschießt, was von der wiederholenden Bearbeitung durch die Norm nicht vollständig definiert und festgelegt werden kann. [...]

Bestimmte Formulierungen der radikal konstruktivistischen Position scheinen geradezu zwangsläufig ein Moment immer wiederkehrenden Unmuts hervorzurufen, denn sobald die Konstruktivistin als linguistische Idealistin begriffen wird, sieht es so aus, als widerlege die Konstruktivistin die Wirklichkeit der Körper, die Relevanz der Naturwissenschaft und die angeblichen Tatsachen der Geburt, des Alterns, von Krankheit und Tod. Der Kritiker verdächtigt die Konstruktivistin möglicherweise auch einer gewissen Körperfeindlichkeit und will sich vergewissern, daß diese abgehobene Theoretikerin zugesteht, daß zumindest minimale, nach Geschlecht differenzierte Körperteile, Tätigkeiten und Fähigkeiten und hormonelle sowie in den Chromosomen verankerte Unterschiede vorhanden sind, die ohne Bezugnahme auf eine »Konstruktion« eingeräumt werden können. Obwohl ich meinem fragenden Gegenüber erst einmal eine uneingeschränkte Zustimmung in dieser Hinsicht geben möchte, überwiegt doch eine gewisse Besorgnis. Die Unbestreitbarkeit des »biologischen Geschlechts« oder seiner »Materialität« »einzuräumen« heißt stets, daß man irgendeine Version des »biologischen Geschlechts«, irgendeine Ausformung von »Materialität« anerkennt. Ist nicht der Diskurs, in dem und durch den dieses Zugeständnis erfolgt – und zu diesem Zugeständnis kommt es ja unweigerlich –, selbst formierend für genau das Phänomen, das er einräumt? Die Behauptung, jener Diskurs sei formierend, ist nicht gleichbedeutend mit der Behauptung, er erschaffe, verursache oder mache erschöpfend aus, was er einräumt; wohl aber wird damit behauptet, daß es keine Bezugnahme auf einen reinen Körper gibt, die nicht zugleich eine weitere Formierung dieses Körpers wäre. […]

Formierender Diskurs

Wenn in der Ausdrucksweise von Lacan gesagt wird, jemand nehme ein »Geschlecht« [*sex*] an, weckt die Grammatik des Satzes die Erwartung, da sei ein »jemand«, der oder die beim Erwachen die Augen aufschlägt und überlegt, welches »Geschlecht« er/sie heute annehmen will, eine Grammatik, in der »Annahme« sehr schnell der Vorstellung von einer hoch reflektierten Wahl angeglichen wird. Wenn aber diese »Annahme« von einem regulierenden Apparat der Heterosexualität *erzwungen* ist, der sich durch die zwangsweise Erzeugung von »Geschlecht« ständig selbst wiederholt, dann ist die »Annahme« des Geschlechts von Anfang an unfrei. Und wenn *Handlungsvermögen* vorhanden ist, dann ist dieses paradoxerweise in den Möglichkeiten zu finden, die in der und durch diese unfreie Aneignung des regulierenden Gesetzes eröffnet werden, durch die Materialisierung dieses Gesetzes, die zwangsweise Aneignung und Identifizierung mit jenen normativen Forderungen. […]

Erzwungene Identifizierung

Performativität

Die Performativität ist demzufolge kein einmaliger »Akt«, denn sie ist immer die Wiederholung einer oder mehrerer Normen; und in dem Ausmaß, in dem sie in der Gegenwart einen handlungsähnlichen Status erlangt, verschleiert oder verbirgt sie die Konventionen, deren Wiederholung sie ist. […] In der Sprechakttheorie ist eine performative Äußerung diejenige diskursive Praxis, die das vollzieht oder produziert, was sie benennt.[16] Nach der biblischen Wiedergabe der performativen Äußerung bei »Es werde Licht!« sieht es so aus, als werde ein Phänomen *kraft der Macht eines Subjekts oder seines Willens* ins Dasein gerufen. In einer kritischen Neuformulierung der performativen Äußerung macht Derrida klar, daß diese Macht nicht die Funktion eines ursprunggebenden Willens, sondern immer abgeleitet ist:

»Könnte eine performative Äußerung gelingen, wenn ihre Formulierung nicht eine ›codierte‹ oder iterierbare Äußerung wiederholte, mit anderen Worten, wenn die Formel, die ich ausspreche, um eine Sitzung zu eröffnen, ein Schiff oder eine Ehe vom Stapel laufen zu lassen, nicht als einem iterierbaren

Muster *konform*, wenn sie also nicht in gewisser Weise als ›Zitat‹ identifizierbar wäre? [...]«[17] [...]

Zitatförmigkeit

Anders gesagt setzt sich die Norm des Geschlechts in dem Maße durch, in dem sie als eine solche Norm »zitiert« wird, aber sie bezieht ihre Macht auch aus den Zitierungen, die sie erzwingt. [...]

Die Kraft und Unbedingtheit dieser Normen (das »Geschlecht« als eine symbolische Funktion muß als eine Art Anweisung oder Gebot verstanden werden) ist deswegen funktional *abhängig von* der weitgehenden Aktualisierung und Zitierung des Gesetzes. [...] Wenn das »Geschlecht« so angenommen wird, wie ein Gesetz zitiert wird [...], dann wird »das Gesetz des Geschlechts« nur in dem Maße laufend gefestigt und als das Gesetz idealisiert, indem es andauernd wiederholt wird als das Gesetz, erzeugt wird als das Gesetz, als das vorausliegende und unerreichbare Ideal, und zwar von den gleichen Zitierungen erzeugt wird, von denen es heißt, das Gesetz würde sie befehligen. Wird die Bedeutung von »Annahme« bei Lacan als Zitat gedeutet, dann ist das Gesetz nicht mehr in einer starren Form gegeben, die seiner Zitierung *vorgängig* ist, sondern wird durch das Zitieren als das erzeugt, was den sterblichen Annäherungen, die vom Subjekt vollzogen werden, vorhergeht und über sie hinausgeht. [...]

Reflexionsfragen:

- Was kennzeichnet das biologische Geschlecht als regulierendes Ideal?
- Warum kritisiert Butler die Unterscheidung zwischen biologischem und sozialem Geschlecht?
- Erläutern Sie, inwiefern die Annahme eines Geschlechts keine willentliche Aneignung oder Maskierung ist?
- Auf welche Mechanismen ist die Naturalisierung des biologischen Geschlechts zurückzuführen?
- Was bedeutet der Begriff Performativität? Erklären Sie, wie Butler die Materialität des Körpers mit performativen Akten verknüpft.

Kritik der ethischen Gewalt

Textauszüge aus: Butler, J. (2003): Kritik der ethischen Gewalt. Frankfurt/Main.

Was soll ich tun?

[...] Wenn ich, wie ich das tue und tun muss, die Frage stelle: »Was soll ich tun?«, dann muss zunächst einmal ein »Ich« entstanden sein, das sich zum Gegenstand seines eigenen Denkens nehmen kann. Diese Vorannahme ist nicht ganz einfach, denn für eine gewisse Art der moralischen Reflexion gibt es Vorbedingungen, die diese moralische Reflexion erst möglich machen. Ich muss jemand sein, an den ich eine solche Frage überhaupt richten kann; somit muss ich ein Wesen sein, das sich selbst hinterfragt. Gibt es für ein solches Wesen gesellschaftliche Voraussetzungen? [...] Und wenn ich frage: »Was soll ich tun?« – beziehe ich mich dann nicht immer schon auf eine soziale Welt, in der ganz bestimmte Arten von Optionen möglich sind und andere nicht? Die

Irrtum der Ethik

Ethik macht in der Praxis einen Fehler, wenn sie sich unmittelbar der Frage »Welchen Normen soll ich folgen, wenn ich entscheide, was ich tun soll?« zuwenden zu können glaubt. Denn zunächst einmal müssen wir wissen, woher diese Normen überhaupt kommen und welchen Arten gesellschaftlicher Ziele sie dienen. Und wir müssen uns zunächst klarmachen, dass meine eigene Selbstreflexion unweigerlich in eine gesellschaftliche Welt eingebettet ist, in der Optionen oftmals so angelegt sind, dass sie die von ihnen scheinbar bezweckten sozialen Wirkungen zunichte machen. Man kann kein richtiges Leben im falschen Leben führen, das hat Adorno immer wieder betont; und die Wiederholung von »Leben« zeigt, dass der Einzelne unauflöslich mit dem Gesellschaftlichen verknüpft ist. [...]

Ethische Gewalt

Ethische Systeme oder Moralcodes, die von der Selbsttransparenz des Subjekts ausgehen oder die uns die Verantwortung für eine uneingeschränkte Selbsterkenntnis zuschreiben, neigen dazu, fehlbaren Geschöpfen eine Art »ethischer Gewalt« anzutun. Wir müssen uns zwar um Selbsterkenntnis bemühen und Verantwortung für uns übernehmen, wir müssen zwar mit Einsicht über unser Tun und Lassen entscheiden, aber ebenso wichtig ist, dass wir verstehen, dass all unser Bemühen, einen Einklang mit uns selbst zu erreichen, stets durchkreuzt werden wird. Das gehört zum »Humanen« in Adornos Sinn und scheint von zentraler Bedeutung für jede Moralphilosophie, die bestrebt ist, der Bescheidenheit und der Großzügigkeit einen Platz einzuräumen. [...]

Adorno lässt keinen Zweifel daran, dass es keine Moral ohne ein »Ich« geben kann, aber zunächst bleibt unklar, worin dieses »Ich« besteht und wie es eine angemessene Moral vermitteln, ja wie es überhaupt Rechenschaft von sich selbst ablegen kann. So schreibt er beispielsweise, »daß alle Vorstellungen der Sittlichkeit oder der Moral sich beziehen auf ein Ich, welches da handelt, das ist wohl ohne weiteres verständlich.«[18] Und dennoch gibt es kein ›Ich‹, das sich ganz und gar von seinen gesellschaftlichen Entstehungsbedingungen lösen lässt, kein ›Ich‹, dem nicht schon formende moralische Normen vorhergehen, die als solche einen gesellschaftlichen Charakter haben, der über die rein persönliche oder idiosynkratische Bedeutung hinausgeht. Das ›Ich‹ steht nicht außerhalb der herrschenden Matrix ethischer Normen und widerstreitender moralischer Rahmenvorgaben. Ja, diese Matrix ist auch die Entstehungsbedingung des ›Ich‹, selbst wenn dieses ›Ich‹ aus diesen Normen nicht kausal ableitbar ist, selbst wenn wir nicht schließen können, dass das ›Ich‹ ganz einfach die Wirkung oder das Werkzeug eines vorhergehenden Ethos oder eines zugrunde liegenden Feldes widerstreitender oder diskontinuierlicher Normen ist. [...] *Ja, wenn das ›Ich‹ Rechenschaft von sich zu geben sucht, Rechenschaft oder eine Erklärung seiner selbst, die seine eigenen Entstehungsbedingungen mit angeben muss, dann muss es notwendig zum Gesellschaftstheoretiker werden.* Der Grund dafür ist folgender: Das ›Ich‹ hat gar keine Geschichte von sich selbst, die nicht zugleich Geschichte seiner Beziehung – oder seiner Beziehungen – zu bestimmten Normen ist. [...] In gewissem Maße ist das ›Ich‹ sich immer durch seine gesellschaftlichen Entstehungsbedingungen enteignet. Aber

Gesellschaftliche Entstehungsbedingungen

Ethik und Gesellschaftstheorie

diese Unverfügbarkeit bedeutet nicht, dass wir die subjektive Basis der Ethik verloren haben. Ganz im Gegenteil könnte diese Unverfügbarkeit gerade die Voraussetzung moralischer Untersuchungen sein, die Bedingung, unter welcher die Moral selbst erst entsteht. Wenn das ›Ich‹ nicht mit den moralischen Normen zusammenfällt, die es aushandelt, wenn es sie nicht als ein Apriori der Existenz vorfindet, so heißt das nur, dass es über diese Normen nachdenken muss und dass diese Überlegungen auch zu einer kritischen Einsicht in deren gesellschaftliche Genese und Bedeutung führen. In diesem Sinne sind ethische Überlegung und Kritik miteinander verknüpft. Und die Kritik stellt fest, dass sie nicht vorankommt, wenn sie nicht berücksichtigt, wie das überlegende Subjekt überhaupt entsteht und wie ein reflektierendes Subjekt bestimmte Normen tatsächlich leben oder aneignen kann. Die Ethik findet sich nicht nur in die Aufgabe der Gesellschaftstheorie verwickelt, sondern die Gesellschaftstheorie muss, soll sie zu nicht-gewaltsamen Ergebnissen führen, auch einen lebendigen Platz für dieses ›Ich‹ finden. [...]

Kritik

Kritik bezieht sich nicht nur auf eine gegebene gesellschaftliche Praxis oder auf einen bestimmten Horizont der Verständlichkeit, sie impliziert auch, dass ich mir selbst fraglich werde. [...] Es zeigt sich aber auch, dass eine Selbsthinterfragung dieser Art mit sich bringt, dass man sich selbst einer Gefahr aussetzt, ja, dass man die Möglichkeit des Anerkanntwerdens durch Andere gefährdet; denn wenn man die Normen der Anerkennung in Frage stellt, die darüber bestimmen, was ich sein kann [...], dann riskiert man in Bezug auf das gegenwärtige Regime, als Subjekt nicht mehr anerkennbar zu sein, oder zumindest riskiert man, dass die Frage gestellt werden kann, ob man anerkennbar ist oder nicht. [...]

In Foucaults Sicht stellt diese Öffnung die Grenzen etablierter Wahrheitsregimes in Frage, wobei eine gewisse Gefährdung des Selbst, wie er sagt, zum Zeichen der Tugend wird.[19] Foucault sagt allerdings nicht, dass diese Infragestellung des Wahrheitsregimes, durch die meine eigene Wahrheit vertreten wird, eben durch das Begehren motiviert ist, einen Anderen anzuerkennen, und durch die Unmöglichkeit, genau dies im Rahmen der mir verfügbaren Normen auch zu tun. [...]

Perspektivenverschiebung

Ganz gleich, ob die Andere eine Einzelne ist oder nicht – sie wird anerkannt, und sie erkennt an, durch eine Gruppe von Normen, die die Anerkennbarkeit regeln. Obgleich also die Andere eine Einzelne, ja, radikal personalisiert sein kann, sind die Normen bis zu einem gewissen Grad unpersönlich und indifferent, und sie führen inmitten der Anerkennung als Begegnung für das Subjekt eine Perspektivenverschiebung ein. Denn wenn ich mich selbst beispielsweise dahingehend verstehe, dass ich dir Anerkennung zuteil werden lasse, nehme ich die Tatsache ernst, dass die Anerkennung von mir kommt. In dem Augenblick jedoch, in dem mir klar wird, dass die Bedingungen, nach denen ich Anerkennung verleihe, nicht allein meine sind, dass ich sie nicht allein erschaffen habe, bin ich gleichsam durch die Sprache enteignet, die ich anbiete. In gewissem Sinne unterwerfe ich mich einer Anerkennungsnorm, wenn ich dir Anerkennung anbiete, so dass ich zugleich dieser Norm unterworfen, ihr ausführendes Organ *und* ein Handlungssubjekt bin, das das Ziel überschreitet, für welches es zum Sein gebracht wurde. […]

Macht

Es liegt nicht nur bereits ein epistemologischer Rahmen vor, innerhalb dessen das Antlitz erscheint, sondern wir haben es auch hier schon mit einem Fungieren der Macht zu tun, denn nur kraft gewisser Arten anthropozentrischer Anlagen und kultureller Rahmenbedingungen erscheint uns ein gegebenes Antlitz als menschliches. Unter welchen Bedingungen erwerben einige Individuen schließlich ein Antlitz, ein lesbares und sichtbares Antlitz, andere hingegen nicht? Es gibt eine Sprache, die die Begegnung einrahmt. Eingebettet in diese Sprache findet sich eine Gruppe von Normen für das, was Anerkennbarkeit ausmacht und was nicht. […] Für Foucault bedingt diese ›Ordnung‹ die Möglichkeit seines Werdens, und sie sorgt dafür, dass ein Wahrheitsregime, so Foucault, begrenzt, was die Wahrheit seines Selbst ist und was nicht, die Wahrheit, die er über sich selbst anbietet, die Wahrheit, durch welche er erkannt und menschlich anerkennbar werden kann, die Rechenschaft, die er von sich selber gibt. […]

Wer bist Du?

Besteht die gesellschaftliche Theorie der Anerkennung jedoch auf dem unpersönlichen Funktionieren der Norm in der Konstitution von Anerkennbarkeit, so verlangt eine Kritik aus anderer Richtung nach einem neuerlichen Durchdenken der Singularität. Mit Lévinas – wenn vielleicht auch einem Lévinas, der entschieden an Arendt angenähert wurde – argumentiert die italienische Philosophin Adriana Cavarero, dass die zu stellende Frage gar nicht lautet, »was« wir sind, als ob es bloß darum ginge, einen Inhalt zu unserem Personsein zu liefern. Die Frage ist nicht vorrangig eine reflexive, wie bei Foucault, wenn er wissen möchte: »Was kann ich werden?« Für Cavarero ist es die Struktur der Anrede selbst, in der die Frage gestellt wird, die uns den Schlüssel zum Verständnis der Bedeutung der Frage selbst liefert: Die zentrale Frage für die Anerkennung ist eine ganz direkte, und sie richtet sich an den Anderen: »Wer bist du?« Diese Frage geht davon aus, dass wir einen Anderen vor uns haben, jemanden, den wir nicht kennen, den wir nicht ganz erfassen können, jemanden, dessen Einzigartigkeit und Unersetzbarkeit dem Modell der wechselseitigen Anerkennung nach Hegels Schema und auch allgemein der Möglichkeit Grenzen setzt, einen anderen zu kennen. Nach Cavarero sind wir Wesen, die notwendig einander *ausgesetzt* sind, und unsere politische Situation besteht teilweise darin zu lernen, wie wir am besten mit diesem permanenten und notwendigen Ausgesetztsein umgehen. […]

Ersetzbarkeit

Insofern dieses Faktum des Ausgesetztseins ein kollektiver Zustand ist und uns alle gleichermaßen charakterisiert, setzt es nicht nur das ›Wir‹ wieder ein, sondern trägt auch ein bestimmtes Prinzip der Ersetzbarkeit mitten in die Singularität hinein. Sie mögen diesen Schluss für allzu hegelianisch halten; ich möchte ihm aber doch ein wenig weiter nachgehen, denn ich glaube, dass er ethische Folgen für die Problematik der Rechenschaft hat, die man von sich selbst und von einem Anderen gibt. So lässt sich dieses Ausgesetztsein beispielsweise nicht wirklich erzählen. Ich kann es nicht darstellen, auch wenn es alle meine Darstellungen strukturiert. Die Normen, nach denen ich mich anerkennbar zu machen suche, sind nicht wirklich meine. Sie kommen nicht mit mir in die Welt; die Zeitlichkeit ihres Erscheinens deckt sich nicht mit der Zeitlichkeit meines eigenen Lebens. [...]

Unterbrechung der Rechenschaft

In gewisser Weise ist meine Rechenschaft von mir selbst nie ganz und gar meine und nie ganz vollständig, und ich würde sagen, diese ›Unterbrechung‹ der Rechenschaft vollzieht sich immer über einen Verlust des Sinnes dafür, dass diese Rechenschaft in gleich welcher Weise ausschließlich meine ist. Diese Unterbrechung und Enteignung meiner Perspektive *als meiner* kann sich auf verschiedene Weisen vollziehen. Einmal ist da die jederzeit gesellschaftliche Norm, die festlegt, was eine anerkennbare Rechenschaft ist und was nicht. Und es kann keine Rechenschaft von mir selbst geben, die nicht bis zu einem gewissen Grad den Normen gehorcht, die das menschlich Anerkennbare oder die Bedingungen für diese Anerkennung – und das durchaus nicht ohne Gefährdungen – regeln. Ebenso trifft aber zu, wie ich später erläutern will, dass ich jemandem Rechenschaft ablege und dass der Adressat dieser Rechenschaft, ob real oder imaginär, gleichfalls den Sinn dafür unterbricht, dass diese Rechenschaft ausschließlich meine ist. Wenn es sich um eine Rechenschaft handelt, die ich von mir selbst gebe, und wenn diese Rechenschaft vor jemand anderem abgelegt wird, dann muss ich diese Rechenschaft aus der Hand geben, sie versenden, sie in eben dem Moment als mein Eigentum verlieren, in dem ich sie als *meine* formuliere. Es gibt keine Rechenschaft außerhalb der Struktur der Adressierung, selbst wenn der Adressat implizit und ungenannt, anonym und unbestimmt bleibt. [...]

Die Rechenschaft, die ich von mir selbst gebe, kann also auf mehrfache Weise auseinanderbrechen und unterlaufen werden. Meine Bemühungen, Rechenschaft von mir selbst zu geben, scheitern zum Teil an der Tatsache, dass ich dir ausgesetzt bin, ein Ausgesetztsein sowohl in der gesprochenen wie in der geschriebenen Sprache.[20] [...] Andererseits konstituiert das Ausgesetztsein, wie die Normen auch, die Bedingungen meiner eigenen Entstehung und Kenntlichkeit, und ich kann nicht in einer Zeit anwesend sein, die meiner eigenen Fähigkeit zur Selbstreflexion vorausliegt. Das bedeutet, dass meine Erzählung *in medias res* beginnt, wenn sich bereits vieles ereignet hat, was mich und meine Geschichte in der Sprache erst möglich macht. Und es bedeutet auch, dass meine Geschichte immer zu spät kommt. Immer bin ich dabei, etwas einzuholen, zu rekonstruieren, auch wenn ich mich im Akt des Erzählens selbst wieder anders hervorbringe. [...] Ich kann nicht genau erklären, warum ich gerade so geworden bin, und meine Bemühungen um eine narrative Rekonstruktion werden immer wieder revidiert. In mir und an mir ist etwas, von dem ich keine Rechenschaft geben kann. [...]

Scheitern der Selbstidentität

In diesem Sinne können wir uns einer gewissen nach-hegelianischen Auslegung der Anerkennungsszene zuwenden, in der eben meine eigene Undurchsichtigkeit für mich selbst mir die Fähigkeit gibt, anderen eine gewisse

Art von Anerkennung zu verleihen. Diese nach-hegelianische Auslegung wäre vielleicht eine Ethik, die auf unserer gemeinsamen und unabänderlichen Teilblindheit in Bezug auf uns selbst gründet. Die Einsicht, dass man nicht jederzeit ganz der ist, der man zu sein glaubt, könnte umgekehrt zu einer gewissen Geduld gegenüber Anderen führen, so dass wir zunächst einmal von der Forderung ablassen, dass der Andere jederzeit selbstidentisch zu sein hat. [...] Subjekte, deren Fähigkeit zur Anerkennung und zum Anerkanntwerden bereits auf eine Norm mit einer anderen Zeitlichkeit als die der Perspektive der ersten Person zurückgeht, auf einen Zeitlichkeitsvektor, der den eigenen verschiebt, diese Subjekte können Anerkennung nur unter der Bedingung geben und empfangen, dass sie von sich selbst durch etwas abgelenkt werden, was sie nicht selbst sind, unter der Bedingung, dass sie eine Dezentrierung durchlaufen und beim Erwerb einer Selbstidentität ›scheitern‹. [...]

Neuer ethischer Sinn

Kann sich aber aus diesem unausweichlichen ethischen Scheitern ein neuer ethischer Sinn ergeben? Ich würde sagen ja, und ich würde sagen, dieser neue ethische Sinn entspringt einer gewissen Bereitschaft, die Grenzen der Anerkennung selbst anzuerkennen und einzugestehen, dass wir dort, wo wir behaupten, uns selbst zu kennen und uns selbst darzustellen, auf bestimmte Weisen scheitern, auf Weisen, die aber wesentlich sind für das, was wir sind; und dieser neue ethische Sinn entspringt einer gewissen Bereitschaft einzugestehen, dass wir auch von Anderen nichts anderes erwarten können. [...]

Grenzen der Anerkennung

Wenn wir danach verlangen, die Andere zu kennen, oder wenn wir fordern, dass die Andere am Ende sagt, wer sie ist, dürfen wir keine Antwort erwarten, die uns je zufrieden stellt. Indem wir auf diese Befriedigung verzichten und die Frage offen lassen, ja, indem wir ihr ihre Virulenz lassen, lassen wir die Andere leben, denn das Leben ließe sich auch als eben das verstehen, was über jeden unserer Erklärungsversuche hinausgeht. Wenn die Andere leben zu lassen zu einer neuen Definition der Anerkennung gehört, dann würde diese Version der Anerkennung weniger auf dem Wissen gründen als vielmehr auf der Einsicht in dessen Grenzen. Die ethische Haltung ist in gewissem Sinn in der Frage angelegt: »Wer bist du?« Und sie besteht darin, diese Frage weiter zu stellen, ohne eine vollständige oder abschließende Antwort zu erwarten. [...]

Reflexionsfragen:

- Warum hängen Ethik und gesellschaftstheoretische Problemstellungen zusammen?
- Welche Folgen kann die Kritik sozialer Normen für das eigene Sein haben?
- Erklären Sie, inwiefern der Versuch, vollständig Rechenschaft von sich zu geben, scheitert.
- Wie versteht Butler die unpersönliche Perspektive sozialer Normen der Anerkennung? Wie lautet die Kritik, die auf diese Indifferenz antwortet?
- Was bezeichnet Butler als ethische Gewalt? Zeigen Sie auf, in welcher Weise sich Subjekte dieser Gewalt entgegenstellen können.

6. Michael Tomasello

Warum wir kooperieren

Textauszüge aus: Tomasello, M. (2010): Warum wir kooperieren. Berlin.

Frage nach Natur des Menschen

[...] Eine der großen Debatten der westlichen Zivilisation dreht sich um die Frage, ob die Menschen kooperativ geboren und später von der Gesellschaft verdorben werden (z.B. Rousseau) oder ob sie zunächst egoistisch und nicht bereit sind zu helfen, bevor sie dann von der Gesellschaft erzogen werden (eine Position, die u.a. Hobbes vertrat). Wie bei allen großen Debatten steckt in beiden Standpunkten ein Stück Wahrheit. [...]

Menschliche Kooperativität

In Anlehnung an zwei der Autoren, die meinen Vortrag im Forum kommentiert haben, nenne ich meinen Ansatz die »Anfangs Spelke, später Dweck«-Hypothese. Konkret werde ich Argumente und Nachweise dafür präsentieren, daß Kinder ungefähr von ihrem ersten Geburtstag an – wenn sie zu laufen und zu sprechen beginnen und zu wirklich kulturgeprägten Wesen werden – schon in vielen, wenn auch ganz offensichtlich nicht in allen Situationen hilfsbereit und kooperativ sind.

Dieses Verhalten ist nicht von Erwachsenen abgeschaut, sondern kommt ganz natürlich zum Vorschein (dies ist der Spelke-Teil). Im Laufe ihrer weiteren Entwicklung wird diese relativ uneingeschränkte Kooperationsbereitschaft der Kinder jedoch durch verschiedene Einflüsse verändert, etwa durch die zu erwartende Reziprozität und ihre Sorge um ihre Beurteilung durch andere Gruppenmitglieder, was wiederum von grundlegender Bedeutung für die Entwicklung der menschlichen Kooperativität per se war. So beginnen sie, viele kulturspezifische soziale Normen zu verinnerlichen, die festlegen, wie wir bestimmte Dinge tun, beziehungsweise wie man spezielle Dinge tun sollte, wenn man ein Mitglied der Gruppe sein will (das ist der Dweck-Teil). [...]

Es gibt kaum Beweise dafür, daß der [...] von Kindern gezeigte Altruismus das Ergebnis von kultureller Prägung, elterlichem Einfluß oder irgendeiner anderen Art von Sozialisierung ist. Die Sozialisierung spielt jedoch ganz offensichtlich eine kritische Rolle, wenn die Kinder älter werden. Unterschiedliche Individuen haben unterschiedliche Erfahrungen, und unterschiedliche Kulturen haben unterschiedliche Werte und soziale Normen – und das hat Auswirkungen.

Soziale Faktoren

Die Einflüsse, denen das soziale Umfeld von Kindern unterliegt, lassen sich in zwei Arten unterteilen. Zum einen sind es die direkten sozialen Erfahrungen der Kinder, die eine Rolle spielen – etwa wenn sie mit anderen interagieren und anhand der beobachteten Reaktionen und Resultate lernen, wie man miteinander umgeht.

Reziprokes Verhalten

Im positiven Sinne lernen Kinder, daß kooperatives Verhalten und Hilfsbereitschaft dazu führen, daß andere sich im Gegenzug ebenfalls kooperativ und hilfsbereit zeigen. Auf der anderen Seite lernen Kinder auch, daß man ausgenutzt werden kann, wenn man anderen immer hilft und sich jederzeit kooperativ verhält.

Dies führt letztlich dazu, daß Kinder im Anschluß an eine rein altruistische Phase (in der sie aber auch an einigen für sie wertvollen Dingen hängen) zunehmend unterscheiden, wem sie ihre Hilfsbereitschaft widmen. […]

Normatives Verhalten

Die zweite Kategorie der sozialen Faktoren umfaßt die Normen und Werte der jeweiligen kulturellen Gruppe, welche Kinder durch direkte Rückkoppelungen im Umgang mit anderen erfahren, und die insbesondere durch den Einfluß von Vorbildern erlernt sowie durch Kommunikation und Instruktion weitergegeben werden. […] Kindern wird an einem gewissen Punkt bewußt, daß andere über sie urteilen und dabei soziale Normen als Standard heranziehen. Und so versuchen sie, diese Urteile zu beeinflussen – der Soziologe Erving Goffman hat dafür den Begriff des »Eindrucksmanagements« geprägt. […]

Menschen […] folgen zwei generellen Typen sozialer Normen (mit vielen Mischformen): Kooperationsnormen (einschließlich moralischer Normen) und Konformitätsnormen (einschließlich konstitutioneller Regeln). […] Bedeutsamerweise folgen Kinder Regeln nicht nur, wenn sie mit ihnen vertraut gemacht werden, sondern sie versuchen, in neuen Situationen aktiv herauszufinden, was sie tun sollen – welche sozialen Normen und Regeln es also gibt –, um sich entsprechend verhalten zu können. So wollen Kinder am ersten Tag in einem neuen Klassenzimmer zum Beispiel wissen, was sie mit ihren Jacken tun sollen. […]

Kindlicher Respekt für Normen

Die grundlegendere Frage ist, warum Kinder soziale Normen respektieren. Was verleiht der Aussage des Lehrers, daß »die Jacken hierhin gehören« ihre Macht? Warum hört man möglicherweise auf einen Mitschüler, wenn er sagt »Das ist die Regel«? […]

In einer der Studien wurde Kindern ein Einpersonenspiel beigebracht. Als kurz darauf eine von einem Forscher gesteuerte Handpuppe auftauchte und ankündigte, daß sie das Spiel auch spielen wolle, es aber auf eine andere Art und Weise tat, protestierten die meisten Kinder – manchmal lautstark. Der von den Kindern geäußerte Protest zeigte deutlich, daß sie nicht nur persönliche Einwände gegen die Abweichung hatten. Sie gaben allgemeine, normative Erklärungen wie »So geht das nicht!«, »Das kann man nicht machen!« und so weiter.[21] […]

Diese Studie hat zwei bemerkenswerte Fakten zutage gefördert. Zum einen sind Normen nicht nur Vorgaben, die wie eine Art Verkehrspolizist soziale Interaktionen regeln, sondern konstitutionelle Regeln, durch die das Spiel überhaupt erst geschaffen wird – und wenn es einmal gelernt worden ist, wird so aus einem Einzel- ein Gruppenspiel. Dies zeigt, daß Kinder selbst einfache konventionelle Spielregeln nicht nur als Anleitung für ihr eigenes Handeln betrachten – um damit möglicherweise überlegene Erwachsene zu erfreuen oder Belohnungen zu erlangen –, sondern diese Regeln als supraindividuelle Einheiten sehen, die ihre soziale Macht ganz unabhängig von solch instrumentellen Betrachtungen ausüben.

Zum zweiten hatten wir ursprünglich angenommen, die Kinder müßten zunächst einmal dabei zugesehen haben, wenn ein Erwachsener das Spiel spielt und sich dann korrigiert, um zu schlußfolgern, daß es eine richtige und eine falsche Spielweise gibt. Dies stellte sich jedoch als überflüssig heraus. Es reichte, wenn der Erwachsene das Spiel demonstrierte – ganz ohne normative Einschätzungen oder Äußerungen –, damit die Kinder schlußfolgern konnten, wie das Spiel gespielt werden *sollte.*

Diese Studien zeigen, daß schon die frühesten kindlichen Normen – welche sich im Alter von rund drei Jahren zum ersten Mal beobachten lassen – echte soziale Normen sind (auch wenn sie sich später noch weiterentwickeln) und daß sie nicht nur auf Autorität und Gegenseitigkeit basieren. Obwohl die Sensibilität gegenüber derartigen sozialen Druckmitteln ausreichen würde, um die Tendenz der Kinder zu kooperativem Verhalten und Konformität zu erklären, kann die aktive Durchsetzung sozialer Normen damit nicht begründet werden. [...]

Wir-Intentionalität

Was wir hierfür brauchen, ist die Anerkennung einer schon bei Kleinkindern vorhandenen geteilten Intentionalität, durch die sie Teil einer größeren »Wir«-Intentionalität werden. Ohne diese zusätzliche »Wir«-Identität und Rationalität läßt sich nicht erklären, warum Kinder die aktive Durchsetzung sozialer Normen als Unbeteiligte auf sich nehmen – insbesondere solcher Normen, die nicht auf Kooperation basieren, sondern willkürlich erlassen werden.[22] [...] Die einzige Grundlage für normative Sanktionen in solchen regelbasierten Einpersonenspielen ist somit, daß »wir« es so und nicht anders machen. [...]

Soziale Rationalität

Kinder besitzen von klein auf eine Art sozialer Rationalität, wie sie der Philosoph Thomas Nagel in *Die Möglichkeit des Altruismus* darstellt. Indem sie andere wie sich selbst betrachten (»er ist ich«), identifizieren sie sich mit ihnen und sehen sich selbst als einer unter vielen, was zu einem unpersönlichen »Blick aus dem Nirgendwo« führt.[23] Dies wird besonders bei kooperativen Handlungen deutlich, die auf geteilter Intentionalität basieren [...]. Bei kooperativen Aktivitäten gibt es ein gemeinsames Ziel, das gegenseitige Abhängigkeit schafft und ein »Wir«-Gefühl hervorruft. Wenn wir gemeinsam einen Tisch ins Wohnzimmer tragen, kann ich ihn nicht einfach fallen lassen und weglaufen, ohne unser gemeinsames Ziel zu gefährden. [...]

Konformität

Unsere Studien haben gezeigt, daß Kinder selbst außerhalb solcher kooperativer Handlungen Wert auf Konformität legen, sowohl im Hinblick auf sich selbst als auch auf andere. Bei Kindern entsteht dieses »Wir«-Gefühl anfangs durch die Identifikation mit für sie wichtigen Individuen wie Eltern, Familienmitgliedern oder Schulkameraden (George Herbert Meads signifikante Andere). Erst später entwickeln sie echte, unpersönliche kulturelle Normen, die auf der Identifikation mit einer bestimmten kulturellen Gruppe basieren (Meads generalisierter Anderer).[24] Kinder entwickeln daher ein zunehmend ausgereiftes Verständnis für soziale Normen, indem sie (a) die willkürliche, konsensbasierte Natur von Regeln besser verstehen[25] und (b) die Unabhängigkeit der Vorgaben von speziellen Individuen (ihren akteur-neutralen Status) erkennen.

Scham und Schuldgefühle

Die Universalität sozialer Normen und ihre grundlegende Rolle in der menschlichen Evolution sind offensichtlich. [...] Schuld- und Schamgefühle setzen das Vorhandensein sozialer Normen – oder wenigstens sozialer Urteile – voraus, welche verinnerlicht und zur emotionalen Selbsteinschätzung herangezogen werden. Schuld- und Schamgefühle werden dabei auch als eine Art Selbstbestrafung interpretiert, die verhindern soll, daß ich den gleichen Regelverstoß in der Zukunft wiederhole, und mit denen ich gleichzeitig anderen zeige, daß ich mich der Regel tatsächlich beuge, auch wenn ich in diesem einen Fall davon abgewichen bin. [...] Schuld- und Schamgefühle sind daher biologisch begründete emotionale Reaktionen, welche eine normative (oder wenigstens bestrafende) soziale Umgebung in der Art voraussetzen, wie sie von den Menschen geschaffen wurde. [...]

Natürliche Wiege der Normen

Ich will nicht den Anschein erwecken, völlig neue Antworten auf die grundlegendste Frage der Sozialwissenschaften – die Suche nach dem Ursprung und der Funktionsweise dieser Kooperationsnormen – zu haben. Mein Vorschlag lautet lediglich, daß die heute bei Kindern zu beobachtenden kollektiven Handlungen die natürliche Wiege gesellschaftlicher Kooperationsnormen sein könnten, da sie die Grundelemente der beiden Hauptbestandteile solcher Normen enthalten. Zum einen geht von sozialen Normen Druck aus. [...] Normen haben jedoch auch eine rationale Dimension. Bei auf Gegenseitigkeit basierenden Handlungen wissen wir beide, daß wir unser gemeinsames Ziel nur erreichen können, wenn wir kooperieren. [...]

Entstehung sozialer Praktiken

Um die Entstehung sozialer Praktiken und ihrer normativen Dimensionen kurz zu illustrieren, lassen Sie mich eine typische Szene aus einer unserer Studien zum Helfen beschreiben. Am Anfang schaut ein Kind passiv zu, wie ein Erwachsener Zeitschriften in einen Schrank räumt. In der zweiten Runde kann der Erwachsene die Schranktür nicht öffnen, da er einen Stapel Zeitschriften in den Händen hält, und das Kind hilft ihm, die Tür zu öffnen. Nachdem das Kind den Ablauf verstanden hat, antizipiert es in der dritten Runde bereits den weiteren Verlauf und öffnet die Schranktür im voraus – wodurch das Wegräumen der Zeitschriften zu einer gemeinsamen Aktivität wird. In einigen Fällen weist das Kind den Erwachsenen sogar auf die Stelle hin, an die er die Zeitschriften bringen soll (indem es darauf zeigt). Im Laufe dieser drei Handlungsstufen entwickeln Kind und Erwachsener gemeinsame Erwartungen an das Verhalten des anderen. Letztlich beginnt das Kind sogar, die Handlung zu strukturieren und dem Erwachsenen mitzuteilen, daß »die [Zeitschriften] dorthin gehören«, was bedeutet, daß in dieser Aktivität bestimmte Tätigkeiten normativen Anforderungen genügen müssen. Für unsere entwicklungsgeschichtliche Perspektive ist es bemerkenswert, daß diese Kinder erst 18 Monate alt sind, kaum sprechen können und keine normativen Äußerungen im eigentlichen Sinne verwenden (und tatsächlich ist meine normative Interpretation ihrer Zeigegeste auch nicht die einzig mögliche Lesart). [...]

Das menschliche Verhalten orientiert sich jedoch nicht nur an Kooperationsnormen, sondern auch an Konformitätsregeln und Konventionalität. [...] Das nächstliegende Motiv ist dabei, wie die anderen sein zu wollen, von der Gruppe akzeptiert zu werden, Teil des »Wir« Gefühls der Gruppe zu sein, die mit anderen Gruppen konkurriert. Um als Gruppe zu funktionieren, müssen wir Verhaltensmustern folgen, die sich in der Vergangenheit als effektiv erwiesen haben, und wir müssen uns von anderen abgrenzen, die sich mit unseren Angelegenheiten nicht auskennen. [...] Hierin liegt möglicherweise der Ursprung unserer »In-group/Out-group«-Mentalität, die nachweislich schon bei Kleinkindern vorhanden ist (so interagieren sie zum Beispiel vorzugsweise mit Menschen, die ihre eigene Sprache sprechen – und das, bevor sie selbst sprechen können).[26] [...]

Symbolische Kommunikation

Normen schaffen die Vertrauensgrundlage, auf der soziale Institutionen durch akteur-neutrale Rollen und gemeinsame kooperative Aktivitäten mit gemeinsamen Zielen und gemeinsamer Aufmerksamkeit entstehen können. Damit die für soziale Institutionen typische Art der durch Konventionen geschaffenen Realität entstehen kann, bedarf es jedoch einer weiteren Zutat: einer besonderen Vorstellungskraft und symbolischen Kommunikation. [...]

Bei Kindern finden sich erste Anzeichen hierfür in Als-ob-Spielen. Im Gegensatz zu seinem Ruf als Einzelaktivität – was es bei älteren Kindern sein mag – hat das Spielen soziale Wurzeln. Kinder einigen sich mit anderen darauf, daß ein Stock zum Pferd erklärt wird. Hiermit haben sie eine Statusfunktion geschaffen. Solche Statusfunktionen, die im gemeinsamen Als-ob-Spiel entstehen, sind die ontogenetischen und vielleicht auch phylogenetischen Vorläufer kollektiver Vereinbarungen wie der, daß ein Papierstreifen als Geld zählt oder daß eine bestimmte Person Präsident ist – einschließlich aller Rechte und Pflichten, die eine solche Übereinkunft mit sich bringt.[27] [...]

Kulturelle Dimension menschlicher Ontogenese

[D]ie Art und Weise, auf die Kinder schon sehr früh in ihrer Entwicklung mit anderen kooperieren, ist einzigartig. Sie formen mit anderen gemeinsame Ziele, denen sich beide Parteien normativ verpflichtet fühlen, sie entwickeln gemeinsame Aufmerksamkeit sowie einen gemeinsamen konzeptuellen Hintergrund, und sie schaffen gemeinsam symbolische, institutionelle Realitäten, die einem zuvor nicht bedeutungstragenden Etwas deontische Kraft verleihen. Kinder sind intrinsisch motiviert, sich an solchen kollektiven Aktivitäten zu beteiligen – nicht nur, um ein individuelles Ziel zu erreichen.

Soziale Normen bilden dabei quasi das oberste Stockwerk dieses Gebäudes. So wie bei Menschen aus evolutionäre Sicht gegenseitige Erwartungen an Verhaltensstandards entstanden sind, werden diese von Kindern im Laufe ihrer Entwicklung verinnerlicht, und jeder ist bereit, diese Standards durch möglicherweise aufwendige (altruistische) Bestrafung durchzusetzen. [...]

Die normale menschliche Ontogenese umfaßt daher zwingend eine kulturelle Dimension, die in der Entwicklung anderer Primaten nicht vorkommt.

Menschliche Individuen müssen lernen, wie andere Mitglieder ihrer Kultur bestimmte Dinge tun. Mehr noch: Sie müssen lernen, welche Handlungen andere von ihnen *erwarten*. […]

Reflexionsfragen:

- In welchem Maße ist die menschliche Kooperationsbereitschaft angeboren, aber auch das Ergebnis der Sozialisation?
- Wie begründet Tomasello den kindlichen Respekt für soziale Normen?
- Welche grundlegenden Komponenten der beiden Hauptbestandteile gesellschaftlicher Kooperationsnormen beobachtet Tomasello schon im frühkindlichen Verhalten?
- Diskutieren Sie auf dieser Grundlage, ob Hilfsbereitschaft durch Maßregelung und Bestrafung pädagogisch gefördert werden kann.
- Erläutern Sie die Koevolution von menschlicher Biologie und Kultur anhand von Scham- und Schuldgefühlen.

7. Byung-Chul Han

Transparenzgesellschaft

Textauszüge aus: Han, B.-C. (2012): Transparenzgesellschaft. Berlin.

Kein anderes Schlagwort beherrscht heute den öffentlichen Diskurs so sehr wie die Transparenz. Sie wird vor allem im Zusammenhang mit der Informationsfreiheit emphatisch beschworen. […]

Abbau von Negativität

Transparent werden die Dinge, wenn sie jede Negativität abstreifen, wenn sie *geglättet* und *eingeebnet* werden, wenn sie sich widerstandslos in glatte Ströme des Kapitals, der Kommunikation und Information einfügen. Transparent werden die Handlungen, wenn sie *operational* werden, wenn sie sich dem berechen-, steuer- und kontrollierbaren Prozeß unterordnen. Transparent wird die Zeit, wenn sie zur Abfolge verfügbarer Gegenwart eingeebnet wird. So wird auch die Zukunft zur optimierten Gegenwart positivisiert. Die transparente Zeit ist eine Zeit ohne Schicksal und Ereignis. […] Transparent werden die Dinge, wenn sie ihre Singularität ablegen und sich ganz in Preis ausdrücken. Das Geld, das alles mit allem verg*leich*bar macht, schafft jede Inkommensurabilität, jede Singularität der Dinge ab. Die Transparenzgesellschaft ist eine *Hölle des Gleichen*.

Beschleunigung

Wer die Transparenz allein auf Korruption und Informationsfreiheit bezieht, verkennt ihre Tragweite. Die Transparenz ist ein *systemischer* Zwang, der alle gesellschaftlichen Vorgänge erfaßt und sie einer tiefgreifenden Veränderung unterwirft. Das gesellschaftliche System setzt heute all seine Prozesse einem Transparenzzwang aus, um sie zu operationalisieren und zu beschleunigen. […] Die Negativität der *Anders- und Fremdheit* oder die Widerständigkeit des *Anderen* stört und verzögert die glatte Kommunikation des Gleichen. Die Transparenz stabilisiert und beschleunigt das System dadurch, dass sie das Andere oder das Fremde eliminiert. Dieser systemische Zwang macht die Transparenzgesellschaft zu einer *gleich*geschalteten Gesellschaft. […]

Information

Die transparente Sprache ist eine formale, ja eine rein maschinelle, operationale Sprache, der jede Ambivalenz fehlt. Schon Humboldt weist auf die fundamentale Intransparenz hin, die der menschlichen Sprache innewohnt: »Keiner denkt bei dem Wort gerade und genau das, was der andre [denkt], und die noch so kleine Verschiedenheit zittert, wie ein Kreis im Wasser, durch die ganze Sprache fort. Alles Verstehen ist daher immer zugleich ein Nicht-Verstehen, alle Übereinstimmung in Gedanken und Gefühlen zugleich ein Auseinandergehen.«[28] Einer Maschine gliche jene Welt, die nur aus Informationen bestünde und deren störungsfreie Zirkulation Kommunikation hieße. […] Der Transparenzzwang nivelliert den Menschen selbst zu einem funktionellen Element eines Systems. Darin besteht die Gewalt der Transparenz. […]

Mehr an Information führt erwiesenermaßen nicht notwendig zu besseren Entscheidungen.[29] Die *Intuition* etwa transzendiert die verfügbaren Informationen und folgt ihrer eigenen Logik. Durch die wachsende, ja wuchernde Informationsmasse verkümmert heute das höhere Urteilsvermögen. Oft bewirkt ein *Weniger* an Wissen und Information ein *Mehr*. Die *Negativität* des Auslassens und des Vergessens wirkt nicht selten produktiv. Die Transparenzgesellschaft duldet weder Informations- noch *Sehlücke*. Sowohl das Denken als auch die Inspiration bedarf aber einer *Leere*. […] Und ohne Wissenslücke verkommt das Denken zum Rechnen. […]

Kultur der Gefälligkeit

Das allgemeine Verdikt der Positivgesellschaft heißt ›*Gefällt mir*‹. Es ist bezeichnend, dass *facebook* sich konsequent weigerte, einen *Dislike*-Button einzuführen. […] Negative Verdikte beeinträchtigen die Kommunikation. Auf ›*Like*‹ folgt schneller die Anschlusskommunikation als auf ›*Dislike*‹. Die Negativität der Ablehnung lässt sich vor allem nicht ökonomisch verwerten.

Mangel an Wahrheit

Transparenz und Wahrheit sind nicht identisch. Die Wahrheit ist insofern eine Negativität, als sie *sich* setzt und durchsetzt, indem sie alles *Andere* für falsch erklärt. Mehr Information oder eine Kumulation von Information allein stellt noch keine Wahrheit her. Ihr fehlt die Richtung, nämlich der *Sinn*. Gerade aufgrund der fehlenden Negativität des Wahren kommt es zur Wucherung und Vermassung des Positiven. […]

Ausstellungszwang

In der Positivgesellschaft, in der die Dinge, alle nun zur Ware geworden, *ausgestellt* werden müssen, um zu *sein*, verschwindet ihr Kultwert zugunsten des Ausstellungswertes. Hinsichtlich des Ausstellungswertes ist das bloße Dasein ganz bedeutungslos. Alles, was in sich ruht, bei sich verweilt, hat keinen Wert mehr. Den Dingen wächst nur dann ein Wert zu, wenn sie *gesehen* werden. […]

In der ausgestellten Gesellschaft ist jedes Subjekt sein eigenes Werbe-Objekt. […] Alles ist nach außen gekehrt, enthüllt, entblößt, entkleidet und exponiert. Der Exzess der Ausstellung macht aus allem eine Ware, die »ohne jedes Geheimnis dem unmittelbaren Verzehr ausgeliefert ist«.[30] [...]

Der Ausstellungszwang führt zur Entfremdung des Körpers selbst. Der Körper wird zu einem Ausstellungsobjekt verdinglicht, das es zu optimieren gilt. Es ist nicht möglich, in ihm zu *wohnen*. [...] Das Wohnen weicht dem Werben, das dazu dient, das Aufmerksamkeitskapital zu erhöhen. Wohnen heißt ursprünglich »zufrieden sein, zum Frieden gebracht, in ihm bleiben«.[31] Der permanente Ausstellungs- und Leistungszwang bedroht diesen Frieden. [...]

Anästhetisierung

Die visuelle Kommunikation vollzieht sich heute als Ansteckung, Abreaktion oder Reflex. Ihr fehlt jede ästhetische *Reflexion*. Ihre Ästhetisierung ist letzten Endes anästhetisch. Für das Geschmacksurteil *I like* etwa ist kein verweilendes Betrachten notwendig. Die mit dem Ausstellungswert angefüllten Bilder weisen keine Komplexität auf. Sie sind eindeutig, d.h. pornografisch. Ihnen fehlt jede *Gebrochenheit*, die eine Reflexion, ein Nachsehen, ein Nachdenken auslösen würde. [...] Die anästhetische Hyperkommunikation reduziert die Komplexität, um sich zu beschleunigen. Sie ist wesentlich schneller als die Sinnkommunikation. Der Sinn ist *langsam*. [...]

Keine theatralische Distanz

In der Moderne wird die theatralische Distanz zunehmend zugunsten der Intimität aufgegeben. Richard Sennett sieht darin eine verhängnisvolle Entwicklung, die dem Menschen die Fähigkeit nimmt, »mit externen Selbstbildern zu spielen und sie mit Gefühl zu besetzen«.[32] [...] Das Theater ist ein Ort der Expressionen. Diese sind aber objektive Gefühle und keine Manifestation psychischer Innerlichkeit. Daher werden sie *dargestellt* und nicht *ausgestellt*. Die Welt ist heute kein *Theater*, in dem Handlungen und Gefühle *dargestellt* und *gelesen* werden, sondern ein Markt, auf dem Intimitäten ausgestellt, verkauft und konsumiert werden. [...]

Intimität

Nach der Ideologie der Intimität sind die sozialen Beziehungen um so realer, echter, glaubhafter und authentischer, je näher sie den inneren, psychischen Bedürfnissen der Einzelnen kommen. Die Intimität ist die *psychologische Formel der Transparenz*. Man glaubt die Transparenz der Seele zu erreichen, indem man die intimen Gefühle und Emotionen offenbart, indem man die Seele entblößt.

Digitaler Nahraum

Die sozialen Medien und personalisierten Suchmaschinen errichten im Netz einen absoluten *Nahraum*, in dem das *Außen* eliminiert ist. Dort begegnet man nur sich und seinesgleichen. Es ist keine Negativität mehr vorhanden, die eine Veränderung möglich machen würde. Diese *digitale Nachbarschaft* präsentiert dem Teilnehmer nur jene Ausschnitte der Welt, die ihm *gefallen*. So baut sie die Öffentlichkeit, das öffentliche, ja *kritische* Bewusstsein ab und privatisiert die Welt. Das Netz verwandelt sich in eine Intimsphäre oder in eine Wohlfühlzone. [...]

Verlust der Öffentlichkeit

Die Tyrannei der Intimität psychologisiert und personalisiert alles. Auch die Politik entkommt ihr nicht. So werden die Politiker nicht an ihren Handlungen gemessen. Das allgemeine Interesse gilt vielmehr der Person, was bei ihnen einen Inszenierungszwang erzeugt. [...] An die Stelle der Öffentlichkeit tritt die Veröffentlichung der Person. Die Öffentlichkeit wird dadurch ein Ausstellungsraum. Sie entfernt sich immer mehr vom Raum des gemeinsamen Handelns. [...]

Die Transparenzgesellschaft als Gesellschaft der Offenbarung und Entblößung arbeitet gegen jede Form der Maske, gegen den *Schein*. Auch die zunehmende Entritualisierung und Entnarrativisierung der Gesellschaft entleert sie ihrer *Scheinformen* und macht sie dadurch nackt. Entscheidend für die Spiele und Rituale sind die objektiven Regeln und nicht die subjektiv-psychischen Zustände. Wer mit anderen spielt, ordnet sich objektiven Spielregeln unter. Die Geselligkeit des Spiels beruht nicht auf der gegenseitigen Selbst-Offenbarung. Menschen werden vielmehr dann gesellig, wenn sie voreinander Distanz wahren. Die Intimität zerstört sie dagegen. [...]

Narzissmus

Narzissmus ist Ausdruck der distanzlosen *Intimität zu sich*, nämlich der fehlenden Selbst-Distanz. Die Intimgesellschaft wird von narzisstischen Intimsubjekten bewohnt, denen die Fähigkeit szenischer Distanzierung ganz fehlt. [...] »Der Narziß ist nicht auf Erfahrungen aus, er will erleben – in allem, was ihm gegenübertritt, sich selbst erleben. [...].«[33] Narzisstische Störungen nehmen Sennett zufolge deshalb zu, »weil die heutige Gesellschaft ihre inneren Ausdrucksprozesse psychologisch organisiert und den Sinn für sinnvolle soziale Interaktionen außerhalb der Grenzen des einzelnen Selbst unterminiert«. Die Intimgesellschaft beseitigt rituelle, zeremonielle Zeichen, in denen man *sich* entkäme, *sich* verlöre. Bei Erfahrungen begegnet man dem *Anderen*. Bei Erlebnissen dagegen begegnet man überall *sich selbst*. [...] Das narzisstische Subjekt verschmilzt so sehr mit sich selbst, dass es nicht möglich ist, *mit sich zu spielen*. Der depressiv gewordene Narziss ertrinkt in seiner grenzenlosen *Intimität zu sich*. [...]

Digitales Panoptikum

Wir erleben im Moment nicht das Ende des Panoptikums, sondern den Anfang eines ganz neuartigen, *aperspektivischen* Panoptikums. [...]

Das Benthamsche Panoptikum ist eine Erscheinung der Disziplinargesellschaft, es ist eine Besserungsanstalt. Der panoptischen Kontrolle werden Gefängnisse, Fabriken, Irrenhäuser, Hospitale und Schulen unterworfen. [...] Die Transparenz ist hier nur einseitig gegeben. Darin besteht ihre Perspektivität, die Macht- und Herrschaftsstruktur begründet. In der Aperspektivität bildet sich dagegen kein zentrales Auge, keine zentrale Subjektivität oder Souveränität heraus. Während die Insassen des Benthamschen Panoptikums sich der permanenten Präsenz des Aufsehers bewusst sind, wähnen sich die Bewohner des digitalen Panoptikums in Freiheit.

Die heutige Kontrollgesellschaft weist eine besondere panoptische Struktur auf. Im Gegensatz zu den voneinander isolierten Insassen des Benthamschen Panoptikums vernetzen sich ihre Bewohner und kommunizieren intensiv miteinander. Nicht die Einsamkeit durch Isolierung, sondern die Hyperkommunikation garantiert die Transparenz. [...] Die pornografische Zurschaustellung und die panoptische Kontrolle gehen ineinander über. [...]

Überwachung

Angesichts des unaufhaltsamen Fortschrittes der Überwachungstechnik ergreift der Futurist David Brin die Flucht nach vorne und fordert eine Überwachung aller durch alle, also eine Demokratisierung der Überwachung. [...] Gefordert wird also eine reziproke Ausleuchtung. Nicht nur das Unten wird durch das Oben, sondern auch das Oben durch das Unten überwacht. Jeder liefert jeden der Sichtbarkeit und Kontrolle aus, und zwar bis in die Privatsphäre hinein. [...]

Die gegenseitige Transparenz kann aber allein durch permanente Überwachung erreicht werden, die eine immer exzessivere Form annimmt. Das ist die Logik der Überwachungsgesellschaft. [...] Das Vertrauen, das freie Handlungsräume hervorbringt, kann nicht einfach durch die Kontrolle ersetzt werden [...].

Verdacht

Vertrauen ist nur möglich in einem Zustand zwischen Wissen und Nicht-Wissen. [...] Weiß ich im Vorfeld alles, so erübrigt sich das Vertrauen. Transparenz ist ein Zustand, in dem jedes Nicht-Wissen eliminiert ist. Wo Transparenz herrscht, ist kein Raum für das Vertrauen vorhanden. Statt ›Transparenz schafft Vertrauen‹ sollte es eigentlich heißen: ›Transparenz schafft Vertrauen ab.‹ [...] Die lautstarke Forderung nach Transparenz weist gerade darauf hin, dass das moralische Fundament der Gesellschaft brüchig geworden ist, dass moralische Werte wie Ehrlichkeit oder Aufrichtigkeit immer mehr an Bedeutung verlieren. [...]

Selbstausleuchtung

Die Transparenzgesellschaft folgt genau der Logik der Leistungsgesellschaft. Das Leistungssubjekt ist frei von äußerer Herrschaftsinstanz, die es zur Arbeit zwingen und ausbeuten würde. Es ist Herr und Unternehmer seiner selbst. Der Wegfall der Herrschaftsinstanz führt aber nicht zu einer wirklichen Freiheit und Zwanglosigkeit, denn das Leistungssubjekt beutet *sich selbst* aus. [...] Das Leistungssubjekt unterwirft sich einem freien, selbstgenerierten Zwang. Diese Dialektik der Freiheit liegt auch der Kontrollgesellschaft zugrunde. Die Selbstausleuchtung ist effizienter als die Fremdausleuchtung, weil sie mit dem Gefühl der Freiheit einhergeht. [...]

Der Transparenzzwang ist heute kein explizit moralischer oder biopolitischer, sondern vor allem ein ökonomischer Imperativ. Wer sich ausleuchtet, liefert sich der Ausbeutung aus. [...] Die Überbelichtung einer Person maximiert die ökonomische Effizienz. Der transparente Kunde ist der neue Insasse, ja der *Homo sacer* des digitalen Panoptikums.

Kommunikation und Kommerz

In der Transparenzgesellschaft bildet sich keine *Gemeinschaft* im emphatischen Sinne. Es entstehen nur zufällige *Ansammlungen* oder *Vielheiten* von für sich isolierten Individuen, von *Egos*, die ein gemeinsames Interesse verfolgen oder sich um eine Marke gruppieren (*Brand communities*). Sie unterscheiden sich von *Versammlungen*, die zu einem gemeinsamen, politischen Handeln, zu einem *Wir* fähig wären. [...] Konsumenten liefern sich freiwillig den panoptischen Beobachtungen aus, die ihre Bedürfnisse steuern und befriedigen. Hier unterscheiden sich die sozialen Medien nicht mehr von den panoptischen Maschinen. [...] Das Soziale wird zu einem funktionellen Element des Produktionsprozesses degradiert und operationalisiert. Es dient vor allem zur Optimierung des Produktionsverhältnisses. […]

Freiheit und Kontrolle

Heute entwickelt sich der ganze Globus zu einem Panoptikum. […] Keine Mauer trennt das Innen vom Außen. Google und soziale Netzwerke, die sich als Räume der Freiheit präsentieren, nehmen panoptische Formen an. Heute vollzieht sich die Überwachung nicht, wie man gewöhnlich annimmt, als *Angriff auf die Freiheit.*[34] […] Man baut geflissentlich *mit* am digitalen Panoptikum, indem man sich entblößt und ausstellt. Der Insasse des digitalen Panoptikums ist Opfer und Täter zugleich. […]

Reflexionsfragen:

- Wieso geht mit dem Abbau von Negativität eine Beschleunigung gesellschaftlicher Prozesse einher?
- Weshalb sind Transparenz und Wahrheit nicht identisch?
- Beschreiben Sie den Ausstellungszwang und veranschaulichen Sie ihn anhand konkreter Beispiele.
- Warum führt zunehmende Transparenz letztlich zu einem Verlust der Öffentlichkeit und Gemeinschaft?
- Erläutern Sie, wie das digitale Panoptikum zur Selbstausbeutung des Einzelnen führt.

Anmerkungen aus den Quellentexten

Erziehung:

1 Der Hinweis auf das lumen naturale zeigt, daß Rousseau Begriffe der antiken stoischen Philosophie aufnimmt. Vgl. Cicero, Tusc. disp. III, 1.2: »Nunc parvulos nobis dedit (natura) igniculos, quos celeriter malis moribus opinionibusque depravati sic restinguimus, ut nusquam naturae lumen adpareat. Sunt enim ingeniis nostris semina innata virtutum, quae si adulescere liceret, ipsa nos ad beatam vitam natura perduceret.« »Nun hat uns (die Natur) kleine Fünkchen gegeben, die wir – schnell durch schlechte Sitten verdorben – ausgelöscht haben, so daß nirgends das Licht der Natur erscheint. Es sind nämlich unserem Geist Keime der Tugenden eingeboren: Wäre es ihnen möglich heranzuwachsen, führte uns die Natur selbst zu einem glücklichen Leben.« – Zum Begriff des lumen naturale in seiner geschichtlichen Entwicklung. (Vgl. Sardemann 1902)

2 Das »être soi-même« als der Kern der Lebensphilosophie Rousseaus wird deutlich. Im Gegensatz dazu wird in der weiteren Darstellung eine gewisse Verhaltenskonformität im bourbonischen Frankreich unter dem Einfluß der Hofetikette kritisiert.

3 Ob hinter diesem Bild Anregungen etwa von Diderots Enzyklopädie-Artikel »Bibliothèques« stehen, ist schwer zu entscheiden und wohl auch nicht wesentlich. Diese Fakten werden in der Aufklärungsphilosophie, die sich ja auch als legitime Fortführerin der Renaissance betrachtet, häufig erörtert.

4 a) Die Fürsten sehen es immer gern, wenn der Sinn für die schönen Künste und für die überflüssigen Dinge sich unter ihren Untertanen ausbreitet, da kein Geldexport daraus resultiert; den einmal bestärken sie sie dadurch in dieser Kleingeisterei, die für die Knechtschaft so geeignet ist, und zum anderen wissen sie ganz genau, daß die Bedürfnisse, die das Volk sich schafft, lauter Ketten sind, mit denen es sich fesselt. Als Alexander die Ichthyophagen in Abhängigkeit halten wollte, zwang er sie, den Fischfang aufzugeben und sich von den Nahrungsmitteln zu nähren, die bei den anderen Völkern üblich sind [...]; und die Wilden in Amerika, die völlig unbekleidet gehen und nur von dem Ertrag ihrer Jagd leben, haben niemals unterworfen werden können: Welchen Zwang wollte man auch Menschen auferlegen, die keinerlei Bedürfnis haben?

5 Der Unterschied von être und paraître, von Sein und Schein, der eines der Hauptthemen der Preisschrift ausmacht.

6 Der Gedanke vom einfachen natürlichen Leben auf dem Lande hat antike Vorbilder. Vgl. etwa die Bucolica und Georgica des Vergil oder Horaz ep. 1, 10. 12ff.

vivere naturae si convenienter oportet
ponendaeque domo quarenda est area primum:
novistine locum potiorem rure beato?

»Wenn man der Natur gemäß leben soll und für den Hausbau zunächst ein Platz zu suchen ist: Weißt du dann einen Ort, der geeigneter ist als das glückliche Land?« Horatius, »Opera«, ed. Fr. Klingner. – Leipzig 1959.

7 Hinter diesem Bilde des Wilden, der unvoreingenommen die europäische Kultur prüft und sich enttäuscht abwendet, steht die Erfahrung nach der Lektüre von Montaignes »Kannibalen-Essay«, Montesquieus »Lettres persanes« und der »Histoire des Cacouacs«. Diese Kritik wird in der zweiten Preisschrift zentral geübt werden.

8 Dieser Leitsatz, nach dem Rousseau nicht nur den Emil, sondern sein ganzes Werk ausrichtet, macht die Geschlossenheit seiner Philosophie und Pädagogik aus, aber auch seine Anfechtbarkeit, denn man kann unmöglich die gesamte Erziehung des Menschen von diesem einseitigen Standpunkt aus betreiben.

9 Am meisten kommt es auf die erste Erziehung an, die unbestreitbar Sache der Frauen ist. Wenn der Schöpfer der Natur gewollt hätte, daß sie Sache der Männer wäre, er hätte ihnen Milch gegeben, um die Kinder zu stillen. Wendet euch also vorzugsweise in euren Schriften über Erziehung immer an die Frauen, denn sie sorgen sich mehr darum als die Männer und haben auch einen größeren Einfluß, da sie am Ergebnis mehr interessiert sind; denn die meisten Witwen sind auf den Dank ihrer Kinder angewiesen und erfahren so den Erfolg ihrer Erziehung im Guten wie im Bösen. Die Gesetze befassen sich immer mit dem Besitz und wenig mit der Person, denn sie zielen auf den bürgerlichen Frieden und nicht auf die Tugend ab; – darum geben sie den Müttern nicht die genügende Autorität. Ihre Stellung ist aber viel gesicherter als die der Väter; ihre Pflichten sind mühevoller und ihre Sorgen bedeutsamer für die Ordnung in der Familie. Im allgemeinen lieben sie die Kinder mehr. Es gibt Fälle, wo ein Sohn entschuldigt werden kann, wenn er es an Achtung vor seinem Vater fehlen läßt. Aber wenn ein Kind sie, bei welcher Gelegenheit es auch sei, seiner Mutter gegenüber fehlen läßt, die es unter ihrem Herzen getragen und gestillt, die sich jahrelang nur mit ihm beschäftigt hat, dann sollte man dies Ungeheuer, das des Lichtes nicht würdig ist, vernichten. Man sagt, Mütter verzögen ihre Kinder. Darin tun sie zweifellos unrecht; aber weniger als ihr, die ihr sie verderbt. Eine Mutter will das Glück ihres Kindes, und zwar sofort. Darin hat sie recht: irrt sie sich in ihren Mitteln, so muß man sie belehren. Ehrsucht, Geiz, Tyrannei und falsche Vorsorge der Väter, ihre Nachlässigkeit und ihre harte Unempfindlichkeit sind hundertmal verhängnisvoller als die blinde Zärtlichkeit der Mütter. Übrigens muß ich noch erklären, welchen Sinn ich mit dem Namen Mutter verbinde, und das soll im folgenden geschehen.

10 Man hat mir versichert, daß Herr Formey meinte, ich wolle hier von meiner Mutter sprechen, und daß er das auch in irgendeinem Buch ausgesprochen hat. Entweder macht man sich damit auf grausame Weise über Herrn Formey lustig oder über mich.

11 Da er ihnen äußerlich gleicht, aber nicht sprechen und seine Gedanken sprachlich ausdrücken kann, wäre er außerstande, sich verständlich zu machen, und nichts würde ihnen seine Bedürfnisse kundtun.

12 Herr Formey versichert uns, daß man das so nicht sage. Mir scheint es jedoch sehr genau in diesem Vers gesagt, dem ich erwidern möchte:
La nature, crois-moi, n'est rien que l'habitude.
Die Natur, glaub mir, ist nichts als die Gewohnheit
(Der Vers heißt genau in Voltaires «Mohamet» [sic!]:
La nature, a mes yeux, n'est rien que l'habitude.)
Herr Formey, der seine Mitmenschen nicht übermütig machen will, bietet uns in seiner Bescheidenheit das Maß seines Hirns als Maß des menschlichen Verständnisses.

13 Übersetzung des Herausgebers: „der Kaiser steht nicht über den Grammatikern".

14 Akad.-Ausg.: „zukünftig möglichen".
15 Vgl. Prange 2008
16 Bernfeld 1973, S. 51
17 Vgl. Schulze 1995
18 Herbart 1989, S. 138
19 Vgl. Prange 2007
20 Diese Überschrift zitiert eine Formulierung von Bourdieu, der damit auf eine implizite Pädagogik verweist, die in der Einübung konventioneller Verhaltensweisen gesellschaftliche Herrschaftsstrukturen einverleibt und damit normalisiert: „Die ganze List der pädagogischen Vernunft besteht gerade darin, unter dem Deckmantel, das Bedeutungslose zu fordern [scil. „halte dich gerade"], das Wesentliche zu entreißen: Indem sie den Respekt der Formen und die Formen des Respekts erwirkt, die die sichtbarste und zugleich meistverborgene, weil natürlichste Manifestation der Unterwerfung unter die herrschende Ordnung darstellen, vernichtet die Einverleibung der Strukturen das, was Raymond Ruyer ‚die Nebenmöglichkeiten' nennt, d.h. all die Akte, die die Alltagssprache als ‚Verrücktheiten' bezeichnet und die doch nichts anderes sind als das alltägliche Antlitz des Wahnsinns." (Bourdieu 1979, S. 200 f.)
21 (Rousseau 1971, S. 105), (Vgl. Rousseau 1966, S. 150.), (Vgl. Ruhloff [2]1998, hier: S. 101). Lutz Koch interpretiert den „Émile" in überzeugender Weise als eine „Bildungstheorie der Freiheit". Er unterscheidet dabei eine natürliche, eine moralische und eine politische Freiheit, die chronologisch der Entwicklungsdramaturgie folgen. In allen Fällen spielt die stoische Selbstbeherrschung eine entscheidende Rolle, wobei der Umgang mit der natürlichen Freiheit, der die erste Phase der Entwicklung des Zöglings betrifft, es aufgrund der mangelnden Selbstbeherrschung erfordert, unter dem Schein von Freiheit die Wildheit des Zöglings zu unterwerfen. (Vgl. Koch 1996, S. 141–166)
22 Foucault 1993, S. 75
23 Lemke 1997, S. 135
24 Tod bedeutet in dieser Sicht „maximale Entropie". Deshalb bedeutet Leben, „daß es dem Organismus gelingt, sich von der Entropie zu befreien, die er, solange er lebt, erzeugen muß". (Schrödinger 2000, S. 116)
25 Enzensberger 2001, S. 221
26 Vgl. Pico della Mirandola 1990, S. 5ff.

Bildung:

1 Vgl. Adorno 1980, unten S. 230
2 kritisch Fischer 1982, S. 8
3 Dieses „soll" ist Inhalt einer methodologischen Wertung, aus der nicht gefolgert werden kann, daß Bildungsforschung „also" eine normative Wissenschaft sei.
4 Vgl. Popper 1958, S. 20ff. und passim
5 Wie kommt der „pädagogische" oder „bildungsthematische" Gesichtspunkt zustande? Vermutlich durch einen fortbestehenden sozialhistorischen Definitions- bzw. Zuschreibungs- und Verständigungsprozeß, in dem bestimme Inhalte des Wissens und Ausprägungen individuellen Verhaltens als (Ausdruck von!) „Bildung" qualifiziert wurden und werden.
6 Zur Messung: Vgl. Petersen 1984
7 Vgl. dazu u.a. Pekrun 1981
8 Das kann beispielsweise durch die Formulierung von Aufgaben geschehen, deren (beobachtbare bzw. manifeste) Lösung – gestuft nach Schwierigkeitsgraden – die Verwendung unterrichtlich generierten Wissens erfordert. Eine Fundgrube überaus anspruchsvoller und aufwendiger Versuche, unbeobachtbare Kompetenz exemplarisch zu operationalisieren – beispielsweise durch die kriterienbezogene Beobachtung des Vollzugs oder die Analyse der Ergebnisse konkreten Problemlösungsverhaltens – enthält der Bericht über die internationale PISA-Vergleichsstudie. (Vgl. Baumert u.a. 2001)
9 Vgl. z.B. Renkl 1996
10 Vgl. dazu Roeder 1968
11 Vgl. Roeder 1969 S. 47 – mit Bezug auf Max Scheler
12 Vgl. Tenorth 1994
13 Vgl. Tenorth 1994
14 Vgl. dazu Zimmerli 1977
15 Vgl. dazu u.a. Popper 1966 und Stegmüller 1969

Sozialisation:

1 Unbelebte Gegenstände können genauso wie andere menschliche Organismen Teile des verallgemeinerten und organisierten – des gänzlich vergesellschafteten – Anderen für das jeweilige menschliche Wesen sein; insofern es auf solche Objekte gesellschaftlich reagiert (durch den Denkmechanismus, die innerliche Übermittlung von Gesten). Jeder Gegenstand – jedes Objekt oder jede Gruppe von Objekten, ob nun lebendig oder unbelebt, menschlich, tierisch oder einfach physisch –, im Hinblick auf den der Mensch handelt oder auf den er gesellschaftlich reagiert, ist für ihn ein Element des verallgemeinerten Anderen; indem er dessen Haltungen ihm gegenüber übernimmt, wird er sich seiner selbst als Objekt oder Individuum bewußt und entwickelt somit eine Identität oder Persönlichkeit. So ist zum Beispiel der Kult in seiner primitiven Form einfach der gesellschaftliche Ausdruck der Beziehungen zwischen der jeweiligen gesellschaftlichen Gruppe oder Gemeinschaft und ihrer physischen Umwelt – ein organisiertes gesellschaftliches Mittel, das von den einzelnen Mitgliedern dieser Gruppe oder Gemeinschaft dazu verwendet wird, in eine gesellschaftliche Beziehung zu ihrer Umwelt einzutreten oder (in gewissem Sinn) einen Dialog mit ihr zu führen. Auf diese Weise wird die Umwelt Teil des totalen verallgemeinerten Anderen für jedes der einzelnen Mitglieder der jeweiligen gesellschaftlichen Gruppe oder Gemeinschaft.
2 [Über das »Ich« als biologisches Wesen siehe Ergänzende Abhandlungen II, III.]
3 Dieses Beharrungsvermögen der Kapitalstrukturen hängt zum einen damit zusammen, daß sie sich in der Regel im Rahmen von Institutionen und Dispositionen reproduzieren, die ihrerseits Produkte von Kapitalstrukturen sind und deshalb auch auf sie abgestimmt sind; selbstverständlich wird es aber durch gezieltes politisch-konservatives Handeln noch verstärkt, nämlich durch eine Politik der Demobilisierung und Depolitisierung, die darauf abzielt, die Beherrschten in einem bloß praktischen Gruppenzustand zu halten, so daß sie lediglich durch das Zusammenspiel von Anordnungen miteinander in Verbindung treten und dazu verurteilt sind, wie ein Aggregat zu funktionieren und auf die immer gleichen isolierten und additiven Praktiken (wie die Entscheidung des Marktes oder des Wählens) beschränkt zu bleiben.
4 Zum Begriff der Praxis. Vgl. Bourdieu 1976.
5 Auch der Begriff des Sozialkapitals ist nicht aus einer rein theoretischen Arbeit entstanden, noch weniger als eine analoge Ausweitung ökonomischer Begriffe. Vielmehr hat er sich angeboten zur Benennung des Prinzips der sozialen Wirkungen, von Wirkungen also, die zwar auf der

Ebene der individuell Handelnden – wo die statistischen Erhebungen sich zwangsläufig bewegen – klar erfaßbar sind, ohne sich jedoch auf die Summe von individuellen Eigenschaften bestimmter Handelnder reduzieren zu lassen. Diese Wirkungen, die von der Spontansoziologie gerne als das Wirken von »Beziehungen« identifiziert werden, sind in all den Fällen besonders gut sichtbar, wo verschiedene Individuen aus einem etwa gleichwertigen (ökonomischen oder kulturellen) Kapital sehr ungleiche Erträge erzielen, und zwar je nachdem, inwieweit sie in der Lage sind, das Kapital einer mehr oder weniger institutionalisierten und kapitalkräftigen Gruppe (Familie, Ehemalige einer »Elite«-Schule, vornehmer Club, Adel usw.) stellvertretend für sich zu mobilisieren.

6 Einer der wertvollsten Vorteile aller Kapitalarten ist die Zunahme der Menge von nützlicher Zeit, die als Aneignung der Zeit anderer (in Form von Dienstleistungen) durch die verschiedensten Formen der Stellvertretung ermöglicht wird. Sie kann entweder die Form der Zunahme von freier Zeit annehmen, als Korrelat für die Beschränkung des Zeitaufwandes für Tätigkeiten, die direkt auf die Produktion von Mitteln zur Reproduktion der häuslichen Gruppenexistenz abzielen; oder sie führt zu einer Intensivierung der Nutzung der Arbeitszeit aufgrund der Nutzung von fremder Arbeit oder von Instrumenten und Methoden, die nur um den Preis einer Ausbildung, also von Zeit zugänglich sind: Man »gewinnt Zeit« (z.B. mit den schnellen Transportmitteln, mit Wohnungen möglichst nahe am Arbeitsplatz usw.). Umgekehrt werden die Geldersparnisse des Armen mit Zeitverlust bezahlt – das Basteln, die Suche nach Sonderangeboten oder dem günstigen Preis lassen sich nur auf Kosten langer Wege, Wartezeiten usw. durchführen.

7 Womit die Beziehung zwischen Existenzbedingungen und Praxis oder Sinn der Praxis weder als mechanische noch als bewußte begriffen werden darf.

8 Der eine Population in Klassen einteilende Beobachter vollzieht nur nach, was die gesellschaftliche Praxis ohnehin leistet. Sich dessen nicht klar zu sein heißt nicht nur, Gefahr zu laufen, als wissenschaftliche Klassifikation auszugeben, was tatsächlich bloß eine leicht veränderte Form vorwissenschaftlichen Klassifizierens darstellt (zahllose »Typologien« sind nichts anderes); man bringt sich damit auch um die Chance, den wahren Charakter der eigenen Klassifikationsverfahren ins Bewußtsein zu heben, die analog dem vorwissenschaftlichen Erkennen das In-Beziehung-Setzen und Vergleichen voraussetzen und selbst dann, wenn sie auf dem Boden der sozialen Physik angesiedelt scheinen, in Wirklichkeit signifikante Unterschiede hervorbringen und interpretieren – damit also auf der Ebene des Symbolischen wirken.

9 Der wirkliche Pastiche, von Proust beispielhaft vorgeführt, reproduziert nicht – wie Parodie oder Karikatur – die hervorstechendsten Merkmale eines Stils, sondern den Habitus, von Jacques Rivière als »Zentrum der geistigen Tätigkeit« bezeichnet, aus dem heraus die ursprüngliche Rede entsteht: »Mit Vergnügen sehen wir zu, wie jeder Schriftsteller wie aus einem Guß ›zurückkommt‹ und gegenüber einem ihm unbekannten Ereignis sich genauso gebärdet wie einstmals gegenüber den realen Vorfällen seines Lebens. Das Zentrum seiner geistigen Tätigkeit ist wiedergefunden, die Lampe in seinem Gehirn neu angezündet« (Rivière 1976, S. 326).

10 Gegenüber dem Atomismus einer bestimmten Sozialpsychologie, die die Einheit der Praxis zerbricht und partielle »Gesetzmäßigkeiten« herstellt, um so Produkte, das *opus operatum* zu erklären, zielt unser Versuch vielmehr auf die Aufschlüsselung der die Produktionsregeln reproduzierenden allgemeinen Gesetze, des *modus operandi*.

11 Die Wirtschaftstheorie, die die Wirtschaftssubjekte als austauschbare Akteure behandelt, unterläßt es paradoxerweise, die ökonomischen Bedingungen der Möglichkeit ökonomischer Einstellungen in Betracht zu ziehen, wie sie sich zugleich auch die reale Erklärung der Präferenzsysteme untersagt, die unvergleichbare und unabhängige subjektive Verwendbarkeiten festlegt.

12 Die Ethik, die Prinzipien eines Ethos – d.h. die aus einer spezifischen sozialen Lage erwachsenen Zwangsentscheidungen – als universelle Norm aufzuzwingen sucht, ist immer noch eine wenn auch subtile Form der Unterwerfung unter den *amor fati*, des Abfindens mit dem, was man ist und was man hat. Darin gründet die gefühlsmäßige Antinomie zwischen Ethik und revolutionärer Intention.

13 Das Verhältnis von Kultur und Natur, das von einigen Modellen der »Konstruktion« des sozialen Geschlechts vorausgesetzt wird, impliziert eine Kultur oder ein Handlungsvermögen des Sozialen, das auf eine Natur einwirkt, die als eine passive Oberfläche vorausgesetzt wird, die außerhalb des Sozialen und doch dessen notwendiges Gegenstück ist.

14 Obwohl Foucault in *Sexualität und Wahrheit* (vgl. Foucault 1992) zwischen juridischen und produktiven Machtmodellen unterscheidet, habe ich den Standpunkt vertreten, dass die zwei Modelle einander voraussetzen. Die Erzeugung eines Subjekts – seine Unterwerfung *(assujettissement)* – ist *ein* Mittel der Regulierung. Siehe meinen Aufsatz »Sexual Inversions« (vgl. Butler 1992).

15 Es ist nicht einfach eine Sache der Auslegung von Performativität als einer Wiederholung von »Handlungen«, so als ob »Handlungen« unangetastet und mit sich selbst identisch bleiben würden, wenn sie in der Zeit wiederholt werden, wobei »Zeit« als den »Handlungen« selbst äußerlich verstanden wird. Vielmehr ist eine Handlung selbst eine Wiederholung, ein Sedimentieren und Gerinnen der Vergangenheit. Was gerade in ihrem handlungsähnlichen Status von vornherein ausgeschlossen wird. In diesem Sinne ist eine »Handlung« immer ein vorläufiges Versagen der Erinnerung. Im folgenden mache ich von der Lacanschen Vorstellung Gebrauch, daß jede Handlung als eine Wiederholung ausgelegt werden muß, als eine Wiederholung dessen, was nicht erinnert werden kann, was unwiederbringlich ist, und somit das heimsuchende Gespenst der Dekonstituierung des Subjekts darstellt. Der Derridasche Begriff der Wiederholbarkeit [*iterability*], den er in Reaktion auf die Theorien über Sprechakte von John Searle und J.L. Austin formuliert hat, impliziert auch, daß jede Handlung selbst eine Rezitation ist, das Zitieren einer vorgängigen Kette von Handlungen, die in einer gegenwärtigen Handlung enthalten sind und die jeder ›gegenwärtigen‹ Handlung andauernd ihre Gegenwärtigkeit entziehen. Vgl. Anm. 21 zum Unterschied zwischen den Wiederholungen im Dienst einer Beherrschungsphantasie (d.h. eine Wiederholung von Handlungen, die das Subjekt aufbauen, und von denen es heißt, sie seien die konstruktiven oder konstituierenden Handlungen eines Subjekts) und dem Begriff eines Wiederholungszwangs, der – von Freud entlehnt – diese Beherrschungsphantasie zerschlägt und ihr Grenzen setzt.

16 Vgl. Austin 1975; Vgl. Felman 1983; vgl. Johnson 1980; Vgl. Pratt 1977; vgl. Wittgenstein 1984

17 Derrida 1976, S. 150

18 Adorno 1996, S. 48

19 Vgl. Foucault 2001

20 Vgl. Felman 2002

21 Vgl. Rakoczy/Warneken/Tomasello 2008; siehe auch Rakoczy u.a. 2009

[22] Obwohl das Kind möglicherweise nicht erkennt, daß dies willkürlich geschieht. Siehe auch Kalishs Darstellung anderer Arten der Konventionalität (Vgl. Kalish 2006)

[23] Vgl. Nagel 1970

[24] Vgl. Rakoczy/Tomasello 2003

[25] Moralische Normen verfügen auch über eine »natürliche« Komponente (Vgl. Nichols 2004)

[26] Vgl. Kinzler/Dupoux/Spelke 2007

[27] Vgl. Rakoczy/Tomasello 2008

[28] Humboldt 1836, S. 64

[29] Vgl. Gigerenzer 2007

[30] Baudrillard 1992, S. 71

[31] Heidegger 1954, S. 149

[32] Sennett 2008, S. 81

[33] Sennett 2008, S. 563

[34] So heißt auch der Titel eines Buches von Juli Zeh und Ilija Trojanow: »Angriff auf die Freiheit: Sicherheitswahn, Überwachungsstaat und der Abbau bürgerlicher Rechte«

Literaturverzeichnis

Adorno, T.W. (1959/2003): Theorie der Halbbildung. In: Ders.: Soziologische Schriften I. Frankfurt/Main, S. 93–121. ©Suhrkamp Verlag Frankfurt am Main 1972.

Adorno, T.W. (1996): Probleme der Moralphilosophie. Frankfurt/Main.

Adorno, T.W. (1961/1980): Über Statik und Dynamik als soziologische Kategorien. In: Ders.: Gesammelte Schriften, Bd. 8 (Soziologische Schriften, 1). Frankfurt/Main, S. 217–237.

Austin, J.L./Schulte, J. (1986): Gesammelte philosophische Aufsätze. Stuttgart, S. 305–327.

Austin, J.L. (1975): Zur Theorie der Sprechakte (How to do things with Words). Stuttgart.

Baudrillard, J. (1992): Die fatalen Strategien. Die Strategie der Täuschung. München.

Baumert, J.u.a. (Hrsg.) (2001): PISA 2000. Opladen.

Bernfeld, S. (1925/1973): Sisyphos oder die Grenzen der Erziehung. Frankfurt/Main.

Bieri, P. (2005): Wie wäre es, gebildet zu sein? Festrede, Freitag, 4. November 2005, 17.30 Uhr, Pädagogische Hochschule Bern, S. 1–7. (online unter: http://www.hwr-berlin.de/fileadmin/downloads_internet/publikationen/Birie_Gebildet_sein.pdf)

Bourdieu, P. (1992): Ökonomisches Kapital – Kulturelles Kapital – Soziales Kapital. In: Ders: Die verborgenen Mechanismen der Macht. Schriften zu Politik und Kultur I. Hamburg, S. 49–79.

Bourdieu, P. (1972/1976): Entwurf einer Theorie der Praxis auf der ethnologischen Grundlage der kabylischen Gesellschaft. Frankfurt/Main.

Bourdieu, P. (1972/1979): Entwurf einer Theorie der Praxis auf der ethnologischen Grundlage der kabylischen Gesellschaft. Frankfurt/Main.

Bourdieu, P. (1979/1987): Die feinen Unterschiede. Kritik der gesellschaftlichen Urteilskraft. Frankfurt/Main. ©Suhrkamp Verlag Frankfurt am Main 1987.

Butler, J. (2003): Kritik der ethischen Gewalt. Frankfurt/Main. ©der deutschen Ausgabe Suhrkamp Verlag Frankfurt am Main 2003, 2007.

Butler, J. (1997): Körper von Gewicht. Frankfurt/Main.

Butler, J. (1992): Sexual Inversions. In: Stanton, D. (Hrsg.): Discourses of Sexuality. Ann Arbor, S. 344–361.

Derrida, J. (1976): »Signatur Ereignis Kontext«, In: Ders. (Hrsg.): Randgänge der Philosophie. Frankfurt/Main u.a.

Dewey, J. (1916/[4]2010): Demokratie und Erziehung. Eine Einleitung in die philosophische Pädagogik. Weinheim u.a.

Dörpinghaus, A. (2017): Abschied vom Lebenslangen Lernen. In: Forschung und Lehre, 24(8), S. 674–678.

Durkheim, É. (1902/1973): Antrittsvorlesung. In: Ders.: Erziehung, Moral und Gesellschaft. Vorlesungen an der Sorbonne 1902/1903. Frankfurt/Main, S. 37–56. ©Suhrkamp Verlag Frankfurt am Main 1984.

Enzensberger, H. (2001): Putschisten im Labor. Über die neueste Revolution in den Wissenschaften. In: Der Spiegel 23/2.6.2001, S. 216–222.

Felman, S. (2002): The Scandal of the Speaking Body. Palo Alto.

Felman, S. (1983): The Literary Speech-Act: Don Juan with J.L. Austin, or Seduction in Two Languages. Ithaca.

Fischer, W. (1982): Über Recht und Grenzen des Gebrauchs von „Bildung". In: Zeitschrift für Pädagogik, 28 (1), S. 1–9.

Foucault, M. (1981/2005): Die Maschen der Macht. In: Defert, D./Ewald, F. (Hrsg.): Michel Foucault. Analytik der Macht. Frankfurt/Main, S. 220–239. ©der deutschen Ausgabe Suhrkamp Verlag Frankfurt am Main 2005.

Foucault, M. (2001): Fearless Speech. New York.

Foucault, M. (1971/1993): Nietzsche, die Genealogie, die Historie. In: Ders.: Von der Subversion des Wissens. Frankfurt/Main, S. 69–90.

Foucault, M. ([6]1992): Sexualität und Wahrheit. In: Der Wille zum Wissen, Bd. 1. Frankfurt/Main.

Gigerenzer, G. (2007): Bauchentscheidungen. Die Intelligenz des Unbewussten und die Macht der Intuition. München.

Han, B.-C. (2012): Transparenzgesellschaft. Berlin.

Heid, H. (2004): Bildung als Gegenstand empirischer Forschung. In: Vierteljahresschrift für wissenschaftliche Pädagogik, 80(4), S. 456–477.

Heidegger, M. (1954): Vorträge und Aufsätze. Pfullingen.

Herbart, J.F. (1831/1989): Kurze Enzyklopädie der Philosophie. In: Ders.: Johann Friedrich Herbart's Sämmtliche Werke, Bd. 9. Aalen, S. 17–338.

Herbart, J.F. (1802/1964): Die ersten Vorlesungen über Pädagogik (1802). In: Ders.: Pädagogische Schriften, Bd. 1. (Kleinere Pädagogische Schriften). Düsseldorf u.a., S. 121–130.

Herbart, J.F. (1804/1882): Über die ästhetische Darstellung der Welt als das Hauptgeschäft der Erziehung. In: Ders.: Johann Friedrich Herbart's Sämmtliche Werke, Bd. 1. Leipzig, S. 292–309.

Humboldt, W. v. (1793/[4]2002): Theorie der Bildung des Menschen. Bruchstück. In: Ders.: Werke in fünf Bänden, Bd. 1. Darmstadt, S. 234–240.

Humboldt, W. v. (1836): Über die Verschiedenheit des menschlichen Sprachbaues und ihren Einfluss auf die geistige Entwicklung des Menschengeschlechts. Berlin.

Johnson, B. (1980): »Poetry and Performative Language: Mailarme and Austin«. In: The Critical Difference: Essays in the Contemporary Rhetoric of Reading. Baltimore, S. 52–66.

Kalish, C.W. (2006): Integrating normative and psychological knowledge: What should we be thinking about? Journal of Cognition and Culture 6, S. 161–178.

Kant, I. (1783/[6]2005): Beantwortung der Frage: Was ist Aufklärung? In: Ders.: Schriften zur Anthropologie, Geschichtsphilosophie, Politik und Pädagogik, Bd. VI. Frankfurt/Main, S. 53–61.

Kant, I. (1803/[6]2005): Über Pädagogik. In: Ders.: Schriften zur Anthropologie, Geschichtsphilosophie, Politik und Pädagogik, Bd. VI. Frankfurt/Main, S. 695–713.

Koch, L. (1996): Wohlgeregelte Freiheit. Rousseaus Bildungsbegriff. In: Hansmann, O. (Hrsg.): Seminar: Der pädagogische Rousseau, Bd. 2 (Kommentare, Interpretationen, Wirkungsgeschichte). Weinheim, S. 141–166.

Kinzler, K.D./Dupoux, E./Speike, E.S. (2007): The native language of social cognition. Proceedings of the National Academy of Sciences 104/30. Washington, S. 12577–12580.

Lemke, T. (1997): Eine Kritik der politischen Vernunft. Foucaults Analyse der modernen Gouvernementalität. Berlin u.a.

Mead, G.-H. (1934/[2]1975): Geist, Identität und Gesellschaft. Aus der Sicht des Sozialbehaviorismus. Frankfurt/Main. ©Suhrkamp Verlag Frankfurt am Main 1973.

Meyer-Drawe, K. (2001): Erziehung und Macht. In: Vierteljahresschrift für wissenschaftliche Pädagogik 77(4), S. 446–457.

Nagel, T. (1970): The Possibility of Altruism. New Jersey.

Nichols, S. (2004): Sentimental Rufes. On the Natural Foundations of Moral Judgment. New York.

Nietzsche, F. (1872/1973): Ueber die Zukunft unserer Bildungsanstalten. In: Ders.: Werke in drei Bänden, Bd. 3. München, S. 177–263.

Pekrun, R. (1981): Verhaltensbeobachtung. In: Schiefele, H./Krapp, A. (Hrsg.): Handlexikon zur Pädagogischen Psychologie. München, S. 394–401.

Petersen, J. (1984): Messung (Konstrukte, Operationalisierung). In: Haft, H./ Kordes, H. (Hrsg.): Enzyklopädie Erziehungswissenschaft, Bd. 2. Stuttgart, S. 462–470.

Pico della Mirandola, G. (1496/1990): De hominis dignitate. In: Ders.: Über die Würde des Menschen. Hamburg.

Platon ([8]2004): Der Staat. In: Ders.: Sämtliche Werke, Bd. 2. Darmstadt, S. 5–408.

Popper, K.R. (1934/1966): Logik der Forschung. Tübingen.

Popper, K.R. (1958): Die offene Gesellschaft und ihre Feinde, Bd. 2. Bern.

Pratt, M. (1977): A Speech Act Theory of Literary Discourse. Bloomington.

Prange, K. (2011): Der anthropologische Aspekt der Erziehung: das Lernen. In: Kenklies, K. (Hrsg.): Zeigen – Lernen – Erziehen. Jena, S. 35–45.

Prange, K. (2008): Lernen im Kontext des Erziehens. Überlegungen zu einem pädagogischen Begriff des Lernens. In: Mitgutsch, K. u.a. (Hrsg.): Dem Lernen auf der Spur. Stuttgart, S. 241–248.

Prange, K. (2007): Die Funktion des pädagogischen Taktes im Lichte des Technologieproblems der Erziehung. In: Fuchs, B./ Schönherr, C. (Hrsg.): Urteilskraft und Pädagogik. Beiträge zu einer pädagogischen Handlungstheorie. Würzburg, S. 125–132.

Rakoczy, H. u.a. (2009): Young children's understanding of the context relativity of normative mies in conventional games. British Journal of Developmental Psychology 27, S. 445–456.

Rakoczy, H./Tomasello, M. (2008): The ontogeny of social ontology. Steps to shared intentionality and status functions. In: S. Tsohatzidis (Hrsg.): John Searle and the Construction of Social Reality. Berlin.

Rakoczy, H./Tomasello, M./Warneken, F. (2008): The sources of normativity. Young children's awareness of the normative structure of games. Developmental Psychology 44, S. 875–881.

Rakoczy, H./Tomasello, M.(2003): What makes human cognition unique? From individual to shared to collective intentionality. Mind and Language 18, S. 121–147.

Renkl, A. (1996): Vorwissen und Schulleistung. In: Möller, J./Köller, O. (Hrsg.): Emotionen, Kognitionen und Schulleistung. Weinheim, S. 175–190.

Rivière, J. (1976) In: Proust, M./Rivière, J.: Correspondance. Paris, S. 1914–1922.

Roeder, P.M. (1968): Die pädagogische Bedeutung von Erfolgskontrolle und Leistungsmessung. In: Speck, J. (Hrsg.): Leistung, Erfolg und Erfolgskontrolle in der Pädagogik und ihren Nachbarwissenschaften. Münster, S. 106–119.

Roeder, P.M. (1969): Bildung und Bildungsbegriff: Sozialwissenschaftliche Ansätze und Kritik. In: Goldschmidt, D. u.a.: Erziehungswissenschaft als Gesellschaftswissenschaft. Heidelberg, S. 45–67.

Rousseau, J.-J. (1750/1966): Émile ou de L'Éducation. Paris.

Rousseau, J.-J. (1750/1971): Emil oder über die Erziehung. Paderborn u.a.

Rousseau, J.-J. (1750/[4]1993): Erste Preisschrift. Über die von der genannten Akademie gestellte Frage: Ob die Neubelebung der Wissenschaft und Künste dazu beigetragen habe, die Sitten zu läutern. In: Ders.: Preisschriften und Erziehungsplan. Bad Heilbrunn, S. 23–46.

Rousseau, J.-J. (1750/[13]1998): Emile oder Über die Erziehung. Paderborn u.a.

Ruhloff, J. ([2]1998): Jean-Jacques Rousseau. In: Fischer, W./Löwisch, D. (Hrsg.): Philosophen als Pädagogen. Wichtige Entwürfe klassischer Denker. Darmstadt, S. 93–109.

Sennett, R. (2008): Verfall und Ende des öffentlichen Lebens. Die Tyrannei der Intimität. Berlin.

Sardemann, F. (1902): Ursprung und Entwicklung der Lehre vom lumen naturale. Kassel.

Schleiermacher, F.D.E. (1826/2000): Grundzüge der Erziehungskunst. Vorlesungen 1826. Einleitung. In: Ders. Texte zur Pädagogik. Kommentierte Studienausgabe, Bd. 2. Frankfurt/Main, S. 7–72.

Schrödinger, E. (2000): Leben von negativer Entropie. In: Baranzke u.a. (Hrsg.): Leben – Töten – Essen. Anthropologische Dimensionen. Stuttgart u.a., S. 115–116.

Schulze, T. (1995): Jenseits der Befangenheit. In: Zeitschrift für Pädagogik, 41(3), S. 399–407.

Stegmüller, W. (1969): Probleme und Resultate der Wissenschaftstheorie und Analytischen Philosophie, Bd. 1. Berlin u.a.

Tenorth, H.-E. (1994): „Alle alles zu lehren" – Möglichkeiten und Perspektiven allgemeiner Bildung. Darmstadt.

Tomasello, M. (2010): Warum wir kooperieren. Berlin. ©Suhrkamp Verlag Berlin 2010.

Wittgenstein, L. (1984): Philosophische Untersuchungen, Teil I. In: Ders.: Werkausgabe in 8 Bänden, Bd. 1. Frankfurt/Main.

Zimmerli, W. Ch. (1977): „Objektivität" der Wissenschaft – oder: Wie unabhängig ist die „Wirklichkeit"? In: Anderegg, J. (Hrsg.): Wissenschaft und Wirklichkeit. Zur Lage und zur Aufgabe der Wissenschaften. Göttingen, S. 162–185.